陳寅恪文集之二

金明館叢稿初編

上海古籍出版社

出版說明

陳寅恪先生(一八九〇——一九六九),江西修水人,我國著名歷史學家。早年留學日本、西歐,第一次世界大戰結束,又到美國和德國鑽研梵文,歸國後任清華大學、西南聯合大學、嶺南大學等校教授,解放後任中山大學教授、中國科學院哲學社會科學學部委員、中央文史館副館長等職。他學識淵博,精通我國歷史學、古典文學和宗教學等,通曉多種文字,尤精於梵文、突厥文、西夏文等古文字的研究;他關於魏晉南北朝史、隋唐史、蒙古史、唐代和清初文學、佛教典籍的著述尤爲精湛,具有較高的學術價值,早爲國內外學術界所推重。

陳寅恪先生繼承和發揚了清代乾嘉學派和歐洲近代研究梵文、佛典的傳統,以其深厚的文、史、哲以及語言文字知識,融會貫通,縱橫馳騁,不斷開拓學術研究的新領域,取得學術著述的新成果。在長達半個多世紀的研究、教學、著述事業中,儘管尚未擺脫傳統士大夫思想的影響,但是,他治學的嚴肅認眞、實事求是態度,却也使其學術成就達到了很高的境界。

本文集中除《隋唐制度淵源略論稿》、《唐代政治史述論稿》和《元白詩箋證稿》在陳寅恪先生生前已有單行本外,其餘《寒柳堂集》、《金明館叢稿》初編、二編所收舊文以及長篇專著《柳如是別傳》等多經陳先生晚年修訂。文集的整理校勘由復旦大學蔣天樞教授承擔;編輯部只做了一些文字標點校訂工作，至於學術觀點方面則保存其歷史面貌，未加改動。我們希望本文集的出版有裨於我國文史研究的深入開展，有助於學術空氣的活躍。

上海古籍出版社

一九八〇年四月

陳寅恪 一九四〇年·香港

(時雙目尚未失明)

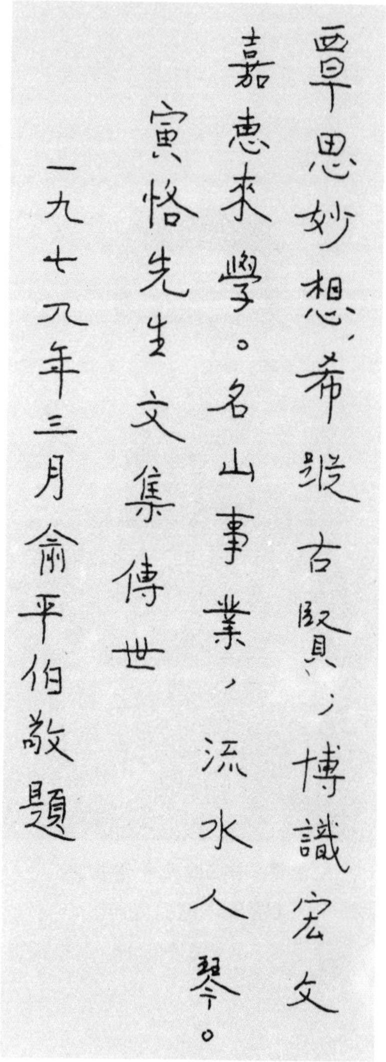

俞平伯爲陳寅恪文集題詞

自序

此舊稿不拘作成年月先後，亦不論其内容性質，但隨手便利，略加補正，寫成清本，即付梓人，以免再度散失，殊不足言著述也。

一九六三年歲次癸卯陳寅恪識於廣州金明館

目錄

附　記

此編之校補，承黄萱、胡守爲、周連寬諸先生相助，得以告成，特附記於此，以表謝意。

天師道與濱海地域之關係

一、引　言

東晉孫恩之亂與濱海地域之關係，舊史紀之已詳，且爲世人所習知者也。若通計先後三百餘年間之史實，自後漢順帝之時，迄於北魏太武劉宋文帝之世，凡天師道與政治社會有關者，如漢末黃巾米賊之起原，西晉趙王倫之廢立，東晉孫恩之作亂，北魏太武之崇道，劉宋二凶之弑逆，以及東西晉、南北朝人士所以奉道之故等，悉用濱海地域一貫之觀念以爲解釋者，則尙未之見。故不自量，鈎索綜合，成此短篇。或能補前人之所未逮，而爲讀國史者別進一新解歟？

二、黃巾米賊之起原

自戰國騶衍傳大九州之說，至秦始皇、漢武帝時方士迂怪之論，據太史公書所載（始皇本紀封禪書孟子荀卿列傳等），皆出於燕、齊之域。蓋濱海之地應早有海上交通，受外來之影響。以其不易證明，姑置不論。但神仙學說之起原及其道術之傳授，必與此濱海地域有連，則無可疑者。故漢末黃巾之亂亦不能與此區域無關係。

後漢書陸拾下襄楷傳略云：

襄楷字公矩，平原隰陰人也。好學博古，善天文陰陽之術。延熹九年，楷自家詣闕，上疏曰：「臣前上琅邪宮崇受于吉神書，不合明德。」復上書曰：「前者宮崇所獻神書，專以奉天地順五行爲本，亦有興國廣嗣之術。其文易曉。而順帝不行，故國胤不興。」初，順帝時，琅邪（琅邪當今地詳見於下第七章）宮崇詣闕，上其師于吉於曲陽泉水上所得神書百七十卷，皆縹白素朱介青首朱目，號太平清領書。其言以陰陽五行爲家，而多巫覡雜語。有司奏崇所上妖妄不經，乃收藏之。後張角頗有其書焉。

章懷太子注以地名有三曲陽，而定此曲陽爲東海之曲陽。其說云：

海州有曲陽城，北有羽潭水。而于吉、宮崇幷琅邪人，蓋東海曲陽（在今江蘇省東海縣西南）是也。（凡篇中古代郡邑之名其約略相當現今何地悉附注於本文之下，以便參考。但以在海濱地域，而又與本篇主旨之說明有關者爲限。）

三國志吳書壹孫策傳注引江表傳略云：

時有道士琅邪于吉，先寓居東方，往來吳會，立精舍，燒香，讀道書，制作符水以治病。吳會人多事之。策嘗於郡城門樓上集會諸將賓客，吉趨度門下。諸將賓客三分之二下樓迎拜之，掌賓者禁呵不能止。

案，江表傳所言與時代不合，雖未可盡信，而天師道起自東方，傳於吳會，似爲史實，亦不盡誣妄。是于吉、宮崇皆海濱區域之人，而張角之道術亦傳自海濱，顯與之有關也。又據三國志魏書捌張魯傳及後漢書壹佰伍劉焉傳等，張道陵順帝時始居蜀，本爲沛國豐（今江蘇省豐縣）人。其生與宮崇同時，（宋濂翰苑別集卷六漢天師世家敍云：「道陵建武十年生於吳之天目山。」殊不足信。故不依以爲說。）豐沛又距東海不遠，其道術淵源來自東，而不自西，亦可想見。此後漢之黃巾米賊之起原有關於海濱區域者也。

三、趙王倫之廢立

西晉八王之亂，其中心人物爲趙王倫。趙王倫之謀主爲孫秀，大將爲張林。林、秀二人晉書皆無專傳。其事蹟悉見於晉書伍玖趙王倫傳中。以予考之，秀固確爲天師道之信徒，林亦疑與之同敎者也。三國志魏書捌張燕傳裴注引陸機晉惠帝起居注曰：

門下通事令史張林，飛燕之曾孫。林與趙王倫爲亂，未及周年，位至尙書令、衞將軍，封郡公。尋爲倫所殺。

據此，張林爲黃巾同類黑山之苗裔，其家世傳統信仰當與黃巾相近。晉書壹佰孫恩傳云：

孫恩字靈秀，琅邪人，孫秀之族也。世奉五斗米道。

以「世奉五斗米道」之語推之，秀自當與恩同奉一敎。匪獨孫秀、張林爲五斗米道中人，即趙王倫亦奉天師道者。茲遂寫晉書本傳及其他史料中有關事實，略附以說明。

晉書伍玖趙王倫傳云：

趙王倫，宣帝第九子也。武帝受禪，封琅邪郡王。及之國，行東中郎將、宣威將軍。咸寧中，改封於趙。

世說新語賢媛篇注引傅暢晉諸公贊曰：

孫秀字俊忠，琅邪人。初趙王倫封琅邪，秀給爲近職小吏。倫數使秀作書疏，文才稱倫意。倫封趙，秀徙戶爲趙人，用爲侍郎，信任之。

又仇隟篇注引王隱晉書曰：

岳父文德爲琅邪太守。（晉書伍伍潘岳傳云：「父芘琅邪內史。」）孫秀爲小吏給使。岳數蹴蹋秀，而不以人遇之也。

案，琅邪爲于吉、宮崇之本土，實天師道之發源地。倫始封琅邪，而又曾之國。則感受環境風習之傳染，自不足異。孫秀爲琅邪土著，其信奉天師道由於地域關係，更不待言。

又晉書趙王倫傳云：

倫、秀並惑巫鬼，聽妖邪之說。秀使牙門趙奉詐爲宣帝神語，命倫早入西宮。又言宣帝於北芒爲趙王佐助，於是別立宣帝廟於芒山，謂逆謀可成。

又云：

使楊珍晝夜詣宣帝別廟祈請，輒言宣帝謝陛下（指趙王倫），某日當破賊。拜道士胡沃爲太平將軍，以招福祐。秀家日爲淫祀，作厭勝之文，使巫祝選擇戰日。又令近親於嵩山著羽衣，詐稱仙人王喬，作神仙書，述倫祚長久以惑衆。

案，陶弘景眞誥壹陸闡幽微第二謂晉宣帝爲西明公賓友，則在天師道諸鬼官中位置頗高。其所以立別廟於北芒山者，殆以鬼道儀軌祀之，不同於太廟祖宗之常祭也。三國志吳書壹孫堅傳云：「中平元年黃巾賊帥張角起於魏郡，自稱黃天泰平。」魏書捌張魯傳注引典略言：「張角（後漢書陸伍劉焉傳注引典略作張脩）爲太平道。」而宮崇所上于吉神書又名「太平清領書」，今倫拜道士爲將軍，以太平爲稱號。戰陣則乞靈於巫鬼。其行事如此，非天師道之信徒而何？

又云：

許超、士猗、孫會等軍既並還，乃與秀謀，或欲收餘卒出戰，或欲焚燒宮室，誅殺不附己者，挾倫南就孫旂、孟觀等，或欲乘船東走入海。

考晉書壹佰孫恩傳云：

諸賊皆燒倉廩，焚邑屋，刊木堙井，虜掠財貨，相率聚於會稽。其婦女有嬰累不能去者，囊簏盛嬰兒投於水，而告之曰：賀汝先登仙堂，我尋後就汝。

又云：

劉裕與劉敬宣幷軍躡之於郁洲，恩遂遠迸海中。及桓玄用事，恩復寇臨海，太守辛景討破之。恩窮蹙，乃赴海自沉，妖黨及妓妾謂之「水仙」，投水從死者百數。

晉書捌肆劉牢之傳云：

恩浮海奄至京口，戰士十萬，樓船千餘。聞牢之已還京口，乃走郁洲。

夫郁洲爲孫恩棲泊之所。抱朴子內篇肆金丹篇云：

海中大島嶼，若徐州之鬱洲。（卽郁洲，在今江蘇省灌雲縣東北，昔爲島嶼，今已與大陸連接。）

又水經注叁拾淮水篇云：

東北海中有大洲謂之郁洲，山海經所謂郁山在海中者也。言是山自蒼梧徙此云，山上猶有南方草木。今郁州治。故崔季珪之敍述初賦言：「郁州者故蒼梧之山也。心悅而怪之。聞其上有僊士石室也，乃往觀焉。見一道人獨處休休然，不談不對。顧非己及也。」

據此，可知郁洲之地爲神仙居處，而適與于吉、宮崇之神書所出處至近。孫恩、盧循武力以水師爲主，所率徒黨必習於舟檝之海畔居民。其以投水爲登「仙堂」，自沉爲成「水仙」，皆海濱宗敎之特徵。孫秀之「欲乘船東走入海」，卽後來其族孫敗則入海，返其舊巢之慣技。若明乎此，則知孫、盧之所以爲海嶼妖賊者，蓋有環境之薰習，家世之遺傳，決非一朝一夕偶然遭際所致。自來讀史者惜俱不知綜貫會通而言之也。

四、孫恩之亂

晉代天師道之傳播於世胄高門，本爲隱伏之勢力，若漸染及於皇族，則政治上立卽發生鉅變。西晉趙王倫之廢惠帝而自立，是其一例，前已證明。東晉孫恩之亂，其主因亦由於皇室中心人物早成天師教之信徒。茲略舉數證，並附以說明。

晉書叁貳孝武文李太后傳云：

始簡文帝爲會稽王，有三子，俱夭。自道生廢黜，獻王早世，其後諸姬絕孕將十年。帝令卜者扈謙筮之。曰：後房中有一女，當育二貴男，其一終盛晉室。時徐貴人生新安公主，以德美見寵。帝常冀之有娠，而彌年無子。會有道士許邁者，朝臣時望多稱其得道。帝從容問焉，答曰：當從扈謙之言，以存廣接之道。帝然之，更加採納。又數年無子。乃令善相者召諸愛妾而示之，皆云：非其人。又悉以諸婢媵示焉。時后爲宮人，在織坊中，形長而色黑，宮人皆謂之崑崙。既至，相者驚云：此其人也。帝以大計，召之侍寢，遂生孝武帝及會稽文孝王及鄱陽長公主。

眞誥捌甄命授第四（涵芬樓重印道藏本）云：

我按九合內志文曰：竹者爲北機上精，受氣於玄軒之宿也。所以圓虛內鮮，重陰含素。亦皆植根敷實，結繁衆多矣。公（寅恪案，後注云「凡云公者，皆簡文帝爲相王時也」。）試可種竹於內北宇之外，使美者遊其下焉。爾乃天感機神，大致繼嗣，孕既保全，誕亦壽考。微著之興，常守利貞。此玄人之祕規，行之者甚驗。

六月二十三日中候夫人告公。（孝武壬戌生。此應是辛酉年。）

靈草蔭玄方。仰感旋曜精。洗洗（詵詵）繁茂萌。重德必克昌。

紫薇夫人作。

福和者當有二子。盛德命世。（福和似是李夫人賤時小名也。今晉書名俊容。二子即孝武並弟道子也。寅恪案，俊容，晉書孝武文李太后傳作陵容，當據此改正。）

同夜中候告。

（右三條楊書。又掾寫。）

又太平御覽陸陸陸引太平經曰：

濮陽者不知何許人。事道專心，祈請皆驗。簡文帝廢世子無嗣時，使人祈請於陽。於是中夜有黃氣起自西南，遥墮室。爾時李皇后懷孝武。（劉敬叔異苑肆亦載此事。）

據簡文帝求嗣事，可知孝武帝及會稽王道子皆長育於天師道環境中。簡文帝字道萬，其子又名道生道子。俱足證其與天師道之關係。六朝人最重家諱，而「之」「道」等字則在不避之列，所以然之故雖不能詳知，要是與宗教信仰有關。王鳴盛因齊梁世系「道」「之」等字之名，而疑梁書南史所載梁室世系倒誤（見十七史商榷伍伍蕭氏世系條），殊不知此類代表宗教信仰之字，父子兄弟皆可取以命名，而不能據以定世次也。（參考燕京學報第四期陳垣史諱舉例第五十三南北朝父子不嫌同名例條。）

又鍾嶸詩品上宋臨川太守謝靈運條云：

錢唐杜明師夜夢東南有人來入其館，是夕即靈運生於會稽。旬日而謝玄亡。其家以子孫難得，送靈運於杜治養之，十五方還都，故名客兒。（原注治音稚。奉道之家靖室也。）

按，仲偉所記此條，不獨可以解釋康樂所以名客兒之故，兼可以說明所以以「靈」字爲名之故。錢唐杜氏爲天師道世家（見後第七章），康樂寄養其靖室以求護佑，宜其卽從其信仰以命名也。又孝武帝名曜，字昌明，其名字皆見於紫薇夫人詩中。此詩爲後來附會追作，或竟實有此詩，簡文卽取其中之語以名其子，皆可不必深論。但可注意者，天師道對於竹之爲物，極稱賞其功用。琅邪王氏世奉天師道。故世傳王子猷之好竹如是之甚。（見世說新語簡傲篇、御覽叁捌玖引語林及晉書捌拾王徽之傳等。）疑不僅高人逸致，或亦與宗敎信仰有關。姑附識於此，以質博雅君子。

晉書壹佰孫恩傳云：

恩叔父泰，字敬遠，師事錢唐（見下第七章）杜子恭。而子恭有祕術。子恭死，泰傳其術。然浮狡有小才，誑誘百姓，愚者敬之如神，皆竭財產，進子女，以求福慶。王珣言於會稽王道子，流之於廣州。廣州刺史王懷之以泰行鬱林太守，南越亦歸之。太子少傅王雅先與泰善，言於孝武帝，以泰知養性之方，因召還。道子以爲徐州主簿，猶以道術眩惑士庶。稍遷輔國將軍新安太守。會稽世子元顯亦數詣泰求其祕術。泰見天下兵起，以爲晉祚將終，乃扇動百姓，私集徒衆。三吳士庶多從之。於時朝士皆懼泰爲亂，以其與元顯交厚，咸莫敢言。

晉書捌肆王恭傳云：

淮陵內史虞珧子妻裴氏有服食之術，常衣黃衣，狀如天師。（會稽王）道子甚悅之，令與賓客談論，時人皆爲降節。恭抗言曰：未聞宰相之坐有失行婦人。坐賓莫不反側，道子甚愧之。

寅恪案，道子雖從王珣之言，暫流孫泰於廣州，但後仍召還任用，且喜裴氏服食之術，是終與天師道術有關。然則孝武帝、會稽王道子及會稽世子元顯等東晉當日皇室之中心人物皆爲天師道浸淫傳染，宜其有孫盧之亂也。

至盧循之家世及姻黨尙有可注意者。三國志魏書貳貳盧毓傳注引盧諶別傳云：

永和六年，卒於胡中，子孫過江。妖賊帥盧循，諶之曾孫。

晉書壹佰盧循傳略云：

〔盧循〕，司空從事中郎諶之曾孫也。娶孫恩妹。及恩作亂，與循通謀。

案，盧諶爲范陽涿人，似與濱海地域無關。然晉書肆肆其伯祖盧欽傳云：

累遷琅邪太守。

同卷附盧諶傳云：

〔劉〕琨妻卽諶之從母，旣加親愛，又重其才地。

晉書陸貳劉琨傳云：

趙王倫執政，以琨爲記室督，轉從事中郎。倫子荂，卽琨姊壻也，故琨父子兄弟並爲倫所委任。及簒，荂爲皇太子，琨爲荂詹事。三王之討倫也，以琨爲冠軍、假節，與孫秀子會率宿衞兵三萬距成都王穎，琨大敗而還，焚河橋以自固。及齊王冏輔政，以其父兄皆有當世之望，故特宥之。

案，劉琨爲趙王倫死黨，盧諶旣與之爲姻戚，而伯祖欽又曾官琅邪，是其家世環境殊有奉天師道之可能。故因循妻爲孫恩之妹，而疑盧氏亦五斗米世家。否則南朝士族婚嫁最重門第，以范陽盧氏之奕世高華，而連姻於妖寇之孫氏，其理殊不可解也。

又魏書玖柒島夷劉裕傳云：

其（指盧循）黨琅邪人徐道覆爲始興相。

案，徐道覆爲循之死黨，又循之姊夫（詳見晉書壹佰盧循傳）。其世系雖不可考，然爲海濱地域之人，且以其命名及姻黨之關係言之，當亦五斗米世家無疑也。

又晉書捌廢帝海西公紀云：

咸安二年十一月，妖賊盧悚遣弟子殿中監許龍晨到其門，稱太后密詔，奉迎興復。帝初欲從之，納保母諫而止。因叱左右縛之，龍懼而走。

案，此事可參閱法苑珠林陸玖破邪篇妖亂惑衆第四彭城道士盧悚條。許龍或即許邁同族，盧悚或即盧循同族，彭城或爲僑居之地，而非郡望。此皆無可考，不能決定（魏書玖陸僭晉司馬叡傳稱徐州小吏盧悚），姑附記於此，以見東晉末年天師道與政治之關係焉。

五、劉劭之弒逆

宋元凶劭之弒逆，實由於信惑女巫嚴道育。宋書玖玖二凶傳（南史壹肆略同）云：

上（文帝）時務在本業，勸課耕桑，使宮內皆蠶，欲以諷勵天下。有女巫嚴道育，本吳興（今浙江省舊湖州府)人。自言通靈，能役使鬼物。夫爲刼，坐沒於奚官。劭姊東陽公主應閤婢王鸚鵡白公主云：「道育通靈有異術。」主乃白上，託云善蠶，求召入，見許。道育既入，自言服食，主及劭並信惑之。始與王濬素佞事劭，與劭並多過失，慮上知，使道育祈請，欲令過不上聞。道育輒云：自上天陳請，必不泄露。劭等敬事，號曰「天師」。及劭將敗，(濬)勸劭入海，輦珍寶繒帛下船，與劭書曰：「船故未至，尼已入臺。願與之明日決也。」人情離散，故行計不果。濬書所云尼，卽嚴道育也。當時不見傳國璽，問劭，云：在嚴道育處。

隋書叁伍經籍志道經部云：

(梁)武帝弱年好事，先受道法，及卽位，猶自上章，朝士受道者衆。三吳及邊海之際，信之踰甚。陳武世居吳興，故亦奉焉。

寅恪案，嚴道育以道字命名，生地爲吳興，號爲「天師」。又唐法琳破邪論(見道宣廣弘明集壹壹及唐彥琮護法沙門法琳別傳)歷舉古來道士破家破國爲逆亂者，如張魯孫恩之類。其中有一條云「道育醮祭而禍宋。出宋書。」則法琳亦以嚴道育爲天師道也。凡此皆足以證其爲五斗米教中人。故南朝元嘉太初之際宮廷之慘變，實天師道傳入皇族中心所致，而其主動之人固與濱海地域有關係也。

六、魏太武之崇道

凡信仰天師道者，其人家世或本身十分之九與濱海地域有關。隋書經籍志道經部謂「三吳及邊海之際，信之踰甚。」晉書孫恩傳亦言「三吳士庶多從之（孫泰）。」蓋邊海之際本其教之發源地。三吳區域或以鄰接海濱，或以重要都會所在，居南朝政治之中心，爲北來信徒若琅邪王氏等所僑聚之地。但隋志僅就南朝言之，其實北朝亦何獨不然。茲節取舊史所載魏太武崇道事，條列於後，以證成吾說。

魏書壹壹肆釋老志云：

世祖時，道士寇謙之，字輔眞，南雍州刺史讚之弟，自云寇恂之十三世孫。早好仙道，有絕俗之心。少修張魯之術。

魏書肆貳寇讚傳云：

寇讚，字奉國，上谷人，因難徙馮翊萬年。父脩之，字延期，苻堅東萊太守。（東萊郡，今山東省舊登萊二府之地。）讚弟謙之有道術，世祖敬重之。

案，謙之自附於寇恂之後裔，故稱上谷人。魏收亦謂其「自云」。明不足信也。但其父既任東萊太守，即曾居濱海地域。父子俱又以「之」字命名，是其家世遺傳，環境薰習，皆與天師道有關，所以「少修張魯之術」也。

復次，元和姓纂玖去聲五十候條云：

寇，上谷昌平恂後，漢執金吾雍奴侯曾孫榮，榮孫孟，魏馮翊太守，徙家馮翊。

羅振玉雪堂金石文字寇臻誌跋云：

誌稱臻漢相威侯之裔，（寇）榮十世之允（胤），榮之子孫前魏因官遂寓馮翊。

寅恪案，寇氏實以前魏時徙居馮翊，所謂因難或因官，其眞僞姑不深論，考三國魏志壹伍張既傳云：

〔張〕魯降，既說太祖拔漢中民數萬戶以實長安及三輔。

故頗疑寇氏本爲米賊之黨，魏武帝平張魯，遂徙其族於馮翊，寇氏自謂徙家馮翊在前魏時，實卽後漢建安時，特以其時漢祚已危，魏武已霸主專政，遂混稱爲前魏時耳。此謙之所以世修張魯道術之由來歟？（又高僧傳壹貳宋僞魏平城釋玄高傳云：「釋玄高姓魏，馮翊萬年人也，母寇氏本信外道。」是玄高之母亦謙之之族也，附記於此，以備參考。）

魏書叁伍崔浩傳略云：

崔浩，字伯淵，清河人也，白馬公玄伯之長子。初，浩父疾篤，浩乃剪爪截髮，夜在庭中仰禱斗極，爲父請命，求以身代，叩頭流血，歲餘不息。性不好老莊之書，每讀不過數十行，輒棄之。

又魏書釋老志云：

始光初（寇謙之）奉其書而獻之，時朝野聞之，若存若亡，未全信也。崔浩獨異其言，因師事之，受其法術。於是上疏，讚明其事。世祖欣然崇奉天師，顯揚新法。

又魏書貳肆崔玄伯傳云：

（苻）堅亡，避難於齊、魯之間，爲丁零翟釗及司馬昌明叛將張願所留縶。慕容垂以爲吏部郎、尚書左丞、高陽內史。太祖征慕容寶，次於常山。玄伯棄郡，東走海濱。

又魏書叁伍崔浩傳云：

浩母盧氏，諶孫女也。

案，玄伯妻爲盧諶孫女，卽孫恩妹壻盧循之姑母，是崔浩、盧循兩人實中表兄弟，其家世相傳之信仰，自屬天師道無疑。觀浩剪爪截髮，夜禱斗極，爲父請命（參閱梁書肆柒及南史伍拾庾黔婁傳），正似後來道家北斗七星延命之術。（今道藏爲字號有北斗七星燈儀及北斗本命延壽燈儀等書，此等自爲後世撰述，而佛藏密教部亦有北斗七星延命經，及其他類似之經殊多。頗疑此種禳禱之方譯出雖晚，要是天竺早已有之，道家之術或仍間接傳自西方，特不肯顯言之耳。）至其不好老莊之書者，蓋天師道之道術與老莊之玄理本自不同，此與浩之信仰天師道，並無衝突也。故浩之所以與謙之之道獨有契合，助成其事者，最主要因實在少時所受於其母之家庭敎育。況浩父玄伯旣避亂於齊魯之間，後復東走海濱，是浩之父系與濱海地域亦有一段因緣，不僅受母氏外家信仰之漸染而已也。（又浩宗人頣與方士韋文秀詣王屋山造金丹。見魏書叁貳北史貳肆。或亦崔氏本來奉道之旁證。）此點爲北朝佛道廢興關鍵所繫，前人似尙無言及之者，特爲發其覆如此。

七、東西晉南北朝之天師道世家

凡東西晉南北朝奉天師道之世家，舊史記載可得而考者，大抵與濱海地域有關。故青徐數州，吳會諸郡，實爲天師道之傳敎區。觀風俗通玖怪神篇城陽景王祠條三國志魏書壹武帝紀注引王沈魏書詳述琅邪及青州諸郡淫祀之俗。（兼可參考後漢書肆壹劉盆子傳所載赤眉軍中常有齊巫鼓舞祠城陽景王以求福助事。）又江表傳「于吉先寓居東方，往來吳會」之語，最足以見東漢末年天師道分布地域之情況。茲除去前已論及者外，略詮次舊記條列於後。

琅邪（晉琅邪國約當今山東省舊兗青沂萊四府東南境及膠州之地。）王氏

晉書捌拾王羲之傳云：

與道士許邁共修服食，採藥石不遠千里。次（子）凝之亦工草隸。仕歷江州刺史左將軍會稽內史。王氏世事張氏五斗米道，凝之彌篤。孫恩之攻會稽，寮佐請爲之備，凝之不從。方入靖室請禱，出語諸將曰：吾已請大道許鬼兵相助，賊自破矣。既不設備，遂爲孫恩所害。

案，眞誥壹陸闡幽微第二云：「王廙爲部鬼將軍。」廙爲凝之之叔祖，既領鬼兵，更宜凝之請以相助。夫琅邪王氏爲五斗米世家，讀史者所習知。茲特上溯其先世，至於西漢之王吉，拈出地域環境與學說思想關係之公案以供學者參決，姑記其可疑者於此，非敢多所附會也。

新唐書柒貳中宰相世系表云：

王氏

元避秦亂，遷於琅邪，後徙臨沂（今山東省臨沂縣）。四世孫吉，字子陽，漢諫議大夫，始家皐虞。（漢侯國，今山東省卽墨縣東北地。）後徙臨沂都鄉南仁里。生駿，字偉山，御史大夫。二子：崇、游。崇字德禮，大司空、扶平侯。生遵，字伯業，後漢中大夫、義鄉侯。生二子：昔、音。音字少玄，大將軍掾。四子：誼、叡、典、融。融字巨偉。二子：祥、覽。

晉書叁叁王祥傳云：

王祥字休徵，琅邪臨沂人，漢諫議大夫吉之後也。祖仁，青州刺史。父融，公府辟不就。

案，唐書表所載世系，其見於漢書王吉傳者，自屬可信。其後諸世當有脫誤，然為王吉之後，要無可疑。今節錄漢書柒貳王吉傳推論之。傳云：

王吉字子陽，琅邪皋虞人也。上疏言得失曰：陛下躬聖質，總萬方，帝王圖籍日陳於前，惟思世務，將興太平。公卿幸得遭遇其時，言聽諫從，然未有建萬世之長策，舉明主於三代之隆者也。其務在於期會簿書斷獄聽訟而已，此非太平之基也。臣願陛下承天心，發大業，與公卿大臣延及儒生述舊禮，明王制，敺一世之民，躋之仁壽之域，則俗何以不若成康，壽何以不若高宗？竊見當世趨務不合於道者，謹條奏，唯陛下財擇焉。吉意以為夫婦，人倫大綱，夭壽之萌也。世俗嫁娶太早，未知為人父母之道而有子，是以教化不明，而民多夭。聘妻送女亡節，則貧人不及，故不舉子。又漢家列侯尚公主，諸侯則國人承翁主，使男事女，夫詘於婦，逆陰陽之位，故多女亂云云。自吉至崇，皆好車馬衣服，其自奉養極為鮮明，而亡金銀錦繡之物。及遷徙去處，所載不過囊衣，不蓄積餘財。去位家居，亦布衣疏食。天下服其廉而怪其奢，故俗傳王陽能作黃金。

案，後漢書陸拾下襄楷傳言：「順帝時，琅邪宮崇詣闕，上其師于吉於曲陽泉上水所得神書百七十卷，號太平清領書。」「專以奉天地順五行為本，亦有興國廣嗣之術。」章懷注引太平經典帝王篇略曰：

眞人問神人曰：吾欲使帝王立致太平，豈可聞邪？神人言：但順天地之道，不失銖分，則立致太平延年不疑也。又問曰：今何故其生子少也？天師曰：今太平气到。或有不生子者，反斷絕天地之統，使國少人。理國之道，多人則國富，少人則國貧。

案，漢書與王吉同傳者有貢禹。禹亦琅邪人。其所言調和陰陽，興致太平，減少宮女，令兒七歲乃出口錢，其旨趣與王吉相似。後來之于吉太平淸領神書與國廣嗣之言，實不能外此。又漢書柒伍李尋傳載成帝時，齊人甘可忠詐造天官曆、包元太平經，其徒黨夏賀良等陳說哀帝，以爲成帝不應天命，故嗣絕，今宜急改元易號，則得延年益壽，皇子生，災異息矣。哀帝從其議，改元太初，易號曰陳聖劉太平皇帝。其言亦與後來太平淸領書所記與國廣嗣之術約略相似。殆所謂齊學，卽濱海地域之學說也。夫漢書旣載「俗傳王陽能作黃金」，則王陽當時所處之環境中作黃金之觀念必已盛行，然後始能致茲傳說。故據此可以推見其時社會情況。而應仲遠不明斯義，轉以此譏孟堅(見風俗通過失篇)，過矣。

又眞誥壹陸闡幽微第二云：

(上略)夫至廉者不食非己之食，不衣非己之布帛。王陽有似也。(原注：此目應以夷齊爲摽。)高士中亦多此例。而今乃舉王陽。當年淳德自然，非故爲皎潔者也。王陽先漢人也(下略)。

右五條皆積行獲仙，不學而得。

天師道以王吉爲得仙，此實一確證，故吾人雖不敢謂琅邪王氏之祖宗在西漢時卽與後來之天師道直接有關，但地域風習影響於思想信仰者至深且鉅。若王吉貢禹甘忠可等者，可謂上承齊學有淵源。

下啓天師之道術，而後來琅邪王氏子孫之爲五斗米教徒，必其地域薰習，家世遺傳，由來已久。此蓋以前讀史之人所未曾注意者也。

高平郗氏

晉書陸柒郗鑒傳云：

郗鑒字道徽，高平金鄉人。（晉高平國治昌邑，在今山東省金鄉縣西北。）趙王倫辟爲掾，知倫有不臣之迹，稱疾去職。及倫簒，其黨皆至大官，而鑒閉門自守，不染逆節。二子：愔、曇。愔字方回。與姊夫王羲之、高士許恂（詢）竝有邁世之風，俱棲心絶穀，修黄老之術。子超，一字嘉賓。愔事天師道，而超奉佛。曇字重熙，子恢，字道胤。

又鑒叔父隆傳云：

隆字弘始，少爲趙王倫所善。及倫專擅，召爲散騎常侍。倫之簒也，以爲揚州刺史。齊王冏檄至，中州人在軍者皆欲赴義。隆以兄子鑒爲趙王掾，諸子悉在京洛，故猶豫未決。停檄六日，將士憤怒，扶（王）邃爲主而攻之，隆父子皆死。

又晉書柒柒何充傳云：

於時郗愔及弟曇奉天師道，而充與弟準崇信釋氏。謝萬譏之云：二郗諂於道，二何佞於佛（世說新語排調篇同）。

又世說新語術解篇云：

郗愔信道甚精勤，常患腹内惡，諸醫不可療。聞于法開有名 往迎之。既來，便脈云：君侯所忌，正是精進太過所致耳。合一劑湯與之。一服卽大下，去數段許紙如拳大，剖看，乃先所服符也。

又太平御覽陸陸陸引太平經云：

郗愔心尚道法，密自遵行。善隸書，與右軍相埒。手自起寫道經，將盈百卷，於今多有在者。

案，晉書壹肆地理志金鄉爲兗州高平國之屬縣，距海濱雖略遠，然觀郗氏一門在西晉時與趙王倫關係之密切如此，則郗隆父子與孫秀等實皆倫之死黨，事敗俱以身殉，不過一處中樞，一居方鎭之別耳。故以東晉時愔、曇之篤信天師道，及愔字道徽，恢字道胤而推論之，疑其先代在西晉時卽已崇奉此教，至嘉賓之奉佛，與其家風習特異者，猶之愔忠於王室，而超黨於桓氏，宗教信仰及政治趨向皆與其父背馳也。

吳郡杜氏

晉書壹佰孫恩傳云：

恩叔父泰，字敬遠，師事錢唐(見下)杜子恭。而子恭有秘術，嘗就人借瓜刀，其主求之，子恭曰：當卽還耳。既而其刀主行至嘉興，有魚躍入船中，破魚得瓜刀。其爲神效往往如此。子恭死，泰傳其術。

南齊書伍肆高逸傳云：

杜京產字景齊，吳郡錢唐人。(晉吳郡錢唐縣，今浙江省杭縣。)杜子恭玄孫也。祖運，爲劉毅衞軍參軍，父道鞠，州從事，善彈棊，世傳五斗米道，至京產及子棲（南史柒伍隱逸傳同）。

眞誥壹玖翼眞檢第一眞誥敍錄云：

（許）黃民乃奉經入剡（見下）。錢唐杜道鞠（卽居士京產之父）道業富盛，數相招致。於時諸人並未知尋閱經法，止稟奉而已。

又鍾嶸詩品載謝靈運寄養於錢唐杜明師家，前已論及，茲不重出。

案，杜子恭爲孫泰之師，其歷代相傳至後裔杜棲，多有時名，爲南朝天師最著之世家，而錢唐又屬濱海地域也。

會稽孔氏

晉書壹佰孫恩傳略云：

黃門郎孔道、鄱陽太守桓放之、驃騎諮議周勰等皆敬事之（指孫泰）。中書郎孔道等皆遇害。

晉書柒捌孔愉傳云：

孔愉字敬康，會稽山陰（晉會稽郡治山陰，今浙江省紹興縣。）人也。其先世居梁國。曾祖潛，太子少傅，漢末避地會稽，因家焉。吳平，愉還於洛。惠帝末，東還會稽，入新安山中，改姓孫氏。後忽捨去，皆謂爲神人，而爲之立祠。

世說新語棲逸篇云：

孔車騎少有嘉遁意，自稱孔郎。遊散名山。百姓謂有道術，爲生立廟。今猶有孔郎廟。

劉孝標注引孔愉別傳曰：

永嘉大亂，愉入臨海（晉臨海郡治章安，今浙江省臨海縣。）山中，不求聞達。

南齊書肆捌孔稚珪傳（南史肆玖孔珪傳同）云：

孔稚珪字德璋，會稽山陰人也。祖道隆，位侍中。父靈產。泰始中罷晉安太守。有隱遁之懷，於禹井山立館，事道精篤。吉日於靜屋四向朝拜，涕泗滂沲，東出過錢唐北郭，輒於舟中遙拜杜子恭墓，自北至都，東向坐，不敢背側。

南史柒伍隱逸傳云：

孔道徽，守志業不仕，與（杜）京產友善。道徽父祐，至行通神，隱於四明山，（在今浙江省鄞縣西南一百五十里，餘姚縣南一百十里。）嘗見山谷中有數百斛錢，視之如瓦石不異。採樵者競取，入手卽成砂礫。王僧虔與張緒書曰：孔祐，敬康曾孫也。古之遺德也。道徽少厲高行，能世其家風。

眞誥壹玖翼眞檢第一眞誥敍錄云：

元興三年京畿紛亂，（許）黃民乃奉經入剡（今浙江省嵊縣）。至義熙中，魯國孔默崇奉道敎，爲晉安太守。（晉晉安郡故治在今福建省閩侯縣東北。）罷職，還至錢唐。聞有許郎先人得道經書俱存，乃往詣許。許不與相見，孔膝行稽顙，積有旬日，兼獻奉殷勤，用情甚至。許不獲已，始乃傳之。孔仍令晉安郡吏王興繕寫。（興善有心尙，又能書畫，故以委之。）孔還都，唯實錄而已，竟未修用。元嘉中，復爲廣州刺史。及亡後，其子熙先休先才學敏贍，竊取看覽，見大洞眞經說云：誦之萬遍，則能得仙。大致譏誚，殊謂不然。以爲仙道必須丹藥鍊形，乃可超舉，豈可空積聲詠，以致羽服。兼有諸道人助毀其法。或謂不宜蓄此。因一時焚蕩，無復孑遺。

宋書陸捌彭城王義康傳(南史壹叁同)云：

上(太祖)疾嘗危殆，(祭酒魯郡孔)胤秀等輒就尚書儀曹索晉咸康末立康帝舊事。及太祖疾豫，微聞之。(元嘉)十七年十月，誅大將軍錄事參軍劉敬文、賊曹參軍孔邵秀、主簿孔胤秀、丹陽丞孔文秀、司空從事中郎司馬亮等。胤秀始以書記見任，漸預機密。文秀、邵秀，皆其兄也。司馬亮，孔氏中表，並由胤秀而進。

又宋書陸玖范曄傳(南史叁叁同)略云：

初，魯國孔熙先博學有縱横才志，文史星算，無不兼善。初，熙先父默之爲廣州刺史，以贓貨得罪下廷尉，大將軍彭城王義康保持之，故得免。及義康被黜，熙先密懷報效。以曄意志不滿，欲引之。極辭譬說，其意乃定。熙先素善天文，云：太祖必以非道晏駕，當由骨肉相殘。江州應出天子。以爲義康當之。有法略道人，先爲義康所供養，粗被知待。又有王國寺法靜尼，亦出入義康家內，皆感激舊恩，規相拯拔，幷與熙先往來，使法略罷道。本姓孫，改名景玄，以爲臧質寧遠參軍。熙先善於治病，兼能診脈。法靜尼妹夫許耀，領隊在臺，宿衛殿省。嘗有病，因法靜尼就熙先乞治，爲合湯一劑，耀疾卽損。耀自往酬謝，熙先深相待結，因告逆謀，耀許爲內應。熙先於獄中上書，所陳並天文占候，讖（南史作誠）上有骨肉相殘之禍，其言深切。

眞誥貳拾翼眞檢第二云：

孔璪賤時，杜居士、京產將諸經書往剡南墅大墟住，始與顧歡、戚景玄、朱僧標等數人共相料視，於是分別選書出，凡有經傳四五卷，眞受七八篇，今猶在杜家。

案，孔璪事迹見宋書捌肆及南史貳柒孔覬傳。孔覬等起兵應晉安王子勛，實璪爲之謀主，亦天師道信徒也。

又會稽孔氏其居山陰之孔愉一門及孔道隆、靈產、稚珪三世，與居剡之孔默之、孔熙先父子及孔胤秀、文秀、邵秀兄弟，是否本爲一族？不能詳考。然孔愉自謂先世居梁國，孔默之父子孔胤秀兄弟自稱魯郡，皆託爲孔子後裔，來從北方。（見新唐書柒伍下宰相世系表孔氏及林寶元和姓纂陸山陰孔氏各條。）其事之眞僞，且不置論，而其俱居濱海地域，俱有與天師道相關之跡象，則無疑義。故稱之爲奉天師道之世家，當無不可。至晉書孫恩傳中敬事孫泰之黃門郎孔道即同傳下文遇害之中書郎孔道，與山陰孔氏疑是一族。南齊書孔稚珪傳稚珪祖爲侍中道隆，以稚珪父靈產奉道如此之篤推之，孔道隆恐即孔道。以唐人傳寫避諱，略書名下一字，而侍中之官或者又因死難之故所追贈歟？姑記於此，以俟考。孔熙先之爲天師道信徒，不待論。而法略本孫氏，法靜妹夫許耀又爲許氏，皆有天師道家世之嫌疑。宋文帝初不死於彭城王義康及孔熙先，而卒死於元凶劭及嚴道育。其被弒之人雖殊，而俱與天師道有關則一，故謂之死於天師道之手實無不可。至於范蔚宗以謀逆誅，王西莊

（十七史商榷陸壹）陳蘭甫（東塾集附申范一卷）皆著論辨誣，而不知其死由於孔熙先，熙先爲天師道世家。然則謂蔚宗之死實由於天師道，固亦無不可也。

又蔚宗之著後漢書，體大思精，信稱良史，獨方術一傳附載不經之談，竟與搜神記列仙傳無別，故在全書中最爲不類。遂來劉子玄之譏評（見史通伍採撰篇及壹柒雜説篇中諸晉史條），亦有疑其非范氏原文，而爲後人附益者（見王先謙後漢集解捌貳下黄山校補）。其實讀史者苟明乎蔚宗與天師道之關係，則知此傳全文本出蔚宗之手，不必致疑也。

義興周氏

晉書孫恩傳言驃騎諮議周勰敬事孫泰。今晉書伍捌有周勰傳，勰爲義興陽羨人，周處之孫，終以臨淮太守，然其所生時代較早，當非一人。但義興周氏實有信奉天師道之嫌疑。據晉書伍捌周勰之叔父札傳云：

時有道士李脱者，妖術惑衆，自言八百歲，故號李八百。自中州至建鄴，以鬼道療病，又署人官位，時人多信事之。弟子李弘養徒灊山，云應讖當王。故（王）敦使廬江太守李恒告札及其諸兄子與脱謀圖不軌。時莚（札兄子）爲敦諮議參軍，卽營中殺莚及脱、弘，又遣參軍賀鸞就沈充盡掩殺札兄弟子，既而進軍會稽，襲札。札出拒之，兵敗見殺。（太平御覽陸佰柒拾引集仙錄，太平廣記柒引神仙傳等，皆有李八百事。）

抱朴子内篇玖道意篇云：

諸妖道百餘種，皆煞生血食。獨有李家道無爲，爲小差。或問：李氏之道起於何時？余答曰：吴太帝時，蜀中有李阿者，穴居不食，傳世見之，號爲八百歲公。後一旦忽去，不知所在。後有一人，姓李名寬，到吴，而蜀語，能祝水，治病頗愈，於是遠近翕然，謂寬爲李阿，因共呼之爲李八百，而實非也。自公卿以下，莫不雲集其門。於是避役之吏民依寬爲弟子者，恆近千人。余親識多有及見寬者。寬弟子轉相教受，布滿江表，動有千許。

案，葛稚川之言與晉書雖有異同，今觀其所述，亦天師道之一派也。當時李氏妖黨之盛，可以想見。李恆告周札及其諸兄子與李脱同謀不軌，蓋當日李氏妖黨自吴迄晉布滿江表，義陽周氏爲吴地世族之最著者，疑本與李氏道術有連，故王敦等得藉爲口實。故曰敬事孫泰之周勰縱非義陽周氏，而義陽周氏之勰者，固曾陷於妖黨之嫌疑，則爲史實也。

陳郡殷氏

晉書捌肆殷仲堪傳云：

殷仲堪，陳郡人也。父師，驃騎諮議參軍、晉陵太守、沙陽男。父病積年，仲堪衣不解帶，躬學醫術，究其精妙。少奉天師道，又精心事神，不吝財賄，而怠行仁義，嗇於周急，及(桓)玄來攻，猶勤請禱。然善取人情，病者自爲診脈分藥。

世說新語文學篇羊孚弟娶王永言女條劉孝標注引殷氏譜曰：

仲堪娶琅邪王臨之女，字英彥。

又世說新語術解篇敍仲堪伯父浩精通醫術事云：

殷中軍妙解經脈，中年都廢。有常所給使忽叩頭流血，浩問其故，云：有死事，終不可說。詰問良久，乃云：小人母年垂百歲，抱疾來久，若蒙官一脈，便有活理，訖就屠戮無恨。浩感其至性，遂令舁來，爲診脈處方。始服一劑湯便愈，於是悉焚經方。

眞誥壹伍闡幽微第一云：

殷浩侍帝晨，與何晏對。

又云：

侍帝晨有八人：徐庶、龐德、爰愉、李廣、王嘉、何晏、解結、殷浩。如世之侍中。

案，殷仲堪爲陳郡長平人。陳郡非濱海地域。雖妻爲琅邪王氏，本天師道世家，然疑仲堪之奉道，必已家世相傳，由來甚久，而不可考矣。今所傳黃帝內經素問，雖出後人僞造，實爲中國醫術古籍，而與天師道有關。其天元紀大論殆卽張機傷寒論序所稱陰陽大論。故其文中託爲黃帝與天師問答之語，是其明證。殷仲堪之伯父殷浩卽已妙解經脈，然則仲堪之精於醫術，（隋書叁肆經籍志：子部醫方類殷荆州要方一卷，殷仲堪撰，亡。）亦當爲家門風習漸染所致，非偶因父病始從事學醫也。故參以晉代神仙家葛洪之綜練醫術，（晉書柒貳葛洪傳。又隋書經籍志：肘後方六卷，葛洪撰。梁二卷。陶弘景補闕肘後百一方，九卷，亡。）宋代天師道世家孔熙先善療病，治愈許耀之故事（宋書陸玖范曄傳），梁代神仙家陶弘景祖孫父子之尤明醫術本草，（見梁書伍貳，南史柒陸陶弘景傳。）又雲笈七籤壹佰柒下陶翊撰華陽隱居先生本起錄云：「祖隆兼解藥性，常行拯救爲務。父貞寶深解藥術。」及北朝天師道世家清河崔氏一門若崔彧、崔景哲、崔景鸞、崔冏等累代皆精通醫術，爲尙藥典御（魏書玖壹術藝傳，北史貳肆。）等事實，推定陳郡殷氏爲天師道世家，明乎吾國醫術與道教之關係者，當不以此爲無稽之說也。

丹陽葛氏及東海鮑氏

抱朴子之學雖有異於黃巾米賊，然實亦與之同出一源，不過流派略別耳。抱朴子之著述及其師鮑靚之行事今皆不論，僅就其家世籍貫與海濱之關係，略綴數語，以闡明此篇主旨。

晉書柒貳葛洪傳云：

葛洪字稚川，丹陽句容人也。（句容今江蘇省句容縣。）尤好神仙導養之法。從祖玄，吳時學道得仙，號曰葛仙公。以其鍊丹秘術授弟子鄭隱。洪就隱學，悉得其法焉。後師事南海太守上黨鮑玄。玄見洪深重之，以女妻洪。洪傳玄業，並綜練醫術。

晉書玖伍藝術傳鮑靚傳云：

鮑靚，字太玄，東海人也。（晉東海郡在惠帝元康元年未分置蘭陵郡以前統縣十二，其境約當今山東省舊兗州府東南至江蘇省舊海州之地。）年五歲語父母云：本是曲陽李家兒，九歲墜井死。父母尋訪得李氏，推問皆符驗。靚學兼內外，明天文河洛書，爲南海太守。嘗見仙人陰君，受道訣，百餘歲卒。

案，神仙之說於此可不置論。以地域言，丹陽東海皆隋書經籍志所謂「三吳及濱海之際」者也（見上文）。然葛氏之居丹陽，亦由海濱遷來，其家世信仰蓋遠有所承受。據抱朴子自敍篇云：洪曩祖爲荆州刺史。王莽之篡，與翟義共起兵，爲莽所敗，遇赦免禍。莽乃徙君於琅邪。君之子盧佐光武，封下邳僮縣侯。託他行遂南渡江，家於句容。太平御覽陸陸叁引列仙傳作「葛洪，字稚川，琅邪人。」陶弘景吳太極左仙公葛公之碑云：「本屬琅邪，後漢驃騎僮侯盧，讓國於弟，來居此土。」（見陶弘景集及道藏虞字號譚嗣先太極葛仙翁傳。）是葛氏本琅邪人。琅邪固天師道發源之地，與史實尤相適合。又太平御覽陸陸肆引神仙傳云：「鮑靚，字太玄，琅邪人。一說上黨人。漢司徒鮑宣之後。」又太平御覽肆壹引袁宏羅浮山記云：「鮑靚，字子玄，上黨人。」考靚所以作上黨人者，蓋據漢書柒貳鮑宣傳中「宣既被刑，乃徙之上黨，遂家於長子」之語。既以靚爲宣之後裔，故宜云然。其實此類依託華胄之言，殊不足信，自無待論。而鮑靚之爲琅邪人，更不容疑也。至晉書靚傳中靚自稱「本是曲陽李家兒」之曲陽，即後漢書襄楷傳于吉「於曲陽泉水上得神書」之曲陽，章懷注所謂東海之曲陽是也。於此轉可證成靚實爲東海人，或琅邪人，皆屬濱海地域。所謂上黨人者，不過自託於子都之後裔而已。近人注晉書以鮑靚傳作東海爲誤。又以上黨與曲陽地相近，殆未詳考。（見吳士鑑晉書斠注柒伍鮑靚傳注。）雲笈七籤卷壹佰陸有鮑靚眞人傳作陳留人。此較後之說，不如晉書等之足據也。

丹陽許氏

丹陽許氏爲南朝最著之天師道世家。據其自稱，爲漢順帝司徒汝南平輿許敬之後。敬子光始渡江，居丹陽句容。眞誥卷末附有眞冑世譜，詳載其世系，然細核之，殊有可疑。蓋眞誥貳運象篇第二八月十七日夜保命仙君小茅口授與許長史之文云：

肇祖植德（卽謂七世祖許肇也）。

又壹貳稽神樞第二云：

亦如子七世祖父許肇字子阿者有賑死之仁，拯饑之德。故令雲蔭流後，陰功垂澤，是以今得有好尙仙眞之心者。亦有由而然也。此紫陽眞人六月二十日受。

（右一條有掾寫。）

又壹陸闡幽微第二云：

許肇今爲東明公右帥晨。帥晨之任如世間中書監。（許肇字子阿，卽長史七代祖司徒敬也。雖有賑救之功，而非陰德，故未蒙受化。既福流後葉，方使上拔，然後爲九宮之仙耳。）

又眞冑世譜云：

眞誥云：「長史七世祖肇字子阿有振惠之功。」今檢譜，七世祖名敬，字鴻卿，後漢安帝時爲光祿，順帝永建元年拜司徒。（寅恪案，范氏後漢書陸順帝紀云：永建二年七月光祿勳許敬爲司徒。通鑑伍壹亦同。袁宏後漢紀繫此事於永建元年。與此同。）名字與眞誥不同。未詳所以舛異。案，許氏家譜與眞誥互相舛異。毋寧信眞誥爲較近眞。蓋眞誥中託爲保命仙君及紫陽眞人等對許氏言其祖宗名字，且託爲許氏親筆記錄。其事雖不可信，而此點却不應譌誤也。至家譜則於六朝時往往爲寒門攀附華族以作婚宦之資者，尤多所改易。故丹陽許氏確否自汝南南徙，尙不可知。或如葛氏之比，原自琅邪遷來。或如鮑氏之比，本爲東海，而自附於上黨，今皆無考。要之，吳地居民本多天師道信徒，許氏既世居丹陽，想其宗教信仰之遺傳必已甚久。又後漢靈帝熹平元年有會稽妖賊許昌起於勾章，自稱陽明皇帝，扇動諸縣，衆以萬數。（見三國志吳書壹孫堅傳、貳孫策傳裴注東觀漢記、後漢書捌捌臧洪傳及續漢書天文志等。）許昌既稱妖賊，又以陽明爲號，必係天師道，此許氏雖不必與丹陽之許同出一源，要爲濱海地域天師道之黨，與三張之徒先後同起者，則無可疑也。

丹陽陶氏

周嘉猷南北史世系表叁丹陽陶氏表云：

陶隱居弘景，字通明，尤著名於梁代，蓋基之裔也。世系無可考。

案，雲笈七籤壹佰柒有陶弘景從子翊字木羽者所撰華陽隱居先生本起錄，詳載世系。周氏謂無可考者，非也。茲錄取其有關者之語於下：

隱居先生諱弘景，字通明，丹陽人也。宅在白楊巷南岡之東。宋初土斷，仍割秣陵縣西鄉之桐下里，至今居之。十三世祖超，漢末渡江，始居丹陽。七世祖濬，交州刺史璜之弟，與孫皓俱降晉，拜議郎散騎常侍尙書。祖隆，好學，讀書善寫，兼解藥性，常行拯救爲務。父諱貞寶，善藁隸書，家貧，以寫經爲業，一紙值價四十。深解藥術。先生尤好五行陰陽，風角炁候，太一遁甲，星曆算數，山川地理，方國所產，及醫方香藥分劑，蟲鳥草木，考校名類，莫不該細。善隸書，不類常式，別作一家，骨體勁媚。

案，陶濬附見晉書伍柒陶璜傳。璜傳云：「自基至綏四世爲交州者五人。」是陶氏一門與南部濱海之地關係至切。匪獨陶氏如是，卽鮑靚、葛洪，及孫泰、盧循諸人亦莫不然。豈交廣二州之區域不但丹沙靈藥可爲修鍊之資，且因鄰近海濱，爲道敎徒衆所居之地。以有信仰之環境，故其道術之吸收與傳授，較易於距海遼遠之地域歟？觀陶翊之所述，則天師道世家皆通醫藥之術，尤有確證。中國儒家雖稱格物致知，然其所殫精致意者，實僅人與人之關係。而道家則研究人與物之關係。故吾國之醫藥學術之發達出於道敎之貢獻爲多。其中固有怪誕不經之說，而尙能注意於人與物之關係，較之佛敎，實爲近於常識人情之宗敎。然則道敎之所以爲中國自造之宗敎，而與自印度所輸入之佛敎終有區別者，或卽在此等處也。

吳興沈氏

宋書壹佰自序（南史伍柒沈約傳同）云：

初，錢唐人杜子恭（南史作杜炅，字子恭。）通靈，有道術，東土豪家及京邑貴望，並事之爲弟子，執在三之敬。（沈）警累世事道，亦敬事子恭。子恭死，門徒孫泰、泰弟子恩傳其業，警復事之。隆安三年，恩於會稽作亂，自稱征東將軍，三吳皆響應。（警子）穆夫時在會稽，恩以爲前部參軍、振武將軍、餘姚令。其年十二月二十八日，恩爲劉牢之所破，輔國將軍高素於山陰回踵埭，執穆夫及僞吳郡太守陸瓌之、吳興太守丘尫，並見害，函首送京邑。先是宗人沈預素無士行，爲警所疾。至是警聞穆夫預亂，逃藏將免矣。預以告官，警及穆夫、弟仲夫、任夫、預夫、佩夫竝遇害，惟穆夫子淵子、雲子、田子、林子、虔子獲全。

梁書壹叁沈約傳（南史伍柒同）略云：

沈約，字休文，吳興武康（今浙江省武康縣）人也。祖林子，宋征虜將軍。因病，夢齊和帝以劍斷其舌，召巫視之，巫言如夢。乃呼道士奏赤章於天，稱禪代之事，不由己出。（梁）高祖聞赤章事，大怒，中使譴責者數焉，約懼，遂卒。

案，吳興爲濱海地域。沈約爲林子之孫，穆夫之曾孫，警之玄孫，累世奉天師道。警、穆夫皆孫恩妖黨。恩敗，幾舉族殉之。據此，則休文受其家傳統信仰之薰習，不言可知。赤章之事即其一例也。請以王獻之之事證之。世說新語德行篇（參閱晉書捌拾王羲之傳附王獻之傳及太平御覽卷陸肆壹引語林）云：

王子敬病篤，道家上章應首過，問子敬由來有何同異得失？子敬云：不覺有餘事，唯憶與郗家離婚。（劉孝標注引王氏譜曰：獻之娶郗曇女，名道茂。寅恪案，以道茂之名觀之，亦郗氏奉道之旁證。）

案，沈隱侯雖歸命釋迦，平生著述如均聖論，答陶隱居難均聖論，內典序，佛記序，六道相續作佛義，形神論，神不滅論，難范縝神滅論，究竟慈悲論，千僧會願文，捨身願疏，及懺悔文等，（見廣弘明集伍、壹伍、壹玖、貳貳、貳陸、貳捌等。）皆闡明佛教之說。迨其臨終之際，仍用道家上章首過之法。然則家世信仰之至深且固，不易湔除，有如是者。明乎此義，始可與言吾國中古文化史也。

又南史叁柒沈慶之傳附僧昭傳云：

僧昭别名法朗，少事天師道士，常以甲子及甲午日夜，著黄巾，衣褐，醮於私室。時記人吉凶，頗有應驗。自云爲太山録事，幽司中有所收録，必僧昭署名。中年爲山陰縣。梁武陵王紀爲會稽太守，宴坐池亭，蛙鳴聒耳。王曰：殊廢絲竹之聽。僧昭呪厭十許口便息。及日晚，王又曰：欲其復鳴。僧昭曰：王歡已闌，今恣汝鳴。即便喧聒。又嘗校獵，中道而還。左右問其故，答曰：國家有邊事，須還處分。問何以知之，曰：向聞南山虎嘯知耳。俄而使至。復謂人曰：吾昔爲幽司所使，實爲煩碎，今已自解。乃開匣出黄紙書，上有一大字，字不可識。曰：敎分判如此。及太清初，謂親知曰：明年海内喪亂，生靈十不一存，乃苦求東歸。既不獲許，及亂，百口皆殲。

寅恪案，此吳興沈氏世事天師道之又一確證也。

八、天師道與書法之關係

東西晉南北朝之天師道爲家世相傳之宗敎，其書法亦往往爲家世相傳之藝術，如北魏之崔盧，東晉之王郗，是其最著之例。舊史所載奉道世家與善書世家二者之符會，雖或爲偶值之事，然藝術之發展多受宗敎之影響。而宗敎之傳播，亦多倚藝術爲資用。治吾國佛敎美藝史者類能言佛陀之宗敎與建築雕塑繪畫等藝術之關係，獨於天師道與書法二者互相利用之史實，似尚未有注意及之者。因論地域關係既竟，略舉舊籍中涉及二者相互關係之記載，以質正於治吾國宗敎美術史者。

魏書貳肆(北史貳壹)崔玄伯傳云：

玄伯尤善草隸行押書，爲世摹楷。玄伯祖悅與范陽盧諶，竝以博藝著名。諶法鍾繇，悅法衞瓘，而俱習索靖之草，皆盡其妙。諶傳子偃，偃傳子邈，悅傳子潛，潛傳玄伯。世不替業。故魏初重崔盧之書。次子簡，字沖亮，一名覽，好學，少以善書知名。

又魏書叁伍(北史貳貳)崔浩傳云：

崔浩，玄伯之長子。既工書，人多託寫急就章。從少至老，初無憚勞，所書蓋以百數。浩書體勢及其先人，而妙巧不如也。世寶其迹，多裁割綴連，以爲模楷。

案，崔、盧皆天師道世家，前已證明。史云：「魏初重崔、盧之書。」然則北朝最著之能書世家即奉道之世家也。南朝能書者之家世事迹可考者較北朝爲多，茲不廣徵，僅摘錄一最顯著簡單之例如下：王羲之父子之書法，其地位不待論。茲但言亞於二王者。南齊書叁叁(南史貳壹)王僧虔傳載僧虔論書之語云：

郗愔章草亞於右軍。郗嘉賓草亞於二王。

可知卽依王氏之言，郗氏父子之書亦止亞於二王。然則南朝書法自應以王、郗二氏父子爲冠，而王氏、郗氏皆天師道之世家，是南朝最著之能書世家卽奉道之世家也。茲迻錄天師道經典數則於下，以解釋天師道與書法之關係。

眞誥壹玖敍錄述寫經畫符事云：

三君（楊君羲許長史謐許掾翽）手跡，楊君書最工，不今不古，能大能細。大較雖祖效郗法，筆力規矩並於二王，而名不顯者，當以地微，兼爲二王所抑故也。掾書乃是學楊，而字體勁利，偏善寫經，畫符與楊相似，鬱勃鋒勢，殆非人功所逮。長史章草乃能，而正書古拙，符又不巧，故不寫經也。

又眞誥貳拾翼眞檢第二孔璪賤時條注云：

樓（惠明家）鍾（義山家）間經亦互相通涉，雖各摹符，殊多麄略。唯加意潤色滑澤取好，了無復規矩鋒勢，寫經又多浮謬。至庚午歲（齊武帝永明八年）〔陶〕隱居入東陽道，諸晚學者漸效爲精。時人今知摹二王法書，而永不悟摹眞經，經正起隱居手爾。亦不必皆須郭塡，但一筆就畫，勢力殆不異眞，至於符無大小，故宜皆應郭塡也。

太平御覽陸陸陸引太平經云：

郗愔性尙道法，密自遵行。善隸書，與右軍相埒。手自起寫道經，將盈百卷，於今多有在者（已見前）。

雲笈七籤壹佰柒陶翊撰華陽隱居先生本起錄云：

〔隱居先生〕祖隆，好學讀書，善寫。父貞寶善藁隸，家貧以寫經爲業，一紙值四十（已見前）。

唐張彥遠法書要錄貳載梁中書侍郎虞龢論書表（亦見晉書捌拾王羲之傳及太平廣記貳佰柒書類引圖書會粹等。）云：

(王)羲之性好鵝。山陰曇禳(一作釀)村有一道士,養好鵝十餘。王淸旦乘小船故往。意大願樂。乃告求市易,道士不與。百方譬說,不能得。道士乃言性好道,久欲寫河上公老子,縑素早辦,而無人能書。府君若能自屈書道德經各兩章,便合羣以奉。羲之便住半日爲寫畢,籠鵝而歸。

法書要錄叁褚遂良撰晉右軍王羲之書目(宣和書譜壹伍略同)載:

正書都五卷。共四十帖。

第二黃庭經六十行。與山陰道士。

據此,知道家學經及畫符必以能書者任之。故學道者必訪尋眞跡,以供摹寫。適與學書者之訪尋碑帖無異。(可參閱道藏翔字號賈嵩撰華陽隱居先生內傳所紀。)是書法之藝術實供道教之利用。而寫經又爲一種功德。如太平經記「郗愔之性尙道法,多寫道經。」是其一例。畫符郭塡之法或與後來之雙鈎有關,茲不詳論。至王右軍爲山陰道士寫經換鵝故事,無論右軍是否眞有斯事,及其所書爲道德經或黃庭經?姑不深考。(參考容齋四筆伍黃庭換鵝條,程大昌考古編捌黃庭經條,演繁露壹貳換鵝是黃庭經條及袁文甕牖閒評伍等。)然此流傳後世之物語既見於梁虞龢論書表,則必爲六朝人所造作可知,昔人亦疑鵝與書法筆勢有關,故右軍好之。如陳師道後山談叢壹云:

蘇、黃兩公皆喜書,不能懸手。逸少非好鵝,效其腕頸耳。正謂懸手轉腕。而蘇公論書,以手抵案,使腕不動爲法,此其異也。(參考葉夢得石林避暑錄話肆,晉史言王逸少性愛鵝條引張正素語。)

又包世臣藝舟雙楫伍述書上云:

其要在執筆，食指須高鉤，大指加食指中指之間，使食指如鵝頭昂曲者。中指內鉤，小指貼（無）名指外距，如鵝之兩掌撥水者。故右軍愛鵝，玩其兩掌行水之勢也。

寅恪案，後山及安吳之說特善於附會耳。非能得其眞解也。據陶隱居名醫引錄，鵝列上品。唐孟詵食療本草則以鵝爲「與服丹石人相宜」。（悉見唐愼微重修政和經史證類本草壹玖及李時珍本草綱目肆柒禽部所引。）本草藥物之學出於道家。抱朴子內篇壹壹仙藥篇引神農經曰：「上藥令人身安命延，昇天神，遨遊上下，使役萬靈，體生毛羽，行廚立至。」又名醫別錄（重修政和經史證類本草壹所引）云：「上藥一百二十種。爲君，主養命以應天。無毒，多服久服不傷人。欲輕身益氣不老延年者，本上經。」然則依醫家言，鵝之爲物，有解五臟丹毒之功用，既於本草列爲上品，則其重視可知。醫家與道家古代原不可分。故山陰道士之養鵝，與右軍之好鵝，其旨趣實相契合，非右軍高逸，而道士鄙俗也。道士之請右軍書道經，及右軍之爲之寫者，亦非道士僅爲愛好書法，及右軍喜此䳘䳘之羣有合於執筆之姿勢也。實以道經非倩能書者寫之不可。寫經又爲宗教上之功德，故此段故事適足表示道士與右軍二人之行事皆有天師道信仰之關係存乎其間也。此雖末節，然涉及宗教與藝術相互之影響，世人每不能得其眞諦，因并附論及之。（太平御覽壹壹玖引世說云：「會稽有孤居老姥養一鵝。王逸少爲太守，既求市之，未得。乃徑觀之。姥聞二千石當來，卽烹以待之。逸少既至，殊喪生意，歎息彌日。」寅恪案，晉書捌拾王羲之傳並載羲之爲山陰道士寫經換鵝，及會稽孤姥烹鵝餉羲之兩事。而烹鵝事御覽雖言出世說，然實不見於今傳本世說新語中，必非指康王之書。且此姥既不欲售其所愛之鵝於太守，何得又因太守來看，而烹鵝相餉，意義前後相矛盾至於此極，必後人依仿寫經換鵝故事，僞撰此說，而不悟其詞旨之不可通也。故據太平御覽此條殊不足以難吾所立之說。）又十六國中前蜀李氏之建國，與西晉之衰亂分裂，最有關係。而巴賓爲篤信天師道之民族，范長生本爲天師道之教主，故其拯李氏於幾亡之時，又勸其稱帝者，實有宗教之背景。否則范氏以漢族儒者，竟倒行逆施，助賓逐華。誠如夏曾佑所言，其用心殆不可解矣。（見夏氏中國歷史第三册第二章第十四節。）然此事不直接關涉濱海地域問題，若詳論之，將軼出本篇主旨之外，故不復旁及，僅附著其意於此，以供治中國宗教與政治關係史者之參究。

九、附論

東西晉南北朝時之士大夫，其行事遵周孔之名教（如嚴避家諱等），言論演老莊之自然。玄儒文史之學著於外表，傳於後世者，亦未嘗不使人想慕其高風盛況。然一詳考其內容，則多數之世家其安身立命之秘，遺家訓子之傳，實爲惑世誣民之鬼道，良可嘅矣。凡前所舉此時期宮廷政治之劇變多出於天師道之陰謀，考史者自不可得而忽視。溯其信仰之流傳多起於濱海地域，頗疑接受外來之影響。蓋二種不同民族之接觸，其關於武事之方面者，則多在交通阻塞之點，卽山嶺險要之地。其關於文化方面者，則多在交通便利之點，卽海濱灣港之地。凡史籍所紀之大戰爭，若考其殺人流血之舊墟，往往同在一地。吾國自來著述多侈言地形險要，非必盡由書生妄誕之習，喜言兵事，實亦因人類之行動如戰爭者，常受地形天然之限制，故人事與地勢之關係遂往往爲讀史者議論之所及也。海濱爲不同文化接觸最先之地，中外古今史中其例頗多。斯篇之作，不過欲於此議復加一新證。幷以見吾國政治革命，其興起之時往往雜有宗敎神秘性質，雖至今日，尙未能盡脫此歷史之慣例。好學深思之士當能心知其意也。篇中間及逸少之換鵝，子猷之愛竹等故事，所附之新解，卽謂近乎傅會，然倶有徵於舊文，倘藉此而得承敎於通人，則誠著者之大幸也。玆請引世說新語篇王中郎令伏玄度習鑿齒論靑楚人物條劉注所載彥威之言，以結此篇。其言曰：

尋其事，則未有赤眉黃巾之賊。此何如靑州邪？

若更參之以後漢書劉盆子傳所記赤眉本末，應劭風俗通義玖怪神篇城陽景王祠條，及魏志壹武帝紀注引王沈魏書等，則知赤眉與天師道之祖先復有關係。故後漢之所以得興，及其所以致亡，莫不由於靑徐濱海妖巫之賊黨。殆所謂「君以此始，必以此終」者歟？因其事亦軼出本文範圍，不能詳論，遂並識此意於篇末，俟他日與李蜀范長生之事共推證焉。

（原刊中央硏究院歷史語言硏究所集刊第三本第四分册）

書世說新語文學類鍾會撰四本論始畢條後

世說新語文學類云：

鍾會撰四本論始畢，甚欲使嵇公一見，置懷中，既定，畏其難，懷不敢出，於戶外遙擲，便回急走。

劉注云：

魏志曰：會論才性同異，傳於世。四本者，言才性同，才性異，才性合，才性離也。尙書傅嘏論同，中書令李豐論異，侍郎鍾會論合，屯騎校尉王廣論離。文多不載。

寅恪昔年撰「論陶淵明之思想與清談之關係」一文，其大旨以爲六朝之清談可分前後兩期。後期之清談僅限於口頭及紙上，純是抽象性質。故可視爲言語文學之材料。至若前期之清談，則爲當時清談者本人生活最有關之問題，純爲實際性質，即當日政治黨系之表現。故前期之清談材料乃考史論世者不可忽視之事實也。世說此條之劉注實爲前期清談重要資料，而昔年之文所未及釋證者。今略論之，以補昔文所未備也。

東漢中晚之世，其統治階級可分爲兩類人羣。一爲內廷之閹宦。一爲外廷之士大夫。閹宦之出身大抵爲非儒家之寒族，所謂「乞匄攜養」之類。(三國志魏志陸袁紹傳裴注引魏氏春秋載紹檄州郡文中斥曹嵩語。）其詳未易考見，暫不置論。主要之士大夫，其出身則大抵爲地方豪族，或間以小族。然絕大多數則爲儒家之信徒也。職是之故，其爲學也，則從師受經，或游學京師，受業於太學之博士。其爲人也，則以孝友禮法見稱於宗族鄉里。然後州郡牧守京師公卿加以徵辟，終致通顯。故其學爲儒家之學，其行自必合儒家之道德標準，卽仁孝廉讓等是。質言之，小戴記大學一篇所謂修身齊家治國平天下一貫之學說，實東漢中晚世士大夫自命爲其生活實際之表現。一觀後漢書黨錮傳及有關資料，卽可爲例證。然在西漢初中時代，大學所言尙不過爲其時儒生之理想，而蘄求達到之境界也。（小戴記中大學一篇疑是西漢中世以前儒家所撰集。至中庸一篇，則秦時儒生之作品也。寅恪別有說，今不具論。）然則當東漢之季，其士大夫宗經義，而閹宦則尙文辭。士大夫貴仁孝，而閹宦則重智術。蓋淵源已異，其衍變所致，自大不相同也。

魏爲東漢內廷閹宦階級之代表，晉則外廷士大夫階級之代表。故魏、晉之興亡遞嬗乃東漢晚年兩統治階級之競爭勝敗問題。自來史家惟以曹魏、司馬晉兩姓之關係目之，殊未盡史事之眞相也。本來漢末士大夫階級之代表人袁紹，其憑藉深厚，遠過於閹宦階級之代表人曹操，而官渡一戰，曹氏勝，袁氏敗。於是當時士大夫階級乃不得不隱忍屈辱，暫與曹氏合作，但乘機恢復之念，未始或忘也。東漢末世與曹孟德合作諸士大夫，官渡戰後五十年間（官渡之戰在漢獻帝建安五年，卽公元二〇〇年。司馬懿奪取曹爽政權在魏齊王芳正始十年，卽公元二四九年。）多已死亡，而司馬仲達，其年少於孟德二十四歲，又後死三十一年，（曹操生於後漢桓帝永壽元年，卽公元一五五年，死於獻帝建安二十五年，即公元二二〇年。司馬懿生於後漢靈帝光和二年，即公元一七九年，死於魏齊王芳嘉平三年，即公元二五一年。）乘曹氏子孫孱弱昏庸之際，以垂死之年，奮起一擊。二子師、昭承其遺業，終於顛覆魏鼎，取而代之，盡復東漢時代士大夫階級統治全盛之局。此固孟德當時所不及料，而仲達非僅如蔣濟之流，老壽久存，遂得成功。實由其堅忍陰毒，有迴出漢末同時儒家迂緩無能之上者。如晉書壹宣帝紀所云：

魏武察帝有雄豪志，聞有狼顧相，欲驗之。乃召使前行，令反顧，面正向後，而身不動。帝於是勤於吏職，夜以忘寢，至於芻牧之間，悉皆臨履，由是魏武意遂安。

可爲例證也。

夫曹孟德者，曠世之梟傑也。其在漢末，欲取劉氏之皇位而代之，則必先摧破其勁敵士大夫階級精神上之堡壘，即漢代傳統之儒家思想，然後可以成功。讀史者於曹孟德之使詐使貪，唯議其私人之過失，而不知此實有轉移數百年世局之作用，非僅一時一事之關係也。今迻錄孟德求才三令，而略論釋之於下。

三國志魏志壹武帝紀建安十五年云：

（建安）十五年春，下令曰：自古受命及中興之君，曷嘗不得賢人君子與之共治天下者乎？及其得賢也，曾不出閭巷，豈幸相遇哉？上之人不求之耳。今天下尚未定，此特求賢之急時也。孟公綽爲趙、魏老則優，不可以爲滕、薛大夫。若必廉士而後可用，則齊桓其何以霸世？今天下得無有被褐懷玉，而釣於渭濱者乎？又得無盜嫂受金，而未遇無知者乎？二三子其佐我明揚仄陋，唯才是舉，吾得而用之。

（建安十九年）十二月乙未令曰：夫有行之士，未必能進取，進取之士，未必能有行也。陳平豈篤行，蘇秦豈守信邪？而陳平定漢業，蘇秦濟弱燕。由此言之，士有偏短，庸可廢乎？有司明思此義，則士無遺滯，官無廢業矣。

（建安二十二年裴注引魏書曰：）秋八月，令曰：昔伊摯、傅說出於賤人，管仲，桓公賊也，皆用之以興。蕭何、曹參，縣吏也，韓信、陳平負汙辱之名，有見笑之恥，卒能成就王業，聲著千載。吳起貪將，殺妻自信，散金求官，母死不歸。然在魏，秦人不敢東向，在楚，則三晉不敢南謀。今天下得無有至德之人放在民間，及果勇不顧，臨敵力戰；若文俗之吏，高才異質，或堪爲將守；負汙辱之名，見笑之行，或不仁不孝而有治國用兵之術。其各舉所知，勿有所遺。

東漢外廷之主要士大夫，既多出身於儒家大族，如汝南袁氏及弘農楊氏之類，則其修身治家之道德方法亦將以之適用於治國平天下，而此等道德方法皆出自儒家之教義，所謂「禹貢治水」，「春秋決獄」，以及「通經致用」，「國身通一」，「求忠臣於孝子之門」者，莫不指是而言。凡士大夫一身之出處窮達，其所言所行均無敢出此範圍，或違反此標準者也。此範圍卽家族鄉里，此標準卽仁孝廉讓。以此等範圍標準爲本爲體。推廣至於治民治軍，爲末爲用。總而言之，本末必兼備，體用必合一也。孟德三令，大旨以爲有德者未必有才，有才者或負不仁不孝貪詐之汚名，則是明白宣示士大夫自來所遵奉之金科玉律，已完全破產也。由此推之，則東漢士大夫儒家體用一致及周孔道德之堡壘無從堅守，而其所以安身立命者，亦全失其根據矣。故孟德三令，非僅一時求才之旨意，實標明其政策所在，而爲一政治社會道德思想上之大變革。顧亭林論此，雖極駭嘆(日知錄壹叁正始條)，然尚未盡孟德當時之隱秘。蓋孟德出身閹宦家庭，而閹宦之人，在儒家經典敎義中不能取有政治上之地位。若不對此不兩立之敎義，摧陷廓清之，則本身無以立足，更無從與士大夫階級之袁氏等相競爭也。然則此三令者，可視爲曹魏皇室大政方針之宣言。與之同者，即是曹黨，與之異者，即是與曹氏爲敵之黨派，可以斷言矣。

夫仁孝道德所謂性也。治國用兵之術所謂才也。當魏晉興亡遞嬗之際，曹氏司馬氏兩黨皆作殊死之鬥爭，不獨見於其所行所爲，亦見於其所言所著。四本論之文，今雖不存，但四人所立之同異合離之旨，則皆俱在。苟就論主之旨意，以考其人在當時政治上之行動，則孰是曹魏之黨，孰是司馬晉之黨，無不一一明顯。職是之故，寅恪昔文所論，淸談在其前期乃一政治上黨派分野向背從違之宣言，而非空談或紙上之文學，亦可以無疑矣。茲更略徵舊籍，以證實之於下。

三國志魏志貳壹傅嘏傳略云：

曹爽秉政，何晏爲吏部尚書。嘏謂爽弟羲曰：何平叔外靜而內銛，巧好利，不念務本。吾恐必先惑子兄弟，仁人將遠，而朝政廢矣。晏等遂與嘏不平，因微事以免嘏官。起家拜滎陽太守，不行。太傅司馬宣王請爲從事中郎。曹爽誅，爲河南尹，遷尚書。正元二年春，毋丘儉、文欽作亂。或以司馬景王不宜自行，可遣太尉孚往，惟嘏及王肅勸之。景王遂行。以嘏守尚書僕射，俱東。儉、欽破敗，嘏有謀焉。及景王薨，嘏與司馬文王徑還洛陽，文王遂以輔政。以功進封陽鄉侯。

三國志魏志貳捌鍾會傳略云：

毋丘儉作亂，大將軍司馬景王東征，會從，典知密事，衞將軍司馬文王爲大軍後繼。景王薨於許昌，文王總統六軍，會謀謨帷幄。時中詔勅尚書傅嘏，以東南新定，權留衞將軍屯許昌，爲內外之援，令嘏率諸軍還。會與嘏謀，使嘏表上，輒與衞將軍俱發，還到雒水南屯住。於是朝廷拜文王爲大將軍、輔政。會還黃門侍郎，封東武亭侯，邑三百戶。及（諸葛）誕反，車駕住項，文王至壽春，會復從行。壽春之破，會謀居多。親待日隆，時人謂之子房。以中郎在大將軍府管記室事，爲腹心之任。

據此傳，鍾皆司馬氏之死黨，其持論與東漢士大夫理想相合，本極自然之理也。

世說新語賢媛類王公淵娶諸葛誕女條劉注引魏氏春秋曰：

王廣字公淵，王淩子也。有風量才學，名重當世，與傅嘏等論才同異，行於世。

三國志魏志貳捌王淩傳云：

（淩子）廣有志尚學行。（淩敗幷死，）死時年四十餘。

三國志魏志玖夏侯尙傳略云：

中書令李豐雖宿爲大將軍司馬景王（師）所親待，然私心在（夏侯）玄。遂結皇后父光祿大夫張緝，謀欲以玄輔政。嘉平六年二月，當拜貴人，豐等欲因御臨軒，諸門有陛兵，誅大將軍。大將軍微聞其謀，請豐相見。豐不知而往，卽殺之。

據此，王、李乃司馬氏之政敵。其持論與孟德求才三令之主旨符合，宜其忠於曹氏，而死於司馬氏之手也。

世說此條所記鍾士季畏嵇叔夜見難擲與疾走一事，未必盡爲實錄，卽令眞有其事，亦非僅由嵇公之理窟詞鋒，使士季震懾避走，不敢面談。恐亦因士季此時別有企圖，尙不欲以面爭過激，遂致絕交之故歟？今考嵇、鍾兩人，雖爲政治上之死敵，而表面仍相往還，終因毋丘儉舉兵，士季竟勸司馬氏殺害叔夜。世說記此一段逸事，非僅可供談助，而論古今世變者，讀書至此，亦未嘗不爲之太息也。抑更有可論者，嵇公於魏、晉嬗替之際，爲反司馬氏諸名士之首領，其所以忠於曹魏之故，自別有其他主因，而叔夜本人爲曹孟德曾孫女婿（見三國志魏志貳拾沛穆王林傳裴注引嵇氏譜），要不爲無關。清代呂留良之反建州，固具有民族之意義，然晚村之爲明室儀賓後裔，或亦與叔夜有類似之感耶？因附論及之，以供治史論事之君子參證。

（原刊中山大學學報一九五六年第三期）

述東晉王導之功業

王鳴盛十七史商榷伍拾晉書王導傳多溢美條云：

王導傳一篇凡六千餘字，殊多溢美，要之看似煌煌一代名臣，其實乃并無一事，徒有門閥顯榮，子孫官秩而已。所謂翼戴中興稱「江左夷吾」者，吾不知其何在也。以懼婦爲蔡謨所嘲，乃斥之云：「吾少遊洛中，何知有蔡克兒？」導之所以驕人者，不過以門閥耳。

寅恪案，王氏爲清代史學名家，此書復爲世所習知，而此條所言乖謬特甚，故本文考辨史實，證明茂弘實爲民族之功臣。至若斥蔡謨一節，晉書殆採自世說新語輕詆類王丞相輕蔡公條及劉注所引妒記，源出小說，事涉個人末節，無關本文宏旨，不足深論。又門閥一端乃當時政治社會經濟文化有關之大問題，不在本文範圍之內，是以亦不涉及。本文僅據當日情勢，闡明王導在東晉初期之功業一點，或可供讀史者之參考也。

東漢之末，三國鼎峙，司馬氏滅蜀篡魏，然後平吳，中國統一。吳、蜀之人同爲被征服者，而其對征服者司馬氏之政權態度不同，觀下引史料可知也。

晉書伍貳華譚傳略云：

華譚，廣陵人也。祖融，吳左將軍、錄尚書事。父諝，吳黃門郎。太康中，刺史嵇紹舉譚秀才。譚至洛陽，武帝策曰：吳、蜀恃險，今既蕩平。蜀人服化，無攜貳之心；而吳人趑睢，屢作妖寇。豈蜀人敦朴，易可化誘，吳人輕鋭，難安易動乎？今將欲綏靜新附，何以爲先？對曰：蜀染化日久，風教遂成；吳始初附，未改其化，非爲蜀人敦慤，而吳人易動也。然殊俗遠境，風土不同，吳阻長江，舊俗輕悍。所安之計，當先籌其人士，使雲翔閶闔，進其賢才，待以異禮；明選牧伯，致以威風；輕其賦斂，將順咸悅，可以永保無窮，長爲人臣者也。

同書陸捌賀循傳略云：

賀循，會稽山陰人也。曾祖齊，仕吳爲名將。祖景，滅賊校尉。父邵，中書令。著作郎陸機上疏薦循曰：伏見武康令賀循，前蒸陽令郭訥，皆出自新邦，朝無知己。今揚州無郎，而荊州江南乃無一人爲京城職者，誠非聖朝待四方之本心。至於才望資品，循可尚書郎，訥可太子洗馬、舍人。

寅恪案，吳、蜀之人對洛陽統治政權態度不同，雖與被征服時間之長短有關，然非其主因，其主因在兩國統治者之階級性各殊所致。蜀漢與曹魏固是死敵，但曹操出身寒族，以法術爲治。劉備雖自云漢之宗室，然淵源既遠，不能紀其世數，與漢之光武迥異，實亦等於寒族。諸葛亮爲諸葛豐之後，乃亦家世相傳之法家，故兩國施政之道正復相同。蜀亡以後，西晉政亂，洛陽政府失去統治權，然終能恢復獨立者非蜀漢舊境內之漢人，而是自漢中北徙，乘機南返之巴賨部落，蓋蜀漢境內無強宗大族之漢人組織，地方反抗力薄弱，洛陽征服者易於統治，此晉武帝所謂「蜀人服化，無攜貳之心」者是也。吳之情勢則大不然，孫氏之建國乃由江淮地域之強宗大族因漢末之擾亂，擁戴江東地域具有戰門力之豪族，卽當時不以文化見稱之次等士族孫氏，借其武力，以求保全而組織之政權。故其政治社會之勢力全操於地方豪族之手，西晉滅吳以後，此種地方勢力幷未因之消滅，所以能反抗洛陽之統治，而與蜀亡後之情勢不同也。觀陸機薦賀循之疏及華譚對晉武帝之策，皆以籠絡吳地之統治階級爲綏靖之妙用，此中關鍵不難窺知矣。後來洛陽政府亦稍採用此種綏靖政策，尙未收大效，而中州已亂，陳敏遂乘此機會據有江東，恢復孫吳故壤，此本極自然之趨勢，不足爲怪。所可怪者，陳敏何以不能如孫氏之創業垂統，歷數十年之久，基業未定，遽爾敗亡，爲世所笑，斯又吾人所應研究之問題，而當日江東地域卽孫吳故壤特殊情勢之眞相所在也。

晉書壹佰陳敏傳略云：

陳敏，廬江人也。少有幹能，以郡廉吏補尙書倉部令史。惠帝幸長安，四方交爭，敏遂有割據江東之志。會吳王常侍甘卓自洛至，敎卓假稱皇太弟命，拜敏爲揚州刺史，幷假江東首望顧榮等四十餘人爲將軍、郡守，榮並僞從之。東海王軍諮祭酒華譚聞敏自相署置，而顧榮等幷江東首望，悉受敏官爵，乃遺榮等書曰：陳敏倉部令史，七第頑冗，六品下才，欲躡桓王之高蹤，蹈大皇之絕軌，遠度諸賢，猶當未許也。諸君垂頭，不能建翟義之謀，而顧生俛眉，已受羈絆之辱。何顏見中州之士邪？周玘、顧榮之徒常懼禍敗，又得譚書，皆有慚色。玘、榮又說甘卓，卓遂背敏。敏單騎東奔，至江乘，爲義兵所斬。

同書伍貳華譚傳云：

顧榮先受〔陳〕敏官，而潛謀圖之。譚不悟榮旨，露檄遠近，極言其非，由此爲榮所怨。

寅恪案，陳敏之失敗由於江東之豪宗大族不與合作之故，史傳所載甚明，不待詳論。西晉末年孫吳舊壤內文化世族如吳郡顧氏等，武力豪宗如義興周氏等，皆當日最強之地方勢力，陳敏既不屬於文化世家，又非武力豪族。故華譚一檄提醒顧、周諸人之階級性，對症下藥，所以奏效若斯之神速也。東漢末年孫氏一門約相當於義興周氏之雄武，而政治社會地位則頗不及之，孫堅、策、權父子兄弟聲望才智又遠過於陳敏，此孫氏爲江淮之豪家大族所推戴，得成霸業，而陳敏則爲東吳之豪宗大族所離棄，終遭失敗也。

世說新語言語類云：

元帝始過江，謂顧驃騎曰：寄人國土，心常懷慚。榮跪對曰：臣聞王者以天下爲家，是以耿亳無定處，九鼎遷洛邑，願陛下勿以遷都爲念。

寅恪案，東晉元帝者，南來北人集團之領袖。吳郡顧榮者，江東士族之代表。元帝所謂「國土」者，卽孫吳之國土。所謂「人」者，卽顧榮代表江東士族之諸人。當日北人南來者之心理及江東士族對此種情勢之態度可於兩人問答數語中窺知。顧榮之答語乃允許北人寄居江左，與之合作之默契。此兩方協定既成，南人與北人戮力同心，共禦外侮，而赤縣神州免於全部陸沉，東晉南朝三百年之世局因是決定矣。

王導之功業卽在勘破此重要關鍵，而執行籠絡吳地士族之政策，觀下引史料可知也。

晉書陸伍王導傳云：

〔琅邪王睿〕徙鎮建康，吳人不附，居月餘，士庶莫有至者，導患之。會〔王〕敦來朝，導謂之曰：琅邪王仁德雖厚，而名論猶輕。兄威風已振，宜有以匡濟者。會三月上巳，帝親觀禊，乘肩轝，具威儀，敦、導及諸名勝皆騎從。吳人紀瞻、顧榮，皆江南之望，竊覘之，見其如此，咸驚懼，乃相率拜於道左。導因進計曰：古之王者，莫不賓禮故老，存問風俗，虛己傾心，以招俊乂。況天下喪亂，九州分裂，大業草創，急於得人者乎？顧榮、賀循，此士之望，未若引之，以結人心。二子既至，則無不來矣。帝乃使導躬造循、榮，二人皆應命而至，由是吳會風靡，百姓歸心焉。自此之後，漸相崇奉，君臣之禮始定。

寅恪案，資治通鑑捌陸晉紀懷帝永嘉元年九月戊申琅邪王睿至建業條考異於此頗有疑義，然司馬君實不過懷疑此傳文中數事有小失實處，而於王導執行籠絡江東士族之大計，仍信用此傳所載也。考司馬氏之篡魏，乃東漢儒家大族勢力之再起，晉之皇室及中州避亂南來之士大夫大抵爲東漢末年之儒家大族擁戴司馬氏集團之子孫，其與顧榮諸人雖屬不同邦土，然就社會階級言之，實爲同一氣類，此江東士族寧戴仇讎敵國之子孫以爲君主，而羞與同屬孫吳舊壤寒賤庶族之陳敏合作之故也。茲更引史料以證明王導之政策及其功業所在之關鍵如下：

世說新語政事類云：

丞相〔王導〕末年略不復省事，正封籙諾之，自嘆曰：人言我憒憒，後人當思此憒憒。（劉注引徐廣歷紀曰：導阿衡三世，經綸夷險，政務寬恕，事從簡易，故垂遺愛之譽也。）

同書同類又云：

丞相嘗夏月至石頭看庾公，庾公正料事。丞相云：暑，可小簡之。庾公曰：公之遺事，天下亦未以爲允。（劉注引殷羨言行曰：王公薨後，庾冰代相，網密刑峻，羨時行遇收捕者於途，慨然歎曰：丙吉問牛喘，似不爾。嘗從容謂冰曰：卿輩自是網目不失，皆是小道小善耳，至如王公，故能行無理事。謝安石每歎詠此唱。庾赤玉曾問羨：王公治何似，詎是所長？羨曰：其餘令績不復稱論。然三捉三治，三休三敗。）

同書規箴類云：

王丞相爲揚州遣八部從事之職，顧和時爲下傳還，同時俱見，諸從事各奏二千石官長得失，至和獨無言。王問顧曰：卿何所聞？答曰：明公作輔，寧使網漏吞舟，何緣採聽風聞，以爲察察之政。丞相咨嗟稱佳，諸從事自視缺然也（參晉書捌叁顧和傳）。

寅恪案，東漢末年曹操、袁紹兩人行政之方法不同，操刑網峻密，紹寬縱大族，觀陳琳代紹罪操之檄及操平鄴後之令可知也。司馬氏本爲儒家大族，與袁紹正同，故其奪取曹魏政權以後，其施政之道號稱平恕，其實是寬縱大族，一反曹氏之所爲，此則與蜀漢之治術有異，而與孫吳之政情相合者也。東晉初年既欲籠絡孫吳之士族，故必仍循寬縱大族之舊政策，顧和所謂「網漏吞舟」，即指此而言。王導自言「後人當思此憒憒」，實有深意。江左之所以能立國歷五朝之久，內安外攘者，即由於此。

故若僅就斯點立論，導自可稱爲民族之大功臣，其子孫亦得與東晉南朝三百年之世局同其興廢。豈偶然哉！

世說新語方正類云：

王丞相初在江左，欲結援吳人，請婚陸太尉。對曰：培塿無松柏，薰蕕不同器，玩雖不才，義不爲亂倫之始。

同書排調類云：

劉眞長始見王丞相，時盛暑之月，丞相以腹熨彈棊局曰：何乃淘！（劉注云：吳人以冷爲淘。）劉既出，人問見王公云何？劉曰：未見他異，唯聞作吳語耳。（劉注引語林曰：眞長云丞相何奇？止能作吳語及細唾也。）

同書政事類云：

王丞相拜揚州，賓客數百人，幷加霑接，人人有說色，唯有臨海一客姓任（劉注引語林曰：任名顒，時官在都，豫三公坐。）及數胡人爲未洽，公因便還到過任邊云：君出，臨海便無復人。任大喜說，因過胡人前，彈指云：蘭闍！蘭闍！羣胡同笑，四坐幷懽。

寅恪案，後來北魏孝文帝爲諸弟聘漢人士族之女爲妃及禁止鮮卑人用鮮卑語施行漢化政策，藉以鞏固鮮卑統治地位，正與王導以籠絡吳人之故求婚陸氏强作吳語者，正復暗合。所可注意者，東晉初年江左吳人士族在社會婚姻上其對北人態度之驕傲與後來蕭齊以降迴不侔矣。吳語者當時統治階級之北人及江左吳人士族所同羞用之方言（詳見拙著從史實論切韻），王導乃不惜屈尊爲之，故宜爲北人名士所笑，而導之苦心可以推見也。臨海任姓自是吳人，故導亦曲意與之周旋。至「彈指」及「蘭闍」寅恪別有解釋，以其不在本文範圍，故不贅及，惟頗疑庾信之小字蘭成實與此有關，姑附記此重有趣之公案以待異日之參究耳。

王導籠絡吳人之例證既如上述，其他東晉初年施行之大政策可以據此類推，不必列舉。其最可注意不得不稍詳加論述者，則有元帝王導對待義興周氏一事，此事屬於北人南來之路線及其居住地域問題，實爲江左三百年政治社會經濟史之關鍵所在，職是之故，多錄史料幷推論之於後：

晉書伍捌周處傳附周玘傳云：

玘宗族彊盛，人情所歸，帝疑憚之。於時中州人士佐佑王業，而玘自以爲不得調，內懷怨望，復爲刁協輕之，恥恚愈甚。時鎭東將軍祭酒東萊王恢亦爲周顗所侮，乃與玘陰謀誅諸執政，推玘及戴若思與諸南士共奉帝，以經緯世事。先是，流人帥夏鐵等寓於淮泗，恢陰書與鐵，令起兵，己當與玘以三吳應之。建興初，鐵已聚衆數百人，臨淮太守蔡豹斬鐵以聞。恢聞鐵死，懼罪，奔於玘，玘殺之，埋於豕牢。帝聞而秘之，召玘爲鎭東司馬。未到，復改授建武將軍、南郡太守。玘既南行，至蕪湖，又下令曰：玘奕世忠烈，義誠顯著，孤所欽喜。今以爲軍諮祭酒，將軍如故，進爵爲公，祿秩僚屬一同開國之例。玘忿於迴易，又知其謀泄，遂憂憤發背而卒。將卒，謂子勰曰，殺我者諸傖子，能復之，乃吾子也。吳人謂中州人曰傖，故云耳。

同書同卷周勰傳云：

〔勰〕常緘父言。時中國亡官失守之士避亂來者，多居顯位，駕御吳人，吳人頗怨。勰因之欲起兵，潛結吳興郡功曹徐馥。馥家有部曲，勰使馥矯稱叔父札命以合衆，豪俠樂亂者，翕然附之，以討王導刁協爲名。孫皓族人弼亦起兵廣德以應之。馥殺吳興太守袁琇，有衆數千，將奉札爲主。時札以疾歸家，聞而大驚，乃告亂於義興太守孔侃。勰知札不同，不敢發兵。馥黨懼，攻馥，殺之。孫弼衆亦潰，宣城太守陶猷滅之。元帝以周氏奕世豪望，吳人所宗，故不窮治，撫之如舊。

同書同卷周札傳略云：

札一門五侯，並居列位，吳士貴盛，莫與爲比，王敦深忌之。後〔周〕莚喪母，送者千數，敦益憚焉。及敦疾，錢鳳以周氏宗彊，與沈充權勢相侔，欲自託於充，謀滅周氏，使充得專威揚土，乃說敦曰：夫有國者患於彊逼，自古釁難恆必由之。今江東之豪，莫彊周、沈，公萬世之後，二族必不靜矣。周彊而多俊才，宜先爲之所，後嗣可安，國家可保耳。敦納之。時有道士李脫者，妖術惑衆。弟子李弘，養徒灊山，云應讖當王。故敦使廬江太守李恆告札及其諸兄子與脫謀圖不軌。時莚爲敦諮議參軍，卽營中殺莚及脫、弘，又遣參軍賀鸞就沈充盡掩殺札兄弟子，既而進軍會稽襲札。札先不知，卒聞兵至，率麾下數百人出拒之。兵散見殺。及敦死，札、莚故吏並詣闕訟周氏之寃，宜加贈謚。事下八坐，尚書卞壼議以札石頭之役，開門延寇，遂使賊敦恣亂，札之責也。追贈意所未安。司徒王導議以宜與周顗、戴若思等同例。朝廷竟從導議，追贈札衞尉。

寅恪案，東晉初年孫吳舊統治階級略可分爲二類，一爲文化士族，如吳郡顧氏等是，一爲武力強宗，如義興周氏等是，前者易於籠絡，後者則難馴服，而後者之中推義興周氏爲首，錢鳳所謂「江東之豪莫彊周、沈」者，誠爲實錄，蓋此等強宗具有武力經濟等地方之實力，最易與南來北人發生利害衝突，而元帝、王導委曲求全，以綏靖周氏，實由其勢力特強之故，必非有所偏愛。不過畏其地方勢力之強大而出此，斷可知也。然江東之豪族亦不止義興周氏，孫吳舊統治階級亦多不滿南來之北人，何以義與周氏一門特別憤恨北人，至於此極者，頗疑其所居住之地域與南來之北人接觸，兩不相下，利害衝突所致也。

北人南來避難約略可分爲二路線，一至長江上游，一至長江下游，路線固有不同，而避難人羣中其社會階級亦各互異，其上層階級爲晉之皇室及洛陽之公卿士大夫，中層階級亦爲北方士族，但其政治社會文化地位不及聚集洛陽之士大夫集團，除少數人如徐澄之、臧琨等外（見晉書玖壹儒林傳徐邈傳），大抵不以學術擅長，而用武勇擅戰著稱，下層階級爲長江以北地方低等士族及一般庶族，以地位卑下及實力薄弱，遠不及前二者之故，遂不易南來避難，其人數亦因是較前二者爲特少也。茲先就至長江下游之路線言之，下層階級大抵分散雜居於吳人勢力甚大之地域，既以人數寡少，不能成爲強有力之集團，復因政治社會文化地位之低下，更不敢與當地吳人抗衡，遂不得不逐漸同化於土著之吳人，卽與吳人通婚姻，口語爲吳語，此等可以陳之皇室及王敬則家等爲代表，（陳霸先先娶吳興錢氏女，續娶吳興章氏卽鈕氏女，見南史壹貳陳武宣章皇后傳。王敬則接士庶皆吳語，見南齊書貳陸王敬則傳。陳霸先之先世，不知其在西晉末年眞爲何地人，但避難南來，定居吳興郡長城縣。王敬則之籍貫，據南史肆伍王敬則傳，本爲臨淮射陽，後僑居晉陵南沙縣。然則同爲自北而南避難過江之傖楚，俱是北來南人之下層社會階級，故雜居吳人勢力甚大之地域，遂同化於吳人也。）此等人之勢力至南齊以後始漸興起，其在東晉初年頗不重要，故本文姑置不論。

東西晉之間江淮以北次等士族避亂南來，相率渡過阻隔胡騎之長江天塹，以求保全，以人事地形便利之故，自必覓較接近長江南岸，又地廣人稀之區域，以爲安居殖產之所。此種人羣在當時既非佔有政治文化上之高等地位，自不能亦不必居住長江南岸新立之首都建康及其近旁。復以人數較當時避難南來之上下兩層社會階級爲多之故，又不便或不易插入江左文化士族所聚居之吳郡治所及其近旁，故不得不擇一距新邦首都不甚遠，而又在長江南岸較安全之京口晉陵近旁一帶，此爲事勢所必致者也。據元和郡縣圖志貳伍江南道壹潤州丹陽縣條云：

新豐湖在縣東北三十里，晉元帝大興四年晉陵內使張闓所立。舊晉陵地廣人稀，且少陂渠，田多惡穢。闓創湖，成溉灌之利。初以勞役免官，後追紀其功，超爲大司農。

可知東晉初年京口晉陵一帶地廣人稀，後來此區域之發展繁盛實有賴於此種避難南來者之力也。又據元和郡縣圖志貳伍江南道壹常州義興縣條云：

晉惠帝時妖賊石冰寇亂揚土，縣人周玘創義討冰。割吳興之陽羨幷長城縣之北鄉爲義興郡，以表玘功。

及宋書叁伍州郡志壹南徐州刺史條略云：

晉永嘉大亂，幽、冀、青、幷、兗州及徐州之淮北流民，相率過淮，亦有過江在晉陵郡界者。晉成帝咸和四年，司空郗鑒又徙流民之在淮南者於晉陵諸縣，其徙過江南及留在江北者，幷立僑郡縣以司牧之。故南徐州備有徐、兗、幽、冀、青、幷、揚七州郡邑。戶七萬二千四百七十二，口四十二萬六百四十。晉陵太守領戶一萬五千三百八十二，口八萬一百一十三。義興太守領戶一萬三千四百九十六，口八萬九千五百二十五。

世說新語捷悟類郗司空在北府桓宣武惡其居兵權條劉注引南徐州記曰：

徐州人多勁悍，號精兵，故桓溫常曰：京口酒可飲，箕可用，兵可使。

晉書捌肆劉牢之傳略云：

劉牢之，彭城人也。曾祖羲，以善射事武帝，歷北地、雁門太守。父建，有武幹，爲征虜將軍。世以壯勇稱。牢之面紫赤色，鬚目驚人，而沉毅多計畫。太元初，謝玄北鎮廣陵，時苻堅方盛，玄多募勁勇，牢之與東海何謙、琅邪諸葛侃、樂安高衡、東平劉軌、西河田洛及晉陵孫無終等以驍猛應選。玄以牢之爲參軍，領精鋭爲前鋒，百戰百勝，號爲「北府兵」，敵人畏之。

宋書壹武帝紀略云：

高祖武皇帝諱裕，小名寄奴，彭城縣綏輿里人。〔曾祖〕混始過江，居晉陵郡丹徒縣之京口里。

〔高祖〕乃與〔東海何〕無忌同船共還，建興復之計。於是與弟道規、沛郡劉毅、平昌孟昶、任城魏詠之、高平檀憑之、琅邪諸葛長民、太原王元德、隴西辛扈興、東莞童厚之，竝同義謀。

魏書玖捌島夷蕭道成傳略云：

島夷蕭道成，晉陵武進楚也。

又同書同卷島夷蕭衍傳略云：

島夷蕭衍，亦晉陵武進楚也。

則知此種人羣所住居之晉陵郡，其人口之數在當時爲較繁庶者，但尙不及周氏住居之義興郡，是周氏宗族之強大可以推見。此種北來流民爲當時具有戰鬥力之集團，易言之，卽江左北人之武力集團，後來擊敗苻堅及創建宋、齊、梁三朝之霸業皆此集團之子孫也。此種人羣既爲勇武之團體，而與豪宗大族之義興周氏所居之地接近，人數武力頗足對抗，其利害衝突不能相下，又不能同化，勢成仇敵，理所必然。此東晉初年義興周氏所具之特殊性，而爲元帝、王導籠絡吳人政策中最重要之一點，抑可知矣。至南來北人之上層社會階級本爲住居洛陽及其近旁之士大夫集團，在當時政治上尤其在文化上有最高之地位，晉之司馬氏皇室既舍舊日之首都洛陽，遷於江左之新都建業，則此與政治中心最有關係之集團自然隨司馬氏皇室，移居新政治中心之首都及其近旁之地。王導之流卽此集團之人物，當時所謂「過江名士」者是也。但建業本爲孫吳舊都，吳人之潛在勢力甚大，又人口繁庶，其經濟情勢必非京口晉陵一帶地廣人稀空虛區域可比。此集團固佔當日新都政治上之高位，若復殖產興利，與當地吳人作經濟上之競爭，則必招致吳人之仇怨，違反當日籠絡吳人之國策。此王導及其集團之人所不欲或不能爲者也。然此等人原是東漢儒家大族之子孫，擁戴司馬氏篡魏興晉，即此集團之先世所爲。其豪奢腐敗促成洛陽政權之崩潰，逃命江左，「寄人國土」，喘息稍定，舊習難除，自不能不作「求田問舍」之計，以恢復其舊日物質及精神上之享樂。新都近旁既無空虛之地，京口晉陵一帶又爲北來次等士族所佔有，至若吳郡、義興、吳興等皆是吳人勢力強盛之地，不可插入。故惟有渡過錢塘江，至吳人士族力量較弱之會稽郡，轉而東進，爲經濟之發展。觀下引此集團領袖王、謝諸家「求田問舍」之史料，可爲例證也。

晉書捌拾王羲之傳略云：

（王）述後檢察會稽郡，辯其刑政，主者疲於簡對。羲之深恥之，遂稱病去郡，於父母墓前自誓。羲之既去官，與東土人士盡山水之游。與吏部郎謝萬書曰：頃東游還，修植桑果。幷行田視地利，頤養閒暇。

宋書陸柒謝靈運傳略云：

靈運因父祖之資，生業甚厚。奴僮既衆，義故門生數百。鑿山浚湖，功役無已。尋山陟嶺，必造幽峻，巖障千重，莫不備盡。登躡常著木履，上山則去前齒，下山去其後齒。嘗自始寧南山，伐木開逕，直至臨海，從者數百人。臨海太守王琇驚駭，謂爲山賊，徐知是靈運乃安。在會稽亦多徒衆，驚動縣邑。

寅恪案，世人以爲王右軍謝康樂爲吾國文學藝術史上特出之人物，其欣賞自然界美景之能力甚高，而浙東山水佳勝，故於此區域作「求田問舍」之計，此說固亦可通，但難解釋陽羨溪山之幽美甲於江左，而又在長江流域，王、謝諸名士何以舍近就遠，東過浙江「求田問舍」特留此幽美之溪山，以待後賢之游賞耶？鄙意陽羨溪山雖美，然在「殺虎斬蛟」之義興周氏勢力範圍以内（可參晉書伍捌周處傳），王、謝諸名士之先世（參晉書柒玖謝安傳）及本身斷不敢亦不能與此吳地豪雄大族競爭。故唯有舍幽美之勝地，遠至與王導座上羣胡同類任姓客所居臨海郡接近之區域，爲養生適意之「樂園」耳。由此言之，北來上層社會階級雖在建業首都作政治之活動，然其殖産興利爲經濟之開發，則在會稽臨海間之地域。故此一帶區域亦是北來上層社會階級所居住之地也。

上述南來北人至長江下游之路線及其居住之區域既竟，茲請再論南來北人至長江上游之路線，及其居住之區域如下：

梁書拾蕭穎達傳略云：

兄穎胄，齊建武末行荆州事，穎達亦爲西中郎外兵參軍，俱在西府。東昏遣輔國將軍劉山陽爲巴西太守，道過荆州，密敕穎胄襲雍州。時高祖已爲備矣。仍遣穎胄親人王天虎以書疑之。山陽至，果不敢入城。穎胄計無所出，夜遣錢塘人朱景思呼西中郎城局參軍席闡文、諮議參軍柳忱閉齋定議。闡文曰：蕭雍州蓄養士馬，非復一日，江陵素畏襄陽人，人衆又不敵，取之必不可制。

寅恪案，此傳最可注意之點爲席闡文所謂「江陵素畏襄陽人」一語。此點不獨涉及梁武帝之霸業，卽前此之桓玄、劉毅、沈攸之，後此之梁元帝、蕭詧諸人之興亡成敗皆與之有關也。若欲明瞭此中關鍵，必先考釋居住襄陽及江陵之南來北人爲當時何等社會階級。此種南來北人亦可分爲三等，與南來北人之遷居長江下游者之類別亦約略相似。茲爲簡便計，其下層階級南來北人與吳人雜居者，關係不重要，可置不論，只論上中兩層南來北人之階級如下：

宋書叁柒州郡志叁雍州刺史條云：

雍州刺史，晉江左立。胡亡氐亂，雍、秦流民多南出樊、沔，晉孝武始於襄陽僑立雍州，幷立僑郡縣。宋文帝元嘉二十六年，割荆州之襄陽、南陽、新野、順陽、隨五郡爲雍州，而僑郡縣猶寄寓在諸郡界。孝武大明中，又分實土郡縣以爲僑郡縣境。

南齊書壹伍州郡志雍州條略云：

雍州。

新野郡。

寅恪案，史言「胡亡氐亂，雍、秦流民多南出樊、沔」。此謂永嘉南渡後事。然西晉末年中州擾亂，北人莫不欲南來，以求保全，當時具有逃避能力者自然逐漸向南移動，南陽及新野之上層士族，其政治社會地位稍遜於洛陽勝流如王導等者，則不能或不必移居江左新邦首都建業，而遷至當日長江上游都會江陵南郡近旁一帶，此不僅以江陵一地距胡族勢力較遠，自較安全；且因其爲當日長江上游之政治中心，更爲佔有政治上地位之人羣所樂居者也。又居住南陽及新野地域之次等士族同時南徙至襄陽一帶。其後復值「胡亡氐亂」，雍、秦流民又南徙而至此區域。此兩種人之性質適與長江下游居住京口晉陵一帶之北人相似，俱是有戰鬥力之武人集團，宜其爲居住江陵近旁一帶之文化士族所畏懼也。請更分析解釋下引史料，以證明之：

北周書肆壹庾信傳哀江南賦云：

我之掌庾承周，以世功而爲族；經邦佐漢，用論道而當官。稟嵩、華之玉石，潤河、洛之波瀾。居負洛而重世，邑臨河而晏安。逮永嘉之艱虞，始中原之乏主。民枕倚於牆壁，路交橫於豺虎。值五馬之南奔，逢三星之東聚。彼凌江而建國，此播遷於吾祖。分南陽而賜田，裂東嶽而胙土。誅茅宋玉之宅，穿徑臨江之府。

隋書柒捌藝術傳庾季才傳略云：

庾季才，新野人也。八世祖滔，隨晉元帝過江，官至散騎常侍，封遂昌侯，因家於南郡江陵縣。

梁書壹玖宗夬傳略云：

宗夬，南陽涅陽人也，世居江陵。祖景，宋時徵太子庶子，不就，有高名。父繁，西中郎諮議參軍。夬少勤學，有局幹。弱冠，舉郢州秀才。齊司徒竟陵王集學士於西邸，并見圖畫，夬亦預焉。永明中，與魏和親，敕夬與尚書殿中郎任昉同接魏使，皆時選也。

南齊書伍肆劉虯傳（參南史伍拾劉虯傳）略云：

劉虯，南陽涅陽人也。舊族，徙居江陵。建元初，豫章王爲荆州，教辟虯爲别駕，與同郡宗測、新野庾易竝遣書禮請。永明三年，刺史廬陵王子卿表虯及同郡宗測、宗尚之、庾易、劉昭五人，請加蒲車束帛之命。詔徵爲通直郎，不就。

世說新語棲逸類（參晉書玖肆隱逸傳劉驎之傳）略云：

南陽劉驎之高率善史傳，隱於陽岐。荆州刺史桓沖徵爲長史。（劉注引鄧粲晉紀曰：驎之字子驥，南陽安衆人。）

又同書任誕類云：

桓車騎在荆州，張玄爲侍中，使至江陵，路經陽岐村。（劉注云：村臨江，去荆州二百里。）俄見一人持半小籠生魚，徑來造船，云：有魚欲寄作膾。張乃維舟而納之，問其姓字，稱是劉遺民。（劉注引中興書曰：劉驎之一字遺民。）

吳士鑑晉書劉驎之傳斠注引洪亮吉東晉疆域志曰：

石首有陽岐。

寅恪案，上述北人南來之上層士族，其先本居南陽一帶，後徙江陵近旁地域，至江左政權之後期，漸次著稱。及梁元帝還都江陵，爲此集團最盛時代。然西魏滅梁，此種士族與北方南來居住建業之上層士族遭遇侯景之亂，幸得逃命至江陵者，同爲俘虜，隨征服者而北遷，於是北方上層士族南渡之局遂因此告一結束矣。

宋書捌叁宗越傳云：

宗越，南陽葉人也。本河南人，晉亂，徙南陽宛縣，又土斷屬葉。本爲南陽次門，安北將軍趙倫之鎮襄陽。襄陽多雜姓，倫之使長史范顗之條次氏族，辨其高卑，顗之點越爲役門，出身補郡吏。

梁書玖曹景宗傳略云：

曹景宗，新野人也。父欣之，爲宋將，位至征虜將軍、徐州刺史。景宗幼善騎射。

同書拾蔡道恭傳（南史伍伍蔡道恭傳同）略云：

蔡道恭，南陽冠軍人也。父郡宋益州刺史。〔道恭〕累有戰功。

同書同卷楊公則傳（南史伍伍楊公則傳同）略云：

楊公則，天水西縣人也。父仲懷，宋泰始初爲豫州刺史殷琰將，戰死於橫塘，公則殮畢，徒步負喪歸鄉里。（寅恪案，宋書叁柒州郡志雍州刺史條下有南天水太守及西縣令。公則之鄉里當即指此。）

同書壹貳席闡文傳（南史伍伍席闡文傳同）略云：

席闡文，安定臨涇人也。齊初，爲雍州刺史蕭赤斧中兵參軍，由是與其子穎胄善。（寅恪案，宋書叁柒州郡志秦州刺史條有安定太守。又云：晉孝武復立，寄治襄陽。闡文既爲雍州刺史府參軍疑其家亦因晉孝武時「胡亡氐亂」南遷襄陽者也。）

同書壹柒馬仙琕傳(南史貳陸袁湛傳附馬仙琕傳同)略云：

馬仙琕，扶風郿人也。父伯鸞，宋冠軍司馬。仙琕少以果敢聞。(寅恪案，宋書叁柒州郡志雍州刺史條下有扶風太守郿縣令。)

同書壹捌康絢傳(南史伍伍康絢傳同)略云：

康絢，華山藍田人也。其先出自康居。初，漢置都護，盡臣西域，康居亦遣侍子待詔於河西，因留爲黔首，其後卽以康爲姓。晉時隴右亂，康氏遷於藍田。絢曾祖因爲苻堅太子詹事，生穆，穆爲姚萇河南尹。宋永初中，穆舉鄉族三千餘家，入襄陽之峴南，宋爲置華山郡藍田縣，寄居於襄陽，以穆爲秦、梁二州刺史，未拜，卒。絢世父元隆，父元撫，並爲流人所推，相繼爲華山太守。絢少俶儻有志氣，齊文帝爲雍州刺史，所辟皆取名家，絢特以才力召爲西曹書佐。永明三年，除奉朝請。文帝在東宮，以舊恩引爲直。後以母憂去職，服闋，除振威將軍、華山太守。推誠撫循，荒餘悦服。遷前軍將軍，復爲華山太守。永元元年，義兵起，絢舉郡以應。

寅恪案，上述諸人皆屬長江上游南來北人之武力集團，本爲北方中層社會階級，卽宗越傳所謂「次門」者是，與長江下游居住京口晉陵一帶之南來北人爲武力集團者正同，但其南遷之時代較晚，觀楊公則、席闡文、康絢諸傳，可知此等人其先世之南遷當在「胡亡氐亂」以後，故其戰鬥力之衰退亦較諸居住長江下游京口晉陵一帶之武力集團爲稍遲，梁武帝之興起實賴此集團之武力，梁之季年此集團之武力已不足用，故梁武不得已而改用北來降將。至陳霸先則又別用南方土著之豪族，此爲江左三百年政治社會上之大變動，本文所不能詳及者也。

總而言之，西晉末年北人被迫南徙孫吳舊壤，當時胡羯強盛，而江東之實力掌握於孫吳舊統治階級之手，一般庶族勢力微薄，觀陳敏之敗亡，可以爲證。王導之籠絡江東士族，統一內部，結合南人北人兩種實力，以抵抗外侮，民族因得以獨立，文化因得以續延，不謂民族之功臣，似非平情之論也。寅恪草此文時，距寓廬不遠，適發見一晉墓（墓在廣州河南敦和鄉客村），其甎銘曰：

永嘉世，天下災。但江南，皆康平。
永嘉世，九州空。余（餘）吳土，盛且豐。
永嘉世，九州荒。余（餘）廣州，平且康。

嗚呼！當永嘉之世，九州空荒，但僅存江南吳土尚得稱康平豐盛者，是誰之力歟？

（原刊中山大學學報一九五六年第一期）

魏書司馬叡傳江東民族條釋證及推論

（上）釋　證

貉　子

魏書玖陸僭晉司馬叡傳云：

中原冠帶呼江東之人皆爲貉子，若狐貉類云。巴、蜀、蠻、獠、谿、俚、楚、越，鳥聲禽呼，言語不同，猴、蛇、魚、鼈，嗜欲皆異。江山遼闊，將數千里，叡羈縻而已，未能制服其民。

寅恪案，三國志蜀志陸關羽傳裴注引典略略云：

羽圍樊，（孫）權遣使求助之。羽忿其淹遲，乃罵曰：貉子敢爾，如使樊城拔，吾不能滅汝邪？

世說新語惑溺篇云：

孫秀降晉，晉武帝厚存寵之，妻以姨妹蒯氏，室家甚篤。妻嘗妒，乃罵秀爲貉子。秀大不平，遂不復入。

此條劉注引太原郭氏錄曰：

秀，字彥才，吳郡吳人。

寅恪案，三國志吳志陸孫匡傳附載秀傳，秀卽孫權弟全之孫也。劉注又引晉陽秋曰：

蒯氏，襄陽人。祖良，吏部尙書。父鈞，南陽太守。

然則孫秀是江東土著，蒯氏復出中原冠帶之族，宜蒯之罵秀爲貉子。魏伯起之說於此可證。至關羽爲中原人（河東解），孫權爲江東人（吳郡富春），亦與伯起所言之地域民族相符也。

又晉書伍肆陸機傳略云：

初，宦人孟玖弟超並爲（成都王）穎所嬖寵。超領萬人爲小都督。未戰，縱兵大掠。機錄其主者。超將鐵騎百餘人，直入機麾下奪之，顧謂機曰：貉奴能作督不！

寅恪案，陸機爲江東士族，孟玖兄弟雖出自寒微，然是中原人，故超亦以貉奴之名詈機也。

巴

古史民族名稱，其界說頗涉混淆，不易確定。今論巴族，依據杜君卿通典之解釋，卽是南蠻中廩君一種。杜氏用范蔚宗後漢書之文，而删除其神話一節，以爲「是皆怪誕，以此不取」。其實蔚宗述巴郡南郡蠻事，其神話採自世本，亦與其述槃瓠種蠻事，其神話採自風俗通者相同。范氏文才之士，家世奉天師道，受其敎義薰習，識解如此，不足深怪也。故茲迻寫通典删節范書之文，參會晉書、魏書關於巴賨之記述，並附錄杜氏所下論斷之語於下，庶幾解釋魏氏巴族之定義，卽不中亦不遠矣。通典壹捌柒邊防典叁南蠻類上廩君種條（參考水經注夷水篇引盛弘之荆州記）云：

廩君種不知何代，初，巴氏、樊氏、曋氏、相氏、鄭氏五姓皆出武落鍾離山。（原注：在今夷陵郡巴山縣。）其山有赤黑二穴，巴氏之子生於赤穴，四姓之子皆生黑穴。未有君長，共立巴氏子務相，是爲廩君。從夷水下至鹽陽，（原注：今夷陵郡巴山縣清江水，一名夷水，一名鹽水。其源出清江郡清江縣西都亭山。）廩君於是君乎夷城，四姓皆臣之。（寅恪案，此上爲君卿節錄後漢書南蠻傳之文。）巴梁間諸巴皆是也。（原注：卽巴漢之地。按范曄後漢史云云，是皆怪誕，以此不取。）

寅恪案，「巴梁間諸巴皆是也」一語，爲後漢書原文所無，乃杜氏依其民族姓氏及地域之名考證所得之結論，宜可信從也。

又關於杜氏之結論，更可取晉書壹貳拾李特載記及魏書玖陸賨李雄傳參證之。晉書載記之文同於後漢書南蠻傳巴郡南郡蠻條，並載廩君神話。魏書之文亦同此條，而省去其神話。晉書壹貳拾李特載記略云：

李特，巴西宕渠人。其先廩君之苗裔也。其後種類遂繁。秦并天下，以爲黔中郡。薄賦斂之，口歲出錢四十。巴人呼賦爲賨，因謂之賨人焉。漢末，張魯居漢中，以鬼道敎百姓，賨人敬信巫覡，多往奉之。值天下大亂，自巴西之宕渠遷於漢中楊車坂，號爲楊車巴。魏武帝克漢中，特祖將五百餘家歸之。魏武帝遷於略陽。北土復號之爲巴氏。

魏書玖陸賨李雄傳略云：

賨李雄，蓋廩君之苗裔也。其先居於巴西宕渠。秦并天下，爲黔中郡，薄賦其民，口出錢三十。巴人謂賦爲賨，因爲名焉。後徙櫟陽。祖慕，魏東羌獵將。慕有五子：輔、特、庠、流、驤。晉惠時，關西擾亂，頻歲大饑。特兄弟率流民數萬家就穀漢中，遂入巴蜀。

寅恪案，晉、魏二書之文，當俱源出十六國春秋。而崔書元本今已失傳，不易詳證。但崔鴻、魏收之書，俱北朝著述。其作者之環境及資料既同，書中巴族之定義，自無差異。若復取與通典論斷之語相參校，益信君卿所說爲不謬也。

又魏書柒玖董紹傳（參北史肆陸董紹傳）略云：

董紹，新蔡鮦陽人也。蕭寶夤反於長安也，紹上書求擊之，云：臣當出瞎巴三千，生噉蜀子。肅宗謂黃門徐紇曰：此巴眞瞎也？紇曰：此是紹之壯辭，云巴人勁勇，見敵無所畏懼，非實瞎也。帝大笑。

及宋書玖柒夷蠻傳豫州蠻傳（參南史柒玖蠻傳豫州蠻條）略云：

豫州蠻，廩君後也。西陽有巴水、蘄水、希水、赤亭水、西歸水，謂之五水蠻。所在並深岨，種落熾盛，歷世爲盜賊。北接淮、汝，南極江、漢，地方數千里。〔元嘉〕二十八年，新蔡蠻二千餘人破大雷戍，略公私船舫，悉引入湖。

寅恪案，董紹既是新蔡人，又自稱爲巴，疑其族乃五水蠻中巴水蠻也。紹所謂蜀子者，殆指與寶夤相應援之薛鳳賢脩義等而言（見通鑑壹伍壹梁武帝大通元年正平民薛鳳賢反條等），此卽所謂蜀薛者也。見下文論蜀薛條。

蜀

蜀在古代本爲一民族之名，見於尚書牧誓篇。然其問題屬於上古史之範圍，非寅恪所敢置詞。茲所論者卽魏伯起既以蜀爲江東，卽南朝領域內一民族之名，而於北朝史籍中，亦得下列之旁證：

魏書貳太祖紀云：

天興元年夏四月，鄜城屠各董羌、杏城盧水郝奴、河東蜀薛榆、氐帥苻興，各率其種內附。

〔天興〕二年八月，西河胡帥護諸干、丁零帥翟同、蜀帥韓礱，並相率內附。

同書叁太宗紀云：

〔永興〕三年夏四月戊寅，河東蜀民黃思、郭綜等率營部七百餘家內屬。

〔永興〕五年夏四月，河東民薛相率部內屬。

〔泰常〕三年正月，河東胡、蜀五千餘家相率內屬。

寅恪案，綜合上列諸條，得一結論，卽蜀爲一民族之名，與胡氏丁零等同。此可與魏伯起之言相印證也。又在文義上天興元年條「蜀薛」下及永興五年條「河東」下似俱有脫文，以不能得善本校勘，姑識所疑於此。

又北史叁陸薛辯傳附聰傳云：

〔河東汾陰人。〕又除羽林監。〔魏孝文〕帝曾與朝臣論海內姓地人物，戲謂聰曰：世人謂卿諸薛是蜀人，定是蜀人不？聰對曰：臣遠祖廣德，世仕漢朝，時人呼爲漢。臣九世祖永，隨劉備入蜀，時人呼爲蜀。臣今事陛下，是虜，非蜀也。帝撫掌笑曰：卿幸可自明非蜀，何乃遂復苦朕？聰因投戟而出。帝曰：薛監醉耳！其見知如此。

資治通鑑壹肆拾齊建武三年魏主雅重門族條述蜀薛事，不取北史，而採元行冲後魏國典，其文云：

衆議以薛氏爲河東茂族。〔魏孝文〕帝曰：薛氏蜀也，豈可入郡姓？直閤薛宗起執戟在殿下，出次對曰：臣之先人漢末仕蜀，二世復歸河東，今六世相襲，非蜀人也。伏以陛下黃帝之胤，受封北土，豈可亦謂之胡邪？今不預郡姓，何以生爲？乃碎戟於地。帝徐曰：然則朕甲卿乙乎？乃入郡姓。仍曰：卿非宗起，乃起宗也。

寅恪案，蜀薛之自以爲薛廣德後裔，疑與拓跋魏之自稱源出黃帝，同爲可笑之附託，固不足深論。卽爲蜀漢薛永之子孫一事，恐亦有問題（參考新唐書柒叁下宰相世系表薛氏條）。總之，當時世人皆知二族之實爲蜀，爲鮮卑，而非華夏高門，則無可解免也。然拓跋之部遂生孝文帝，蜀薛之族亦產道衡，俱爲北朝漢化之代表人物。聖人「有教無類」之言，豈不信哉！

復次，北朝史中尙有紀載蜀民族之事，可與上列諸條參證者，茲並錄於下：

通鑑壹伍壹梁武帝普通七年六月條（參魏書貳伍長孫道生傳附稚傳、北史貳貳長孫道生附承業傳）

云：

魏絳蜀陳雙熾聚衆反，自號始建王。魏以假鎮西將軍長孫稚爲討蜀都督。

胡注云：

蜀人徙居絳郡者，謂之絳蜀。

又北史肆伍李苗傳（今魏書柒壹李苗傳本闕，卽取北史所補）云：

孝昌中，兼尙書左丞，爲西北道行臺，與大都督宗正珍孫討汾、絳蜀賊，平之。

同書叁捌裴延儁傳附慶孫傳（參魏書陸玖裴延儁傳附慶孫傳）云：

於是賊復鳩集，北連（劉）蠡升，南通絳蜀，兇徒轉盛。

同書伍拾費穆傳（參魏書肆肆費穆傳）云：

孝昌中，以都督討平二絳。（寅恪案，「二絳」之義見下引魏書爾朱榮傳。）

同書陸拾李弼傳（參周書壹伍李弼傳）云：

初爲別將，從爾朱天光西討，破赤水蜀。

同書同卷侯莫陳崇傳（參周書壹陸侯莫陳崇傳）云：

從（賀拔）岳入關，破赤水蜀。

魏書柒肆爾朱榮傳云：

兩絳狂蜀漸已稽顙。

蠻爲南方非漢族之通稱，今傳世魏書壹佰壹蠻等傳卷末附宋人校語云：

魏收書列傳第八十九亡，史臣論蓋略北史。

是傳論出於北史，固無疑義。及詳繹蠻傳之文，復與北史不盡符同，殆採自高峻小史之類。若果如是，則此卷蠻傳亦源出魏收本書，似可據以推定伯起所謂江東領域內之蠻族，究何所指也。今魏書壹佰壹蠻傳略云：

蠻之種類，蓋槃瓠之後，其來自久。習俗叛服，前史具之。在江淮之間，依託險阻，部落滋蔓，布於數州。東連壽春，西通上洛，北接汝潁，往往有焉。其於魏氏之時，不甚爲患，至晉之末，稍以繁昌，漸爲寇暴矣。自劉、石亂後，諸蠻無所忌憚，故其族類，漸得北遷，陸渾以南，滿於山谷。宛洛蕭條，略爲丘墟矣。

據後漢書壹壹陸南蠻傳巴郡南郡蠻廩君種條（後漢書壹下光武紀通鑑肆肆建武二十三年條同）略云：

建武二十三年，南郡潳山蠻雷遷等始反叛，寇掠百姓，遣武威將軍劉尙將萬餘人討破之，徙其種人七千餘口置江夏界中，今沔中蠻是也。

又通典壹捌柒邊防典南蠻傳上序略云：

東晉時，沔中蠻因劉、石亂後，漸徙於陸渾以南，徧滿山谷。然則依杜氏之考釋，今魏書及北史所言北徙之蠻卽沔中蠻之一族，實爲東漢初從南郡遷來者，本廩君種，而非長沙武陵之槃瓠種也。其長沙武陵槃瓠種之蠻在伯起意中旣指谿族（見論谿族條），而巴郡廩君種之蠻又是伯起所謂巴族（見論巴族條），則伯起之所謂蠻，卽與北朝最有關之一族，應舍范蔚宗書中南郡蠻廩君種者莫屬，乃逕指爲槃瓠種，似頗疏誤，但考之前史，民族之以蠻爲通名者，其錯雜遷徙，本難分別。若有混淆，亦不足深論。杜君卿於通典南蠻上板楯蠻條自注中所下之斷語最爲通識，附錄於此，以促起讀者之注意，其言曰：

按後漢史，其在黔中五溪長沙間，則爲槃瓠之後。其在硤中巴梁間，則爲廩君之後。其後種落繁盛，侵擾州郡，或移徙交雜，亦不可得詳別焉。

僚

華陽國志玖李壽志云：

晉康帝建元二年（西曆三四四年），蜀土無僚，至是始從山出。自巴至犍爲、梓潼，布滿山谷，大爲民患。加以饑饉，境內蕭條。

晉書壹貳壹李勢載記云：

改年嘉寧。初，蜀土無僚，至此，始從山而出，北至犍爲、梓潼，布在山谷，十餘萬落，不可禁制，大爲百姓之患。

魏書壹佰壹僚傳已闕，今本爲後人所補，其文旣與北史僚傳悉符，則與伯起本書異同如何，未能決定。但諸史籍所紀僚事大抵相類，伯起元著當亦不至大相懸遠也。今本魏書壹佰壹僚傳（周書肆玖僚傳略同，北史玖伍僚傳同）略云：

僚者，蓋南蠻之別種，自漢中達於邛笮川洞之間，所在皆有。（通典壹捌柒南蠻類僚條元注云：「此自漢中西南及越嶲以東皆有之。」）建國中，李勢在蜀，諸僚始出巴西、渠川、廣漢、陽安、資中，攻破郡縣，爲益州大患。勢內外受敵，所以亡也。自桓溫破蜀之後，力不能制。又蜀人東流，山險之地多空，僚遂挾山傍谷。與夏人參居者，頗輸租賦。在深山者，仍不爲編戶。

南齊書肆壹張融傳（南史叁貳張邵傳附融傳同）略云：

（宋孝武）帝曰：融殊貧，當序以佳祿。出爲封溪令。廣越嶂嶮，僚賊執融，將殺食之（此條應入論俚條）。

陳書玖侯瑱傳（南史陸陸侯瑱傳同）略云：

（梁益州刺史鄱陽王）範委以將帥之任。山谷夷僚不賓附者，竝遣瑱征之。

同書同卷歐陽頠傳（南史陸陸歐陽頠傳同）略云：

（蘭）欽南征夷僚，擒陳文徹（此條應入論俚條）。

據張融傳及歐陽頠傳，廣越之地似亦有僚族，但南齊書壹肆州郡志廣州及越州條，又陳書捌杜僧明傳（南史陸陸杜僧明傳同），及周文育傳（南史陸陸周文育傳同），所謂俚僚（見論俚條所引）皆俚僚二字連綴，實是聯詞。爲審愼之故，移置於論俚條中，可參互觀之也。至隋書貳玖地理志揚州條之論俚，荊州條之論蠻，捌貳南蠻傳之論俚及僚，亦可供旁證，茲不復一一徵引。

綜合言之，凡史籍之止言僚或夷僚聯文，而屬於梁益地域者，蓋僚之專名初義。伯起書之所謂僚，當即指此。至屬於廣越諸州範圍，有所謂僚，或以夷僚俚僚等連綴爲詞者，當即伯起書之俚也。僚之一名後來頗普偏用之，竟成輕賤南人之詞，如武瞾之斥褚遂良，（新唐書壹佰伍褚遂良傳云：「武氏從幄後呼曰：何不撲殺此僚！」通鑑壹玖玖永徽五年九月條同。）唐德宗之詈陸贄，（異聞集上淸條云：「德宗至是大悟，因怒陸贄曰：老僚奴云云。」）則不過因二人俱爲南人，（褚杭州錢塘人，陸蘇州嘉興人。）遂加以僚名耳，實與種族問題無關也。

谿

伯起所謂谿，在他書則俱作溪，實即指後漢書南蠻傳之槃瓠種蠻而言也。據後漢書壹壹陸南蠻傳略云：

〔帝高辛氏之畜狗〕槃瓠得〔帝〕女，負而走入南山，經三年，生子十二人，六男六女。槃瓠死後，因自相夫妻。語言侏離，今長沙武陵蠻是也。（寅恪案，此節實採自風俗通，又可參考水經注沅水篇。）

同書同卷章懷注引干寶晉紀云：

武陵、長沙、廬江、郡夷，槃瓠之後也。雜處五溪之內。

此支蠻種所以號爲溪者，與五溪地名至有關係。江左名人如陶侃及淵明亦出於溪族，最使人注意。茲特稍詳論之於下：

晉書陸陸陶侃傳略云：

陶侃，本鄱陽人也。吳平，徙家廬江之尋陽。侃早孤貧，爲縣吏。〔廬江太守張〕夔察侃爲孝廉，至洛陽，數詣張華。華初以遠人，不甚接遇。伏波將軍孫秀以亡國支庶，府望不顯，中華人士恥爲掾屬，以侃寒宦，召爲舍人。時豫章國郎中令楊晫，侃州里也，爲鄉論所歸。侃詣之，與同乘見中書侍郎顧榮。吏部郎溫雅謂晫曰：奈何與小人共載？尚書樂廣欲會荆楊士人，武庫令黃慶進侃於廣。人或非之，或云：侃少時漁於雷澤，網得一織梭，以挂於壁。有頃雷雨，自化爲龍而去。侃有子十七人。以夏爲世子。及送侃喪還長沙，夏與〔弟〕斌及稱各擁兵數千以相圖。既而解散，斌先往長沙，悉取國中器仗財物。夏至，殺斌。庾亮上疏曰：斌雖醜惡，然骨肉至親，親運刀鋸，以刑同體，應加放黜。表未至都，而夏病卒。詔復以〔侃子〕瞻息弘襲侃爵，卒，子綽之嗣。〔侃子〕旗性甚兇暴，卒，子定嗣。卒，子襲之嗣。卒，子謙之嗣。〔侃子〕稱，性虓勇不倫，與諸弟不協。輕將二百人下見〔庾〕亮，亮大會吏佐，責稱前後罪惡，使人於閤外收之，棄市。亮上疏曰：稱父亡，不居喪位。荒耽於酒，昧利偷榮。故車騎將軍劉弘曾孫安寓居江夏，及將楊恭、趙韶，竝以言色有忤，稱放聲當殺。安、恭懼，自赴水而死。韶於獄自盡。將軍郭開從稱往長沙赴喪。稱疑開附其兄弟，乃反縛，懸頭於帆檣，仰而彈之，鼓棹渡江二十餘里，觀者數千，莫不震駭。不忠不孝，輒收稱伏法。

寅恪案，吳士鑑晉書斠注亦引異苑陶侃釣魚得梭化龍事。晉書士行本傳當卽取之劉敬叔書也。世說新語賢媛篇載陶侃少時作魚梁吏事。劉孝標注引幽明錄復有侃在尋陽取魚事，然則侃本出於業漁之賤户，無怪當日勝流初俱不以士類遇之也。又世說新語容止篇石頭事故朝廷頃覆條記庾亮畏見陶侃，而溫嶠勸亮往之言曰：

溪狗我所悉，卿但見之，必無憂也。

夫太眞目士行爲溪人，或沿中州冠帶輕詆吳人之舊習，非別有確證，不能遽信爲實。然據後漢書南蠻傳章懷注引干寶晉紀，知廬江郡之地卽士行鄉里所在，原爲溪族雜處區域，而士行後裔一代逸民之桃花源記本屬根據實事，加以理想化之作，(詳見拙著桃花源記旁證，茲不贅論。)所云：

武陵人捕魚爲業，緣溪行。

正是一篇溪族紀實文字。士行少時旣以捕魚爲業，又出於溪族雜處之廬江郡，故於太眞溪狗之誚終不免有重大之嫌疑。或謂士行自鄱陽徙居廬江之尋陽，則其種族當與干寶所言無關。然晉書士行傳載其徙居在吳平之後，據晉書玖柒匈奴傳郭欽疏請徙北方戎狄，以爲「宜及平吳之威，謀臣猛將之略。」則晉之平吳，必有遷徙吳境內少數民族之舉。郭氏遂欲仿效已行於南方之政策，更施之於北方耳。由此言之，士行之家，當是鄱陽郡內之少數民族。晉滅吳後，始被徙於廬江。令升所記，乃指吳平後溪族分處之實況。晉書陶侃傳特標「吳平」二字，殊非偶然。讀史者不必以士行之家本出鄱陽，而謂其必非溪族也。又士行本身既爲當日勝流以小人見斥，終用武功致位通顯於擾攘之際，而其諸子之凶暴虓武，爲世所駭惡。明非士族禮法之家，頗似善戰之溪人（見下引殷闡之言及論吳與沈氏條）。然則其氣類復與溪族相近，似更爲可疑也。

復次，續搜神記中載有桃花源記一篇，寅恪嘗疑其爲淵明之初稿本（見拙著桃花源記旁證），其文著錄武陵捕魚爲業之溪人姓名爲黃道眞，黃氏乃溪洞顯姓，周君引李綽尙書故實云：

　　有黃生者，擢進士第，人問與頗同房否？對曰：別洞。黃本溪洞豪姓，故以此對。人雖哈之，亦賞其眞實也。

亦可供參考。（見歷史語言研究所集刊第柒本第肆分周一良「南朝境內之各種人及政府對待之政策」。）至道眞之名頗有天師道色彩（見歷史語言研究所集刊第叁本第肆分拙著天師道與濱海地域之關係），而陶侃後裔亦多天師道之名，如綽之、襲之、謙之等。又襲之、謙之父子名中共有「之」字，如南齊溪人胡廉之、翼之、諧之三世祖孫父子之例，尤爲特證（見下引南史胡諧之傳），吳氏晉書斠注轉疑其有誤。蓋未思晉代最著之天師道世家琅邪王氏羲之、獻之父子亦同名「之」也。然則溪之一族似亦屬天師道信徒，與巴賨爲同教者。此點與淵明生値晉宋之際佛教最盛時代，大思想家如釋惠遠，大文學家如謝靈運，莫不歸命釋迦，傾心鷲嶺，而五柳先生時代地域俱與之連接，轉若絕無聞見者，或有所關涉。但其事既爲推測之餘論，又不屬本文範圍，茲姑置不言可也。

通鑑壹壹伍義熙六年載殷闡說何無忌之言曰：

〔盧〕循所將之衆，皆三吳舊賊。始興溪子，拳捷善門，未易輕也。

寅恪案，盧循、徐道覆之部衆，乃孫恩領導下之天師道宗教軍隊。據續搜神記本桃花源記，在晉孝武帝太元時捕魚溪人之名，已是天師道教名，則溪族夙爲天師道信徒，宜其樂爲其同教效死也。

南史肆柒胡諧之傳略云：

胡諧之，豫章南昌人也。祖廉之，書侍御史。父翼之，州辟不就。諧之仕宋爲邵陵王左軍諮議。齊武帝爲江州，以諧之爲別駕，委以事任。建元二年，爲給事中、驍騎將軍。上方欲獎以貴族盛姻，以諧之家人語傒音不正，乃遣宮內四五人往諧之家，教子女語。二年後，帝問曰：卿家人語音已正未？諧之答曰：宮人少，臣家人多，非唯不能得正音，遂使宮人頓成傒語。帝大笑，徧向朝臣說之。〔諧之〕就梁州刺史范柏年求佳馬，〔柏年〕接使人薄，使人致恨，歸謂諧之曰：柏年云：胡諧是何傒狗，無厭之求。諧之切齒致忿。

寅恪案，傒音不正可證伯起「語言不同」之說也。通鑑壹叁伍建元元年紀胡諧之求馬事採自南史本傳，而誤改「傒狗」爲「何物狗」，已爲周君指出。尙有一事爲溫公所不知而誤增，周文復未之及者，卽通鑑於南史元文使人僞作范柏年罵詞中「胡諧」之下補足「之」字，實未瞭解天師道命名之義。凡天師教名中「之」者皆可省略。試取晉書與眞誥參校，其例自見。此天師道名家如琅邪王氏所以容許父子名中共有「之」字，而不以爲諱之故也。今觀胡氏祖孫三世之名俱繫「之」字，溪人之爲天師道信徒於此可證。又傒卽溪字，所以從人旁者，猶俚族之俚字，其初本只作里，後來始加人旁，見論俚條下所引後漢書南蠻傳章懷注。

梁書拾楊公則傳略云：

和帝卽位，授持節、都督湘州諸軍事、湘州刺史。高祖命衆軍卽日俱下，公則受命先驅，直造京邑。公則所領多湘溪人，性怯懦，城內輕之，以爲易與。

寅恪案，今通行本南史伍伍楊公則傳作「公則所領多是湘溪人，性怯懦。」與梁書之文幾無不同，惟多一「是」字耳。大德本南史「溪人」二字互易，疑爲誤倒，不必從也。至通鑑壹肆肆中興元年乃作「公則所領皆湘州人，素號怯懦。」則由不解「溪」字之義而誤改，其爲不當，固無待辨。又溪人之勇怯問題，周文已論及之，玆以未能別具勝解，姑從闕疑可也。

俚

後漢書壹下光武紀云：

是歲（建武十二年），九眞徼外蠻夷張遊率種人內屬，封爲歸漢里君。

同書壹壹陸南蠻傳云：

建武十二年，九眞徼外蠻里張游，率種人慕化內屬，封爲歸漢里君。

章懷注云：

里，蠻之别號，今呼爲俚人。

同書同卷（參後漢書壹下光武帝紀）又云：

〔建武〕十六年，交阯女子徵側反，於是九眞、日南、合浦蠻里皆應之。〔建武十九年〕夏四月，〔馬〕援破交阯，斬徵側等，餘皆降散。進擊九眞賊都陽等，破降之。徙其渠帥三百餘口於零陵。

宋書伍肆羊玄保傳附希傳（南史叁陸羊玄保傳同）略云：

泰始三年，出爲寧朔將軍、廣州刺史。希以沛郡劉思道行晉康太守，領軍伐俚。思道違節度，失利，希遣收之。思道不受命，率所領攻州。希踰城走，思道獲而殺之。時龍驤將軍陳伯紹率軍伐俚還，擊思道，定之。

同書玖貳良吏傳徐豁傳略云：

元嘉初，爲始興太守。三年，遣大使巡行四方，并使郡縣各言損益，豁因此陳表三事，其一曰：〔郡〕既遏接蠻俚，去就益易。其三曰：中宿縣俚民課銀，一子丁輸南稱半兩。尋此縣自不出銀，又俚民皆巢居鳥語，不閑貨易之宜。每至買銀，爲損已甚。又稱兩受入，易生姦巧。山俚愚怯，不辨自申。

寅恪案，徐豁俚民鳥語之言，亦可證伯起鳥聲禽呼之説也。

南齊書壹肆州郡志廣州條略云：

雖民戶不多，而俚獠猥雜。

同書同卷州郡志越州條略云：

元徽二年，以〔陳〕伯紹爲刺史，始立州鎮，穿山爲城門，威服俚獠。

吳春俚郡。（原注：永明六年立，無屬縣。）

梁書叁貳蘭欽傳（南史陸壹蘭欽傳同）云：

經廣州，因破俚帥陳文徹兄弟，並擒之。

陳書捌杜僧明傳（南史陸陸杜僧明傳同）略云：

梁大同中，盧安興爲廣州南江督護，僧明與兄天合及周文育並爲安興所啓，請與俱行。頻征俚獠有功。

同書同卷周文育傳（南史陸陸周文育傳同）略云：

盧安興爲南江督護，啓文育同行。累征俚獠，所在有功。

同書壹貳胡穎傳略云：

梁世仕至武陵國侍郎，東宮直前。出番禺，征討俚洞。

同書同卷沈恪傳略云：

〔梁新渝侯蕭〕映遷廣州，以恪兼府中兵參軍，常領兵討伐俚洞。

同書貳壹蕭允傳附引傳（南史壹捌蕭思話傳附引傳同）略云：

〔陳高宗〕時廣州刺史馬靖甚得嶺表人心，而兵甲精練，每年深入俚洞，又數有戰功。

綜考上引史料，俚人之居處區域及其民族界說可藉以推知矣。

楚

魏伯起之所謂楚，卽指今江北淮徐地域之人。在南朝史乘往往稱爲江西或淮南，亦與太史公書貨殖傳所言西楚之一部相當也。又北朝之人詆娸南朝，凡中原之人流徙南來者，俱以楚目之，故楚之一名乃成輕蔑之詞，而爲北朝呼南朝疆域內北人之通稱矣。

世說新語豪爽篇云：

王大將軍年少時舊有田舍名，語音亦楚。

寅恪案，王敦爲琅邪王覽之孫，雖出顯宦之家，而不能操當日洛陽都市語音，其故頗不易知。據晉書叁叁王祥傳（祥卽敦伯祖）有：

漢末遭亂，扶母攜弟覽避地廬江，隱居三十餘年。

雖史載時間之長短有所未諦（見錢大昕廿二史考異貳壹、晉書王祥傳條），然敦之家世與廬江卽楚地有關，則爲事實。或者卽以此段因緣，其語音遂亦漸染楚化耶？此點不涉茲篇本旨，可不詳論，聊識於此，以資旁證。至關於南朝語音問題，寅恪別有所論。（見歷史語言研究所集刊第柒本第壹分東晉南朝之吳語及嶺南學報第玖卷第貳期從史實論切韻。鄙見與周君之說微異，讀者可參閱之，茲不備論。）

魏書玖伍僭僞傳總序云：

　　糾合傖楚。

同書玖柒島夷桓玄傳云：

　　島夷桓玄，本譙國龍亢楚也。

同書同卷島夷劉裕傳云：

　　島夷劉裕，晉陵丹徒人也。其先不知所出，自云本彭城彭城人。或云本姓項，改爲劉氏，然亦莫可尋也。故其與叢亭、安上諸劉了無宗次。裕家本寒微，恆以賣履爲業。意氣楚刺，僅識文字。

寅恪案，伯起於宋高祖不逕稱之爲楚者，實以其家世所出，至爲卑賤，特備述其籍貫來歷不明，所以極致其輕視之意。蓋猶未肯以南朝疆域内之北人，卽彼所謂楚者許之，而遽與桓蕭諸家幷列也。

魏書玖捌島夷蕭道成傳云：

　　島夷蕭道成，晉陵武進楚也。

同書同卷島夷蕭衍傳云：

　　島夷蕭衍，亦晉陵武進楚也。

據此，可知伯起之所謂楚，卽南朝疆域内北人之通稱矣。

又楚爲民族之名。其見於南北朝史乘者如下：

宋書捌陸殷孝祖傳略云：

前廢帝景和元年，以本號督兗州諸軍事、兗州刺史。太宗初卽位，四方反叛。孝祖忽至，衆力不少，幷傖楚壯士，人情於是大安。

寅恪案，宋書叁伍地理志云：

兗州，〔元嘉〕三十年六月復立，治瑕丘。（元注：二漢山陽有瑕丘縣。）

是殷孝祖所將之兵衆乃兗州之軍隊，故爲傖楚壯士也。而通鑑壹叁壹泰始二年紀此事，胡注釋〔傖楚〕二字之義云：

江南謂中原人爲傖，荆州人爲楚。

其釋〔傖〕字義固碻，而〔楚〕字義則非。蓋未注意兗州地域關係所致。否則，孝祖部下，何得有如許荆州人也。

宋書捌叁黃回傳（南史肆拾黃回傳同）略云：

黃回，竟陵郡軍人也。出身充郡府雜役。（戴明寶）啓免回，以領隨身隊，統知宅及江西墅事。回拳捷果勁，勇力兼人，在江西與諸楚子相結，屢爲刧盜。會太宗初卽位，四方反叛。明寶啓太宗使回募江西楚人，得快射手八百。

同書捌柒殷琰傳略云：

義軍主黄回募江西楚人千餘。回所領幷淮南楚子，天下精兵。

南齊書肆伍始安王遙光傳（南史肆壹齊宗室始安王遙光傳略同）云：

遙光召親人丹陽丞劉渢及諸傖楚，欲以討劉暄爲名。

同書肆柒王融傳（南史貳壹王弘傳附融傳同）云：

招集江西傖楚數百人，幷有幹用。

同書伍壹崔慧景傳云：

慧景子覺及崔恭祖領前鋒，皆傖楚善戰。

寅恪案，通鑑壹肆叁永元二年紀崔慧景迴兵襲建康事，卽用蕭子顯書崔慧祖傳元文，而改「傖楚」作「荒傖」，殊可不必。溫公殆未甚明瞭「楚」字之涵義及界說也。

梁書貳拾陳伯之傳（南史陸壹陳伯之傳同）云：

陳伯之，濟陰睢陵人也。幼有膂力。年十三四，好著獺皮冠，帶刺刀，候伺鄰里稻熟，輒偷刈之。嘗爲田主所見，呵之云：楚子莫動！

同書肆玖文學傳鍾嶸傳（南史柒貳文學傳鍾嶸傳同）略云：

天監初，制度雖革，而日不暇給。嶸乃言曰：若僑雜傖楚，應在綏附，正宜嚴斷祿力，絕其妨正，直乞虛號而已。

北齊書叁貳王琳傳（南史陸肆王琳傳同）云：

琳乃繕艦，分遣招募，淮南傖楚，皆願戮力。

依據上引史文，不獨楚民族所居地域及其界說得以明瞭，而其人之勇武善戰，足勝兵將之任，亦可從之推定。此點與南朝政治民族之演變殊有關係，俟後論之。

越

伯起所謂越者，卽陳承祚書之山越。凡吳志中山寇、山賊、山民及山帥等名詞，亦俱指此民族及其酋長而言。其例證之見於吳志君臣文武諸傳者，殆不勝枚舉。茲止就孫權、陸遜、諸葛恪等傳略論之，足知山越民族問題，爲孫氏江東霸業所關之一大事。東晉南朝史乘，雖極罕見此民族之名，然其爲潛伏混同於江左民族之中，仍爲一有力之分子，則無疑也。關於山越事，吳志諸葛恪傳特詳，故較多迻寫其文，以備參考。

吳志貳孫權傳略云：

〔建安〕五年，〔孫〕策薨，以事授權。是時唯有會稽、吳郡、丹陽、豫章、廬陵，然深險之地猶未盡從。

〔權〕分部諸將，鎭撫山越，討不從命。

寅恪案，討撫山越，爲孫氏創業定霸之惟一要事。凡孫氏命號諸將如蔣欽爲討越中郎將（見吳志拾蔣欽傳），董襲爲威越校尉（見吳志拾董襲傳），諸葛恪爲撫越將軍（見吳志壹玖諸葛恪傳），皆可參證也。

吳志壹叁陸遜傳略云：

時吳會稽、丹陽多有伏匿，遜陳便宜，乞與募焉。會稽山賊大帥潘臨，舊爲所在毒害，歷年不禽，遜以手下召兵，討治深險，所向皆服，部曲已有二千餘人。鄱陽賊帥尤突作亂，復往討之。〔孫〕權數訪世務，遜建議曰：方今英雄棊跱，豺狼闚望，克敵寧亂，非衆不濟。而山寇舊惡，依阻深地。夫腹心未平，難以圖遠，可大部伍，取其精銳。權納其策。會丹陽賊帥費棧受曹公印綬，扇動山越，爲作內應。權遣遜討棧，應時破散，遂部伍東三郡。（寅恪案，通鑑陸捌建安二十二年紀此事條胡注云：東三郡，丹陽、新都、會稽也。）強者爲兵，羸者補戶，得精卒數萬人。

同書壹玖諸葛恪傳略云：

恪以丹陽山險，民多果勁，雖前發兵，徒得外縣平民而已。其餘深遠，莫能禽盡，屢自求乞，爲官出之，三年可得甲士四萬。衆議咸以丹陽地勢險阻，與吳郡、會稽、新都、鄱陽四郡鄰接，周旋數千里，山谷萬重，其幽邃民人，未嘗入城邑，對長吏，皆仗兵野逸，白首於林莽。逋亡宿惡，咸共逃竄。山出銅鐵，自鑄甲兵。俗好武習戰，高尚氣力。其升山赴險，抵突叢棘，若魚之走淵，猨狖之騰木也。時觀間隙，出爲寇盜，每致兵征伐，尋其窟藏，其戰則蠭至，敗則鳥竄，自前世以來，不能羈也。皆以爲難。恪父瑾聞之，亦以事終不逮，歎曰：恪不大興吾家，將大赤吾族也。恪盛陳其必捷。〔孫〕權拜恪撫越將軍，領丹陽太守。恪到府，乃移書四部（通鑑柒叁青龍四年紀此事條胡注云：四部當作四郡，謂吳郡、會稽、新都、鄱陽，皆與丹陽鄰接。山越依阻出沒，故令各保其疆界也。或曰：東西南北四部都尉也。寅恪案，胡氏前說似較勝。）屬城長吏，令各保其疆界，明立部伍，其從化平民，悉令屯居。乃分內諸將，羅兵幽阻，但繕藩籬，不與交鋒，候其穀稼將熟，輒縱兵芟刈，使無遺種。舊穀既盡，新田不收，平民屯居，略無所入，於是山民饑窮，漸出降首。恪乃復敕下曰：山民去惡從化，皆當撫慰，徙出外縣，不得嫌疑，有所執拘。於是老幼相攜而出，歲期，人數皆如本規。恪自領萬人，餘分給諸將。權嘉其功，遣尙書僕射薛綜勞軍。綜先移恪等曰：山越恃阻，不賓歷世。皇帝赫然，命將西征。元惡既梟，種黨歸義。蕩滌山藪，獻戎十萬。野無遺寇，邑罔殘姦。既埽兇慝，又充軍用。藜蓧稂莠，化爲善草。魑魅魍魎，更成虎士。功軼古人，勳超前世。

寅恪案，陸遜、諸葛恪皆孫氏才傑之臣。史傳讚美其綏撫收編山越之功績，誠不誣也。吾人依此類紀述，得知越之民族，分佈於丹陽、吳郡、會稽、新都、鄱陽諸郡之地。且爲善戰之民族，可充精兵之選者。此二事亦與南朝後期民族之演變頗有關係，俟於下章論之，今暫不涉及。至東晉南朝史乘紀述山越者甚少（如陳書叁世祖紀亦言及山越，然此爲稀見之例也。）故茲亦從略焉。

（下）推　論

趙翼廿二史劄記壹貳江左世族無功臣條，其中頗多疏誤。如以齊高帝遺詔，自稱素族，卽是寒族，及目顧榮爲寒人之類。茲以其事非本篇範圍，可置不辨。但趙書此條却暗示南朝政治史及社會史中一大問題，惜趙氏未能闡發其義，卽江左歷朝皇室及武裝統治階級轉移演變之傾向是也。夫趙氏之所謂功乃指武功而言，故其所謂功臣，易言之，大抵爲南朝善戰民族，或武裝階級之健者。宋齊梁陳四朝創業之君主，皆當時之功臣。其與其他功臣之差別，僅在其爲功臣中最高之首領，以功高不賞之故，遂取其舊來所擁護之皇室而代之耳。是以謂江左世族無功臣，與言南朝帝室止出於善戰之社會階級無異。此善戰之階級，在江左數百年間之變遷，與南朝境內他種民族之關係，治史之人，固應致意研求者也。

江左諸朝之皇室中，始渡江建國之東晉司馬氏及篡位而旋失之之楚桓氏。其爲北人名族，事實顯著，且以時代較前，姑置不論。若宋皇室劉氏，則南史壹宋本紀上（宋書壹武帝紀上略同）略云：

宋高祖武皇帝諱裕，彭城縣人，姓劉氏。晉氏東遷，劉氏移居晉陵丹徒。

若齊皇室蕭氏，則南史肆齊本紀上（南齊書壹高帝紀上略同）略云：

齊太祖高皇帝諱道成，姓蕭氏。其先本居東海蘭陵縣。晉元康元年，惠帝分東海郡爲蘭陵，故復爲蘭陵郡人。中朝喪亂，皇高祖淮陰令整，過江居晉陵武進縣。寓居江左者，皆僑置本土。加以南名，更爲南蘭陵人也。

若梁皇室蕭氏，則南史陸梁本紀上（梁書壹武帝紀上略同）略云：

梁高祖武皇帝諱衍，南蘭陵人，姓蕭氏，與齊同承淮陰令整。

若陳皇室陳氏，則南史玖陳本紀上（陳書壹高祖紀上略同）略云：

陳高祖武皇帝諱霸先，吳興長城人，姓陳氏。其本甚微。永嘉中南遷。咸和中土斷，故爲長城人。

是皆與東晉皇室同時南渡之北人也。劉陳二族，出自寒微，以武功特起。二蕭氏之家世，雖較勝於宋陳帝室，然本爲將家，（詳見南齊書壹高祖紀上所述皇考承之及南史陸梁本紀上所紀皇考順之事蹟。）亦非文化顯族，自可以善戰之社會階級視之。然則南朝之政治史概括言之，乃北人中善戰之武裝寒族爲君主領袖，而北人中不善戰之文化高門，爲公卿輔佐。互相利用，以成此江左數百年北人統治之世局也。觀於宋書壹武帝紀上所云：

海鹽令鮑陋遣子嗣之以吳兵一千，請爲前驅。高祖曰：吳人不習戰，若前驅失利，必敗我軍。嗣之追奔，爲賊所沒。

又同書捌壹顧覬之傳（南史叁伍顧覬之傳同）所云：

嘗於太祖坐論江左人物，言及顧榮，袁淑謂覬之曰：卿南人怯懦，豈辦作賊。

則在南朝前期北人善戰，吳人不善戰一點可以證明，而北人江左數百年統治之權所以能確立者，其主因亦在於此，又不待言也。

然江左僑寓之寒族北人，至南朝後期，即梁代亦成爲不善戰之民族。當時政府乃不能不重用新自北方南來之降人以爲將帥。及侯景變起，梁室恃以抗禦及平定此亂者，固爲新來之北人，而江陵朝廷所倚之紓難救急之將領，亦竟舍囚繫待決之逆羯降酋莫屬。斯誠江左世局之一大變。無怪乎陳室之興起，其所任大將多爲南方土豪洞主，與東晉劉宋之時，情勢迥異。若非隋文滅陳，江左偏安之局於是告終，否則，依當時大勢所趨推之，陳室皇位，終必爲其武將首領所篡奪。江東大寶或不免輪轉而入於南方土族之手耶？

考南朝史乘，侯景變前南人之任將帥以武功顯名者，其最著則有吳興沈氏一族，如田子林子（見宋書壹佰自序），慶之、攸之、文季，（見宋書柒柒沈慶之傳，柒肆沈攸之傳，南齊書肆肆沈文季傳及南史叁柒沈慶之傳附攸之、文季傳。）及王敬則（見南齊書貳陸南史肆伍王敬則傳）、陳顯達（見南齊書貳陸南史肆伍陳顯達傳）、陳慶之（見梁書叁貳南史陸壹陳慶之傳）諸人。通常言之，凡一原則不能無少數例外，即如陳慶之者，史言其爲義興國山人，乃梁武所謂「本非將種，亦非豪族」者，南人中得此誠屬例外者也。至於王敬則，雖僑居晉陵南沙縣，及接士庶以吳語，（見南齊書王敬則傳。寅恪別有東晉南朝之吳語一文論及此點，茲不涉及。）然其家實自臨淮射陽還來（見南史王敬則傳），臨淮地域之人正魏伯起之所謂楚也。意者敬則或本是寒門北人，而非南人耶？至其接士庶悉以吳語者，由於出自卑下社會階級之故。蓋南朝疆域內北語吳語乃士庶階級之表徵，非南北籍貫之分別。其說詳見拙著東晉南朝之吳語及從史實論切韻兩文中，殊不足據以斷定其南人也。如陳顯達之爲南彭城人，疑本從彭城還來，亦猶齊梁皇室蕭氏之爲南蘭陵人，其先本自江北之蘭陵還來者也（見前引史文）。惟吳興沈氏一族，則宋書自序言之極詳。其爲吳人，自無可疑。但其家歷世名將，尤爲善戰之族類，似與南朝吳人不習戰之通則不合。

考世說新語雅量篇王僧彌謝車騎共王小奴許集條載王珉罵謝玄之詞云：

汝故是吳興溪中釣碣耳。

劉孝標注云：

玄叔父安曾爲吳興，玄少時從之遊，故珉云然。

寅恪案，「釣碣」之「碣」，今所得見善本俱無異讀，但其義實不可解，頗疑是「猲」字卽「狗」字之譌寫（如荀子貳榮辱篇「乳猲不遠遊」及「有猲彘之勇者」之例）。正如溫嶠目陶侃爲溪狗之例（見前論溪條）。吳氏晉書斠注及周君均引太平御覽之文，以證謝玄喜漁釣之事，合以劉氏玄曾居吳興之言，其說似亦可通。然必須吳興本有溪人，乃可爲王珉之語作滿意之解釋也。又溪人爲天師道信徒及善戰之民族（亦見前論溪條），而吳興沈氏世奉天師道（見宋書壹佰自序及南史叁柒沈慶之傳附僧昭傳。寅恪嘗撰天師道與濱海地域之關係一文，其論吳興沈氏條遺沈僧昭事，後已增入。特附識於此。）并以將門見稱於世（見南齊書南史沈文季傳），則頗有源出於溪族之嫌疑。此吳興沈氏，雖累世貴顯，復文采昭著（如沈約之例），而北來世族如褚淵，則以「門戶裁之」，如王融，則以蛤蜊同類相譏（見南史貳壹王弘傳附融傳融答沈昭略之語）。所以終不能比數於吳中著姓如朱張顧陸諸家之故歟？若此假定果確，則不獨於南朝史事有所闡發，且於難通之世說新語中「釣碣」一語亦得一旁證矣。

顏氏家訓慕賢篇云：

侯景初入建業，臺門雖閉，公私草擾，各不自全。太子左衛率羊侃坐東掖門，部分經略，一宿皆辦，遂得百餘日抗拒兇逆。於是城內四萬許人，王公朝士，不下一百，便是恃侃一人安之，其相去如此！

南史陸叁羊侃傳（梁書叁玖羊侃傳略同）略云：

羊侃，泰山梁父人也。初爲尚書郎，以力聞。魏帝常謂曰：郎官謂卿爲虎，豈羊質虎皮乎？試作虎狀！侃因伏，以手抉殿，沒指。魏帝壯之，賜以珠劍。侃以大通三年至建鄴，累遷太子左衛率、侍中。車駕幸樂游苑，侃預宴。時少府奏：新造兩刃矟成，長二丈四尺，圍一尺三寸。（梁武）帝因賜侃河南國紫騮，令試之。侃執矟上馬，左右擊刺，特盡其妙。觀者登樹，帝曰：此樹必爲侍中折矣！俄而果折，因號此矟爲「折樹矟」。北人降者，唯侃是衣冠餘緒，帝寵之踰於他者。謂曰：朕少時捉矟，形勢似卿，今失其舊體，殊覺不奇。侃少雄勇，膂力絕人，所用弓至二十石，馬上用六石弓。嘗於兗州堯廟蹋壁，直上至五尋，橫行得七跡。泗橋有數石人，長八尺，大十圍。侃執以相擊，悉皆破碎。

寅恪案，羊侃之勇力如此，豈當日南人所能企及，無怪梁武帝特加寵任，不僅以其爲衣冠餘緒也。侯景之圍建鄴，全恃侃一人，以資抗禦。迨侃一死，而臺城不守矣。庾子山云：「大事去矣，人之云亡。」（哀江南賦語）豈不信哉！又梁武與侃言捉矟事，可參考顏氏家訓涉務篇及梁書壹肆任昉傳（南史伍玖任昉傳同)。足證梁武本是將種。平生特長騎矟之技,江左同時輩流,迥非其比。固宜文武兼資,卒取齊室之帝位而代之也。

顏氏家訓涉務篇云:

梁世士大夫,皆尚褒衣博帶,大冠高履。出則車輿,入則扶侍。郊郭之內,無乘馬者。周弘正爲宣城王所愛,給一果下馬,常服御之,舉朝以爲放達。至乃尚書郎乘馬,則糾劾之。及侯景之亂,膚脆骨柔,不堪行步,體羸氣弱,不耐寒暑。坐死倉猝者,往往而然。建康令王復性既儒雅,未嘗乘騎,見馬嘶歕陸梁,莫不震懾,乃謂人曰:正是虎,何故名爲馬乎?其風俗至此!

梁書壹肆任昉傳云:

高祖克京邑,霸府初開,以昉爲驃騎記室參軍。始高祖與昉遇竟陵王西邸,從容謂昉曰:我登三府,當以卿爲記室。昉亦戲高祖曰:我若登三事,當以卿爲騎兵。謂高祖善騎也。

南朝不獨倚新自北來之降人羊侃,以抗禦侯景。更賴新自北來之降人王僧辯,以破滅侯景。下引史文,足資證明。

梁書叁玖王神念傳(南史陸叁王神念傳同)略云:

王神念,太原祁人也。仕魏起家州主簿,稍遷潁川太守,遂據郡歸款。魏軍至,與家屬渡江。神念少善騎射,既老不衰,嘗於高祖前手執二刀楯,左右交度,馳馬往來,冠絕羣伍。時復有楊華者,(本傳附楊華事略云:「楊華,武都仇池人也。父大眼,爲魏名將。華少有勇力,容貌雄偉。魏胡太后逼通之,華懼及禍,乃率其部曲來降。」寅恪案，楊華本氐族，其勇力非當時南人所能及，固不待言也。）能作「驚軍騎」，並一時妙捷，高祖深歎賞之。

同書肆伍王僧辯傳（南史陸叁王神念傳附僧辯傳同）略云：

王僧辯，右衛將軍神念之子也。以天監中隨父來奔。世祖命僧辯卽率巴陵諸軍，沿流討〔侯〕景。於是逆寇悉平，京都剋定。

梁室不獨倚新自北來之降人以破滅侯景，卽從事內爭，若不用侯景部下之北將，竟無其他可屬任之人。當日南朝將才之缺乏，於此可見，而永嘉渡江之寒族北人子孫，已與文化高門之士大夫諸族，同爲「膚脆骨柔」。觀下引史文，得一明證矣。

梁書伍伍武陵王紀傳（南史伍叁梁武陵王紀傳同）略云：

紀次於西陵，舳艫翳川，旌甲曜日，軍容甚盛。世祖命護軍將軍陸法和於硤口夾岸築二壘，鎮江以斷之。時陸納未平，蜀軍復逼，物情恇擾，世祖憂焉。法和告急，旬日相繼。世祖乃拔任約於獄，以爲晉安王司馬，撤禁兵以配之。紀築連城，攻絕鐵鏁。世祖復於獄拔謝答仁爲步兵校尉，配衆一旅，上赴法和。紀將侯叡率衆緣山，將規進取，任約、謝答仁與戰，破之。任約、謝答仁等因進攻侯叡，陷其三壘。於是兩岸十餘城遂俱降。獲紀，殺之於硤口。

永嘉南渡之寒族北人既喪失其原來善戰之能力，江東土族遂起而代其任。此南朝後期之將帥，其先世名字所以多不見於南朝前期政治及社會史之故也。陳書叁伍熊曇朗等傳論（南史捌拾侯景熊曇

朗等傳論後段同)云:

梁末之災沴,羣凶競起,郡邑巖穴之長,村屯鄔壁之豪,資剽掠以致彊,恣陵侮而爲大。

其故卽在寅恪案,侯景之亂,不僅於南朝政治上爲鉅變,並在江東社會上,亦爲一劃分時期之大事。所謂巖穴村屯之豪長乃乘此役興起,造成南朝民族及社會階級之變動。蓋此等豪酋皆非漢末魏晉宋齊梁以來之三吳士族,而是江左士人,卽魏伯起所謂巴蜀谿俚諸族。是等族類在此以前除少數例外,大抵爲被壓迫之下層民族,不得預聞南朝之大政及居社會高等地位者也。南朝當侯景亂興,中央政權崩潰之際,巖穴村屯之豪酋乘機競起,或把持軍隊,或割據地域,大抵不出二種方式:一爲率兵入援建鄴,因而坐擁大兵。一爲嘯聚徒衆,乘州郡主將率兵勤王之會,以依法形式,或勢力強迫,取代其位。此類之事甚多,不必悉舉,兹略引史文數條,已足爲例證也。

陳書捌侯安都傳(南史陸陸侯安都傳同)略云:

侯安都,始興曲江人也,世爲郡著姓。善騎射,爲邑里雄豪。梁始興內史蕭子範辟爲主簿。侯景之亂,招集兵甲,至三千人。高祖入援京邑,安都引兵從高祖,攻蔡路養,破李遷仕,克平侯景,幷力戰有功。

同書玖侯瑱傳(南史陸陸侯瑱傳同)略云:

侯瑱,巴西充國人也。世爲西蜀酋豪。〔梁鄱陽王蕭〕範還鎭合肥,瑱又隨之。侯景圍臺城,範乃遣瑱輔其世子嗣入援京邑。京城陷,瑱與嗣退還合肥,仍隨嗣徙鎭湓城。俄而範及嗣皆卒,瑱領其衆，據有豫章之地。

同書同卷歐陽頠傳（南史陸陸歐陽頠傳同）略云：

歐陽頠，長沙臨湘人也，爲郡豪族。以言行篤信著聞於嶺表。梁左衛將軍蘭欽之少也，與頠相善，故頠常隨欽征討。欽征交州，復啓頠同行。欽度嶺，以疾終。頠除臨賀內史。侯景構逆，〔衡州刺史韋〕粲自解還都征景，以頠監衡州。京城陷後，嶺南互相吞併。梁元帝承制，以始興郡爲東衡州，以頠爲刺史。蕭勃死後，嶺南擾亂。高祖授頠都督衡州諸軍事、安南將軍、衡州刺史。未至嶺南，頠子紇已克定始興。及頠至，嶺南皆懾伏。仍進廣州，盡有越地。改授都督廣交〔等〕十九州諸軍事、廣州刺史。

紇累遷都督交廣等十九州諸軍事，在州十餘年，威惠著於百越。太建元年，下詔徵紇爲左衛將軍，遂舉兵〔反〕。兵敗，伏誅。家口籍沒，子詢以年幼免。

同書壹壹黃法𣰋傳（南史陸陸黃法𣰋傳同）略云：

黃法𣰋，巴山新建人也。少勁捷有膽力，步行日三百里，距躍三丈。頗便書疏，閑明簿領。出入郡中，爲鄉閭所憚。侯景之亂，於鄉里合徒衆。太守賀詡下江州，法𣰋監知郡事。

同書壹叁徐世譜傳（南史陸柒徐世譜傳同）略云：

徐世譜，巴東魚復人也。世居荆州，爲主帥，征伐蠻、蜑。至世譜，尤敢勇有膂力，善水戰。梁元帝之爲荆州刺史，世譜將領鄉人事焉。侯景之亂，因預征討，累遷至員外散騎常侍。侯景平後，以功除衡州刺史，資領(南史「鎭」作「領」是)河東太守。江陵陷沒，世譜東下依侯瑱。紹泰元年，徵爲侍中、左衞將軍。永定二年，還護軍將軍。

同書叄伍熊曇朗傳(南史捌拾熊曇朗傳同)略云：

熊曇朗，豫章南昌人也。世爲郡著姓。有膂力。侯景之亂，稍聚少年，據豐城縣爲栅，桀黠劫盜多附之。梁元帝以爲巴山太守。荆州陷，曇朗兵力稍强，刼掠鄰縣，縛賣居民。山谷之中，最爲巨患。時巴山陳定亦擁兵立寨，曇朗僞以女妻定子。又謂定曰：周迪、余孝頃並不願此婚，必須以强兵來迎。定乃遣精甲三百，并土豪二十人往迎。既至，曇朗執之，收其馬仗，並論價責贖。紹泰二年，曇朗以南川豪帥，隨例除游騎將軍。

同書同卷周迪傳(南史捌拾周迪傳同)略云：

周迪，臨川南城人也。少居山谷，有膂力，能挽强弩，以弋獵爲事。侯景之亂，迪宗人周續起兵於臨川。梁始興王蕭毅，以郡讓續。迪召募鄉人從之，每戰必勇冠衆軍。續所部渠帥皆郡中豪族，稍驕横，續頗禁之。渠帥等並怨望，乃相率殺續，推迪爲主。迪乃擁有臨川之地，築城於工塘。梁元帝授迪高州刺史。

同書同卷留異傳(南史捌拾留異傳同)略云：

留異，東陽長山人也。世爲郡著姓。〔異〕爲鄉里雄豪，多聚惡少，守宰皆患之。梁代爲蟹浦戍主，歷晉安、安固二縣令。侯景之亂，還鄉里，召募士卒。東陽郡丞與異有隙，引兵誅之，及其妻子。太守沈巡援臺，讓郡於異。異使兄子超監知郡事，率兵隨巡出都。及京城陷，異隨臨城公蕭大連，大連委以軍事。會〔侯〕景將軍宋子仙濟浙江。異奔還鄉里，尋以其衆降於子仙。侯景署異爲東陽太守。侯景平後，王僧辯使異慰勞東陽，仍糾合鄉閭，保據巖阻。其徒甚盛，州郡憚焉。元帝以爲信安令。荆州陷，王僧辯以異爲東陽太守。世祖平定會稽，異雖轉輸糧饋，而擁擅一郡，威福在己。紹泰二年以接應之功，除縉州刺史，領東陽太守。

同書同卷陳寶應傳（南史捌拾陳寶應傳同）略云：

陳寶應，晉安侯官人也。世爲閩中四姓。父羽，有材幹，爲郡雄豪。寶應性反覆，多變詐。梁代晉安數反，累殺郡將，羽初並扇惑合成其事，後復爲官軍鄉導破之。由是一郡兵權皆自己出。侯景之亂，晉安太守、賓化侯蕭雲以郡讓羽。羽年老，但治郡事，令寶應典兵。是時東境饑饉，會稽尤甚，死者十七八，平民男女並皆自賣，而晉安獨豐沃。寶應自海道寇臨安、永嘉及會稽、餘姚、諸暨，又載米粟與之貿易，多致玉帛子女。其有能致舟乘者，亦並奔歸之。由是大致貲產，士衆強盛。侯景平，元帝因以羽爲晉安太守。高祖輔政，羽請歸老，求傳郡於寶應。高祖許之。高祖受禪，授閩州刺史。世祖嗣位，仍命宗正錄其本系，編爲宗室。

據上引諸人之性質、才力及籍貫事蹟推測，則侯安都以宋書徐豁傳證之，頗有俚族之嫌疑。侯瑱本巴地酋豪，徐世譜源出巴東，殆卽所謂巴族。江陵陷後，世譜往依於瑱，或與同族有關。黃法氍、熊曇朗、周迪諸人，若依南史胡諧之傳出生地域之關係言，恐與「溪狗」同類。續搜神記本桃花源記載溪人之姓爲黄，尙書考實復言黄爲溪洞豪姓。黄法氍之姓，豈亦共源耶？留異、陳寶應，據地域論，當是越種，未可知也。獨歐陽頠一族，史雖稱爲長沙臨湘人，然與嶺南殊有關係。周君疑其「少時嘗居始興」，甚有理據。蓋陳書貳壹蕭允傳附引傳及南史壹捌蕭思話傳附引傳，俱有「始興人歐陽頠」之語。豈長沙之歐陽一族，本自始興遷來，其目頠爲始興人者，乃以原籍言之耶？

考劉餗隋唐嘉話載歐陽頠孫詢形貌醜怪事（孟棨本事詩同）其文略云：

國初長孫太尉（無忌）見歐陽率更（詢）姿形甚陋，嘲之曰：聳膊成山字，埋肩畏出頭，誰言麟閣上，畫此一獼猴。

據此，詢之形貌，當與猿猴相似。至若太平廣記肆肆肆引續江氏傳記詢父紇梁末隨藺欽南征，其妻爲白猿竊去，有身後，復奪還，因而生詢，故詢爲猿種云云。其語之不經，本無待辨。然舊唐書壹捌玖儒學傳上歐陽詢傳（新唐書壹玖捌儒學傳上歐陽詢傳同）略云：

歐陽詢，潭州臨湘人，陳大司空頠之孫也。父紇，陳廣州刺史，以謀反誅。詢當從坐，僅而獲免。陳尙書令江總與紇有舊，收養之，敎以書計。雖貌甚寢陋，而聰悟絶倫。高麗甚重其書，嘗遣使求之。高祖歎曰：不意詢之書名遠播夷狄，彼觀其迹，固謂其形魁梧邪？

又同書捌貳許敬宗傳（新唐書貳貳叁姦臣傳許敬宗傳同）略云：

（貞觀）十年文德皇后崩，百官縗絰。率更令歐陽詢狀貌醜異，衆或指之，敬宗見而大笑，爲御史所劾，左授洪州都督府司馬。

則是信本形貌之醜怪，史乘固有明徵。雖其遺傳所自，源於父系，或母系或父母二系，皆不可知。若取歐陽氏本出始興一事，參以宋書所載徐豁之言，或通鑑所載殷闡之語，殆是俚或溪之種歟？夫歐陽氏累世之文學藝術，實爲神州文化之光輝，而究其種類淵源所出，乃不得不疑其爲蠻族。然則聖人「有教無類」之言，豈不信哉！寅恪嘗於拙著隋唐制度淵源略論稿及唐代政治史述論稿中，詳論北朝漢人與胡人之分別在文化，而不在種族。茲論南朝民族問題，猶斯旨也。故取歐陽氏事，以結此篇焉。

（原刊中央研究院歷史語言研究所集刊第十一本第一分册）

崔浩與寇謙之

崔浩與寇謙之之關係，北朝史中一大公案也。治史者猶有待發之覆，茲就習見之材料，設一假說，以求教於通識君子。

魏書壹壹肆釋老志略云：

世祖時，道士寇謙之，字輔眞，南雍州刺史讚之弟，自云寇恂之十三世孫。早好仙道，有絶俗之心。少修張魯之術。

寅恪案，寇謙之之家世，及其「少修張魯之術」之故，請略加推測解釋如下：

北史貳柒寇讚傳（參魏書肆貳寇讚傳）略云：

寇讚字奉國，上谷人也，因難徙馮翊萬年。父脩之，字延期，苻堅東萊太守。讚弟謙，有道術，太武敬重之，故追贈脩之安西將軍、秦州刺史、馮翊公。賜命服，謚曰哀公。詔秦、雍二州爲立碑墓。又贈脩之母爲馮翊夫人，及宗從追贈太守、縣令、侯、子、男者十六人，其臨職者七郡、五縣。姚泓滅，秦、雍人來奔河南、滎陽、河內者，戶至萬數，拜讚南雍州刺史、軹縣侯，於洛陽立雍州之郡縣以撫之。由是流人襁負，自遠而至，參倍於前。進讚爵河南公，加安南將軍，領南蠻校尉，仍刺史。分洛、豫二州之僑郡以益之。

此傳中可注意者有四事：

(一)此傳載謙之之名少一「之」字，實非脫漏，蓋六朝天師道信徒之以「之」字爲名者頗多，「之」字在其名中，乃代表其宗教信仰之意，如佛教徒之以「曇」或「法」爲名者相類。東漢及六朝人依公羊春秋譏二名之義，習用單名。故「之」字非特專之眞名，可以不避諱，亦可省略。六朝禮法士族最重家諱，如琅邪王羲之、獻之父子同以「之」爲名，而不以爲嫌犯，是其最顯著之例證也。世人多不知此義，可不深責，但史學專門著述如錢大昕廿二史考異叁玖北史寇讚傳讚弟謙有道術太武敬重之條云：

即天師寇謙之也，傳脫之字。

王鳴盛十七史商榷蕭氏世系條云：

南史梁武帝紀，梁與齊同承淮陰令整，整生皇高祖鎋，鎋生皇曾祖副子，副子生皇祖道賜，道賜生皇考順之，於齊高帝爲始族弟。案齊高紀亦從淮陰令整敍起，整生儁，儁生樂子。尙與副子排行，樂子生承之，承之生道成。竊疑道賜與順之似是倒誤，當爲副子生順之，順之生道賜，道賜於齊高帝爲始族弟。如此方合。六朝人兄弟排行者多也。雖姚思廉梁書與南史同，然大可疑。

及吳士鑑晉書斠注陸陶侃傳注云：

御覽七百八陶侃別傳曰，外國獻氍毹，公舉之曰，我還國當與牙共眠。牙名倓之，字處靜，是公庶孫，小而被知，以爲後嗣。案侃孫見於本傳者，瞻之子弘，旗之子定，餘無可考。未知倓之爲何人之子，惟弘子名綽之，定子名襲之，偡之既爲侃孫，不應與其姪輩同以「之」字命名，疑偡之或單名而誤衍之字也。

則不得不加以糾正，蓋兄弟排行固可同用「之」字，而父子祖孫，亦得以「之」爲名，如南齊書叁柒胡諧之傳（參南史肆柒胡諧之傳）云：

胡諧之，豫章南昌人也。祖廉之，治書侍御史。父翼之，州辟不就。

及南史陸貳朱异傳略云：

朱异，吳郡錢唐人也。祖昭之，叔父謙之，兄巽之，卽异父也。

又梁書叁捌朱异傳略云：

朱异，吳郡錢唐人也，父巽。

可知祖父孫可以同用「之」字爲名，兄弟同輩，其名亦得皆用「之」字，但「之」字亦可省略，此等例證，見於六朝載籍者甚多，胡、朱二傳不過隨手錄出，何錢、王、吳諸氏之不見及此耶？

（二）據寇讚傳所載，姚泓滅後，魏僑置南雍州於洛陽，以讚爲刺史，招撫秦雍之流民，可知寇氏實爲秦雍大族豪家，否則讚決不能充任此職也。

（三）據高僧傳壹貳習禪類宋僞魏平城釋玄高傳云：

釋玄高姓魏，本名靈育，馮翊萬年人也。母寇氏，本信外道，始適魏氏，首孕一女，卽高之長姊，生便信佛，乃爲母祈願，願門無異見，得奉大法。母以僞秦宏始三年夢見梵僧散華滿室，覺便懷胎。至四年二月八日生男，家內忽有異香及光明照壁，迄旦乃息。母以兒生瑞兆，因名靈育。可知高公之外家寇氏，世奉天師道，高公後來，與篤信佛教之魏太子晃卽恭宗關係密切，爲道教信徒，寇謙之崔浩等之對敵，僧傳不載其與謙之之親屬關係，當非近屬，由此推知平翊寇氏乃一大族，而又世奉天師道者，不僅謙之一房之信仰如是也。至高公之本名靈育，僧傳載其誕生時之靈異，因以得名，其實「靈育」與「道育」「靈寶」之類皆是天師道之教名，想高公出生時實受道教之名，後來改信佛教，遂加以附會緣飾之耳。

（四）寇氏之自稱源出上谷，爲東漢寇恂之後，其爲依託，不待詳辨，但寇讚傳言其因難徙馮翊萬年，所謂難者，究何所指，傳文未詳，據元和姓纂玖去聲五十候條云：

寇，上谷昌平，恂，後漢執金吾雍奴侯，曾孫榮，榮孫孟，魏馮翊太守，徙家馮翊。

又芒洛冢墓遺文三編後魏寇臻墓誌銘云：

寇臻字仙勝，春秋甫履從心，寢疾薨於路寢，上谷昌平人，漢相威侯之裔，侍中榮十世之胤。榮之子孫前魏因官遂寓馮翊，公皇魏秦州刺史馮翊哀公之孫，南雍州使君河南宣穆公之少子。

可知寇氏之徙馮翊，據姓纂及寇臻誌，實在前魏卽曹魏時，其所謂因官遂寓馮翊者，實不過託詞而已。凡古今家族譜牒中所謂因難因官，多爲假託，不足異也。考三國志魏志壹伍張既傳略云：

從征張魯，魯降。既說太祖拔漢中民數萬戶以實長安及三輔。

是曹操實有徙張魯徒衆於長安及三輔之事，頗疑寇氏一族原從漢中徙至馮翊，以其爲豪宗大族，故有被徙之資格，以其爲米賊餘黨，故其家世守天師道之信仰。然則寇謙之之所以早修張魯之術，固非偶然也。至魏武之徙張魯部衆於長安及三輔，雖在建安之世，其時孟德之霸業已成，後之修家譜撰墓誌者，遂以東漢末年之事混通牽引屬之曹魏之時耳。

釋老志又云：

〔寇謙之〕服食餌藥，歷年無效。幽誠上達，有仙人成公興，不知何許人，至謙之從母家傭賃。謙之常覲其姨，見興形貌甚強，力作不倦，請回賃興代己使役。乃將還，令其開舍南辣田。謙之樹下坐算，興懇一發致勤，（寅恪案，疑當作墾發致勤，蓋「懇一」乃「墾」之譌寫耳。）時來看算。謙之謂曰：汝但力作，何爲看此？二三日後，復來看之，如此不已。後謙之算七曜，有所不了，惘然自失。興謂謙之曰：先生何爲不懌？謙之曰：我學算累年，而近算周髀不合，以此自愧。且非汝所知，何勞問也。興曰：先生試隨興語布之。俄然便決。謙之歎伏，不測興之淺深，請師事之。興固辭不肯，但求爲謙之弟子。未幾，謂謙之曰：先生有意學道，豈能與興隱遁？謙之欣然從之。興乃令謙之絜齋三日，共入華山。令謙之居一石室，自出採藥，還與謙之食藥，不復飢。乃將謙之入嵩山。有三重石室，令謙之住第二重。歷年，興謂謙之曰：興出後，當有人將藥來，得但食之，莫爲疑怪。尋有人將藥而至，皆是毒蟲臭惡之物，謙之大懼出走。興還問狀，謙之具對，興歎息曰：先生未便得仙，政可爲帝王師耳。興事謙之七年，而謂之曰：興不得久留，明日中應去。興亡後，先生幸爲沐浴，自當有人見迎。興乃入第三重石室而卒。謙之躬自沐浴。

明日中，有叩石室者，謙之出視，見兩童子，一持法服，一持鉢及錫杖。謙之引入，至興尸所，興欻然而起，著衣持鉢、執杖而去。

寅恪案，此節爲吾國接受外來學說及技術之一重公案，自來論中西交通史及文化學術史者，似尚未有注意及之者，頃略釋證之如下：

錢大昕廿二史考異叁拾魏書釋老志有仙人成公興不知何許人條已引殷紹傳爲釋，茲再取紹傳稍加申證，並參以其他傳記足以相發明者爲之旁證。但有一通則不可不先知者，卽吾國道教雖其初原爲本土之產物，而其後逐漸接受模襲外來輸入之學說技術，變易演進，遂成爲一龐大複雜之混合體，此治吾國宗教史者所習知者也。綜觀二千年來道教之發展史，每一次之改革，必受一種外來學說之激刺，而所受外來之學說，要以佛教爲主。故吾人今日儻取全部道藏與佛藏比較探求，如以眞誥與四十二章經比較之例，必當更有所發明也。寇謙之少修張魯之術，卽其家世所傳之舊道教，而服食餌藥歷年無效，是其所傳之舊醫藥生理學有待於新學之改進也。其學算累年而算七曜周髀有所不合，是其舊傳之天文算學亦有待於新學之改進也。卽就殷紹傳考之，可知成公興與當時佛教徒有密切之關係也。釋老志言其死後欻然而起，著法服執錫杖持鉢而去，此卽紹傳所謂「遊遁」也。至興稱謙之爲先生而自爲弟子，（宋眉山七史本作「但求謙之爲弟子」，文意不明，易滋誤會。）亦足證興固非道士，而先生之稱號，在當時乃道士之尊稱，如佛教之稱和尚者然，非僅爲人師之稱而與弟子爲對文也。又釋老志目興爲仙人者，恐亦如佛典中凡山林修道之術士概以仙人目之之比耳。

魏書玖壹術藝傳殷紹傳略云：

殷紹，長樂人也。好陰陽術數，達九章、七曜。世祖時爲算生博士，給事東宮西曹，以藝術爲恭宗所知。太安四年夏，上四序堪輿，表曰，臣以姚氏之世，行學伊川，時遇遊遁大儒成公興，從求九章要術。興字廣明，自云膠東人也。興時將臣南到陽翟九崖巖沙門釋曇影間。興卽北還，臣獨留住，依止影所，求請九章。影復將臣向長廣東山見道人法穆。法穆時共影爲臣開述九章數家雜要，披釋章次意況大旨。又演隱審五臟六府心髓血脈，商功大算端部，變化玄象，土圭、周髀。練精鋭思，蘊習四年，從穆所聞，粗皆髣髴。穆等仁矜，特垂憂閔，復以先師和公所注黄帝四序經文三十六卷，合有三百二十四章，專說天地陰陽之本，傳授於臣。以甲寅之年，奉辭影等。自爾至今，四十五載，歷觀時俗堪輿八會，逕世已久，傳寫謬誤。又史遷、郝振、中吉大儒，亦各撰注，流行於世。配會大小，序述陰陽，依如本經，猶有所闕。臣前在東宮，以狀奏聞，奉被景穆皇帝聖詔，勑臣撰錄，集其要最。仰奉明旨，謹審先所見四序經文，抄撮要略，當世所須，吉凶舉動，集成一卷。未及內呈，先帝晏駕。臣時狼狽，幾至不測。停廢以來，逕由八載，〔今〕依先撰錄奏，謹以上聞。其四序堪輿，遂大行於世。

寅恪案，殷紹以成公興之一段因緣，與其與寇謙之關係，其時間空間二者俱相適合，自不待言。其最可注意者，卽興所介紹傳授醫學算學之名師，皆爲佛教徒一事是也。自來宗教之傳播，多假醫藥天算之學以爲工具，與明末至近世西洋之傳教師所爲者，正復相類，可爲明證。吾國舊時醫學，所受佛教之影響甚深，如耆域（或譯耆婆）者，天竺之神醫，其名字及醫方與其他神異物語散見於佛教經典，如奈女耆婆經溫室經等及吾國醫書如巢元方病源候論王燾外臺秘要之類，是一例證，但如高僧傳拾神異門上晉洛陽耆域傳略云：

耆域者，天竺人也。晉惠之末，至於洛陽，時衡陽太守南陽滕永文在洛，寄住滿水寺，得病，兩脚攣屈，不能起行。域往看之，因取淨水一杯，楊柳一枝，便以楊枝拂水，舉手向永文而呪，如此者三，因以手搦永文膝，令起，即時起，行步如故。此寺中有思惟樹數十株枯死。域問永文：此樹死來幾時？永文曰：積年矣。域即向樹呪，如呪永文法，樹尋蕿發，扶疏榮茂。尙方署中有一人病癥將死，域以應器著病者腹上，白布通覆之，呪願數千言，即有臭氣薰徹一屋。病者曰：我活矣。域令人舉布，應器中有若垽淤泥者數升，臭不可近，病者遂活。洛陽兵亂，辭還天竺。既還西域，不知所終。

則天竺神話之人物，竟與其他佛教傳法高僧來游中國者同列僧傳，事雖可笑，其實此正可暗示六朝佛教徒輸入天竺之醫方明之一段因緣也。（鄙意耆域之名出於中央亞細亞之文，名耆婆則純粹梵文也。）至道教徒之採用此外國輸入之技術及學說，當不自六朝始，觀吾國舊時醫學之基本經典，如內經者，即託之於黃帝與天師問對之言可知。漢書藝文志神仙類著錄黃帝歧伯按摩十卷，而班書又云：

大古有歧伯俞拊，中世有扁鵲秦和。

茲更略取六朝初期卽耆域傳所依託之東西晉時代諸佛敎徒與醫學有關之資料列之於下，以供參證。

世說新語下術解篇郗愔信道甚精勤條云：

郗愔信道甚精勤，腹內惡，諸醫不可療，聞于法開有名，往迎之。既來，便脈云：君侯所患，正是精進太過所致耳。合一劑湯與之，一服卽大下，去數段許紙，如拳大。剖看乃先所服符也。（劉注云：晉書曰，法開善醫術。嘗行，莫投主人，妻產而兒積日不墮，法開曰：此易治耳。殺一肥羊，食十餘臠而針之。須臾兒下，羊膋裹兒出。其精妙如此。）

高僧傳肆義解門晉剡白山于法開傳略云：

于法開不知何許人，事蘭公爲弟子。祖述耆婆，妙通醫法。或問法師高明剛簡，何以醫術經懷？答曰：明六度以除四魔之病，調九候以療風寒之疾，不亦可乎？

又同書同卷晉燉煌于道邃傳略云：

于道邃，燉煌人，年十六出家，事蘭公爲弟子，學業高明，內外該覽，善方藥，美書札。

又殷紹傳所載沙門釋曇影，今高僧傳陸義解門有晉長安釋曇影傳，以時地考之，亦約略近似。至所謂「先師和公」，當亦指沙門而言，今高僧傳伍義解門有晉蒲坂釋法和傳，不知是否卽其人。以其名和言之，則似與醫學有關。蓋天竺醫術，以調和地水火風四大爲務。儻四大不和均，則疾病生，此鳩摩羅什臨終時所以自言「四大不愈」者也（見高僧傳貳譯經門晉長安鳩摩羅什傳）。中國古代，秦有名醫曰和，豈和公之命名有所取義於華梵醫家之說耶？

復次，天算之學於道教至爲重要，其說俟後論之。寇謙之、殷紹所受之周髀算術，乃當時初由佛教徒輸入之新蓋天說也。

據晉書壹壹天文志上云：

古言天者有三家，一曰蓋天，二曰宣夜，三曰渾天。漢靈帝時，蔡邕於朔方上書，言宣夜之學，絕無師法，周髀術數具存，考驗天狀，多所違失。惟渾天近得其情，今史官候臺所用銅儀，則其法也。

及北史捌玖藝術傳信都芳傳略云：

信都芳，河間人也。少明算術。安豐王延明聚渾天、欹器、地動、銅烏、漏刻、候風諸巧事，並令芳算之。〔芳〕又著樂書、遁甲經、四術周髀宗。其序曰：漢成帝時，學者問蓋天，揚雄曰：蓋哉，未幾也。問渾天，曰：洛下閎爲之，鮮于妄人度之，耿中丞象之。幾乎，莫之息矣（見法言重黎篇）。此言蓋差而渾密也。蓋器測影而造，用之日久，不同於祖，故云未幾也。渾氣量天而作，乾坤大象，隱見難變，故云幾乎。是時，太史令尹咸窮研晷蓋，易古周法，雄乃見之，以爲難也。自昔周公定影王城，至漢朝，蓋器一改焉。渾天覆觀，以靈憲爲文，蓋天仰觀，以周髀爲法。覆仰雖殊，大歸是一。古之人制者，所表天効玄象。芳以渾算精微，術機萬首，故約本爲之省要，凡述二篇，合六法，名四術周髀宗。

足知蓋天之術不及渾天之精密也。但蓋天有新舊二術，舊術在揚雄時其精密不及渾天，故子雲有是論，周髀算法爲蓋天之術，今所傳周髀算經，其非周公原書，自不待辨，而其下卷所列二十四氣，啓蟄在雨水之後，考漢書貳壹下律曆志云：

中營室十四度，驚蟄，（今曰雨水，於夏爲正月，商爲二月，周爲三月。）終於奎四度。降婁，初奎五度，雨水（今曰驚蟄）。

及後漢書壹叁律曆志下云：

二十四氣

冬至，小寒，大寒，立春，雨水，驚蟄。

論曰：太初曆到章帝元和，旋復疏闊。徵能術者，課校諸曆，定朔稽元，追漢三十五年庚辰之歲，追朔一日，乃與天合，以爲四分曆元。加六百五元一紀，上得庚申。

則今之周髀算經，其列雨水於啓蟄之前，必出於東漢元和改用四分曆之後，非揚氏當時舊蓋天術之書固不待論，蔡氏朔方上書，言蓋不及渾，則似蔡氏當日所見蓋天之術，仍是舊法。而今之周髀算經啓蟄之名，又不避漢諱，恐今之傳本不止非東漢末年蔡氏所見之蓋天算術，或更出於當塗典午之世，亦未可知也。（可參周密齊東野語壹玖漢以前驚蟄爲正月節條，但公謹謂「及天（天當作太）初以後，更改氣名，以雨水爲正月中。」似未諦。）復據隋書壹玖天文志上云：

梁武帝於長春殿講義，別擬天體，全同周髀之文，蓋立新義，以排渾天之論而已。

梁武帝之說，今雖不可盡見，但開元占經所引，猶可窺其大概，今其文（開元占經壹天地名體天地渾宗條）云：

梁武帝云：四大海之外，有金剛山，一名鐵圍山，金剛山北又有黑山，日月循山而轉，周迴四十面，一晝一夜，圍繞環匝。

是明爲天竺之說，而武帝欲持此以排渾天，則其說必有以勝於渾天，抑又可知也。隋志既言其全同蓋天，卽是新蓋天說，然則新蓋天說乃天竺所輸入者。寇謙之、殷紹從成公興、曇影、法穆等受周髀算術，卽從佛敎受天竺輸入之新蓋天說，此謙之所以用其舊法累年算七曜周髀不合，而有待於佛敎徒新輸入之天竺天算之學以改進其家世之舊傳者也。

至殷紹所謂「史遷、郝振、中吉大儒，亦各撰注，流行於世」者，司馬氏父子，世主天官，究天人之際，成一家之言，而文史星曆近乎卜祝之間，（史記壹叁拾太史公自序、漢書陸貳司馬遷傳及文選肆壹司馬子長報任少卿書。）四序堪輿之類，固不得爲文史，然可謂之星曆卜祝之書，故亦得依託於史遷也。郝振未詳，中吉則疑是于吉之誤寫，吉之事蹟見三國志吳志壹孫策傳裴注引江表傳搜神記等，固亦道敎中人也。

魏書釋老志又略云：

謙之守志嵩岳，精專不懈。以神瑞二年十月乙卯，忽遇大神，稱太上老君，謂謙之曰：往辛亥年，嵩岳鎭靈集仙宮主，表天曹，稱自天師張陵去世已來，地上曠誠，修善之人，無所師授。嵩岳道士上谷寇謙之，立身直理，行合自然，才任軌範，首處師位，吾故來觀汝，授汝天師之位，賜汝雲中音誦新科之誡二十卷，號曰並進。言：吾此經誡，自天地開闢以來，不傳於世，今運數應出。汝宣吾新科，清整道教，除去三張僞法，租米錢稅及男女合氣之術。大道清虛，豈有斯事。專以禮度爲首，而加之以服食閉鍊。泰常八年十月戊戌，有木土上師李譜文來臨嵩岳，云：其地上生民，末劫垂及，其中行教甚難。但令男女立壇宇，朝夕禮拜，若家有嚴君，功及上世。其中能修身煉藥，學長生之術，卽爲眞君種民。藥別授方，銷鍊金丹、雲英、八石、玉漿之法，皆有決要。上師李君手筆有數篇，其餘皆正眞書曹趙道覆所書。古文鳥迹，篆隸雜體，辭義約辯，婉而成章，大自與世禮相準。始光初，奉其書而獻之，世祖乃令謙之止於張曜之所，供其食物。朝野聞之，若存若亡，未全信也。

寇謙之採用佛教徒輸入天算醫藥之學，以改進其家世舊傳之道教，已如上言，然謙之復襲取當時佛教徒輸入之新律學以清除整理其時頗不理於人口之舊傳天師道，此則較前者更爲重要者也。欲明乎此，不可不先知六朝佛教徒治學之方法及當時社會學術之風尙，此方法卽所謂「格義」者是也。格義之解釋及其流派，寅恪昔已詳論之(見拙著支愍度學說考)，茲不多及，僅引高僧傳數條以爲例證如下：

高僧傳肆義解門晉高邑竺法雅傳略云：

竺法雅，河間人。少善外學，長通佛義，衣冠仕子咸附諮稟。時依雅門徒，並世典有功，未善佛理。雅乃與康法朗等，以經中事數擬配外書，爲生解之例，謂之格義。及毗浮曇相等亦辯格義，以訓門徒。

同書陸義解門晉廬山釋慧遠傳略云：

年二十四便就講說，嘗有客聽講，難實相義，往復移時，彌增疑昧，遠乃引莊子義爲連類，於惑者曉然，是後安公特聽慧遠不廢俗書。遠內通佛理，外善羣書，夫預學徒，莫不依擬。時遠講喪服經，雷次宗、宗炳等並執卷承旨，次宗後別著義疏，首稱雷氏，宗炳因寄書嘲之曰，昔與足下共於釋和尚閒面受此義，今便題卷首稱雷氏乎。其化兼道俗，斯類非一。以晉義熙十二年八月初動散，至六日困篤，大德耆年皆稽顙請飲豉酒，不許。又請飲米汁，不許。又請以蜜和水爲漿，乃命律師，令披卷尋文，得飲與不。卷未半而終。春秋八十三矣。

據此得知六朝格義之風盛行，中國儒家之禮，與天竺佛教之律，連類擬配，視爲當然。僧傳所紀遠公臨終一節，與戴記所載曾子易簀之事，復何以異。當日不獨遠公一人以爲禮律殊無二致，即同時一般之儒士佛徒亦俱作如是觀也。兩晉天師道信徒屬於士大夫階級者固不少，但其大多數仍是庶族平民，士族儒家之禮法自不可於當時天師教中求之，其淫穢濁亂最爲反對道教者所藉口，觀佛教徒撰集之兩弘明集中諸文可知也。寇謙之值江左孫恩、盧循政治運動失敗以後，天師道之非禮無法尤爲當時士大夫所詬病，清整之功更不容已。謙之既從佛教徒採用其天算醫藥之學，以改進其教矣，故不得不又從佛教徒模襲其輸入之律藏以爲清整之資，此自然之理也。謙之生於姚秦之世，當時佛敎一切有部之十誦律方始輸入，盛行於關中，不幸姚泓亡滅，兵亂之餘，律師避亂南渡，其學遂不傳北地，而遠流江東，謙之當必於此時掇拾遺散，取其地僧徒不傳之新學，以淸整其世傳之舊敎，遂詭託神異，自稱受命爲此改革之新敎主也。茲略迻錄當時有關佛敎律學傳授流布之史料如下：

高僧傳貳譯經門晉壽春石磵寺卑摩羅叉傳略云：

先在龜茲，弘闡律藏，四方學者，競往師之，鳩摩羅什時亦預焉。叉欲使毗尼勝品，復洽東國，冒險東渡，以僞秦弘始八年達自關中，什以師禮敬待。及羅什棄世，叉乃出遊關左，逗於壽春，止石磵寺。律徒雲聚，盛闡毗尼。頃之南適江陵，於辛寺夏坐，開講十誦。律藏大弘，叉之力也。

同書壹叁明律門宋江陵釋慧猷傳略云：

少出家止江陵辛寺。時有西國律師卑摩羅叉來適江陵，大弘律藏，猷從之受業，沉思積時，乃大明十誦，講說相續，陝西律師莫不宗之。

同書同卷明律門宋吳閑居寺釋僧業傳略云：

遊長安，從什公受業，見新出十誦，遂專功此部。值關中多難，避地京師，吳國張邵請還姑蘇，爲造閑居寺。業訓誘無輟，三吳學士輻湊肩聯。業弟子慧先襲業風軌，亦數當講說。

同書同卷明律門宋京師長樂寺釋慧詢傳略云：

經遊長安，受業什公，尤善十誦僧祇。宋永初中還止廣陵，大開律席。元嘉中至京師，止道場寺，寺僧慧觀亦精於十誦，乃令更振他寺，於是移止長樂寺。

同書同卷明律門宋京師莊嚴寺釋僧璩傳略云：

出家爲僧業弟子，尤明十誦。宋孝武敕出京師爲僧正，少帝準從受五戒，豫章王子尙崇爲法友，袁粲、張敷並一遇傾蓋。

同書同卷明律門彭城郡釋道儼傳略云：

善於毗尼，精研四部，融會衆家。又以律部東傳，梵漢異音，文頗左右，恐後人諮訪無所，乃會其旨歸，名曰決正四部毗尼論。後遊於彭城，弘通律藏。時棲玄寺又有釋慧曜者，亦善十誦。

綜合釋老志中寇謙之與天神交接一節及高僧傳中十誦律傳播之記載幷觀之，則雲中音誦新科之誡之名，明是與佛教擬配之戒律，姑無論「誦」與十誦律之誦同字而「科」及「誡」與律字意義不殊也。其新科「專以禮度爲首」，則當時格義之學禮律互相擬配必然之結果也。藥別授方，皆有決要，此與殷紹從佛教徒所受醫藥之術，同出一源，此謙之必以新傳之醫藥學改進其前時「服食餌藥無效」之舊傳又可知也。三張錢米租稅僞法，已見後漢書三國志隸釋等有關諸紀載，兹不詳論，但男女合氣之術，既出於謙之之口，則佛教徒所言者，非全出於誣構，亦可知矣。兹略取兩弘明集中有關涉於此者，以爲參證。

弘明集捌辨惑論合氣釋罪三逆條注云：

至甲子詔冥醮錄男女媟合尊卑無別。吳陸修靜復勤勤行此。

又畏鬼帶符妖法之極一條云：

至於使六甲神而跪拜圊廁。（如郭景純亦云仙流，登圊度厄，竟不免災。）

又解廚纂門不仁之極三條注云：

又道姑道男冠女官道父道母神君種民，此是合氣之後贈物名也。

廣弘明集玖周甄鸞笑道論道士合氣三十五云：

眞人內朝律云：眞人曰禮，男女至朔望日先齋三日，入私房詣師立功德，陰陽並進，日夜六時。此諸猥雜，不可聞說。

釋老志載木土上師李譜文所謂「眞君種民」，寅恪少時讀此，於「種民」之義，苦不能解。後旁涉佛道二教之書，亦見有種民之語，茲略迻錄於下：

弘明集捌辨惑論序云：

閩藪留種民之穢。（又解廚纂門不仁之極三條注亦有種民之語，已見上引。）

道藏太平部（外字壹）太平經鈔甲部卷之壹略云：

昔之天地與今天地，有始有終，同無異矣。初善後惡，中間興衰，一成一敗，陽九百六，六九乃周，周則大壞，天地混齏，人物糜潰，惟積善者免之，長爲種民。君聖師明，教化不死，積煉成聖，故號種民。種民，聖賢長生之類也。

後聖帝君撰長生之方，寶經符圖，三古妙法，垂謨立典，施之種民。不能行者，非種民也。

凡大小甲申之至也。除凶民，度善人，善人爲種民，凶民爲混齏，大道神人更遣眞仙上士出經行化,委曲導之,勸上勵下,從者爲種民,不從者沉沒,沉沒成混齏。

可知「種民」與「混齏」爲對文,其以種爲言者,蓋含有種姓之義,如鳩摩羅什所譯金剛經中「善男子」「善女人」之名,依梵文原語,「善」字下原有「家」字,秦譯雖消去,而唐義淨譯本則依梵文全譯之也。然則種民之義,實可兼賅道德之善惡及階級之高下而言,吾國古代經典中「君子」「小人」之解釋亦與此不異。寇謙之本出秦雍豪家大族,其所持義固應如是,而此點尤與崔浩之政治理想,適相符合者也。

魏書壹壹肆釋老志又云:

崔浩獨異其言,因師事之,受其法術。於是上疏,讚明其事曰:臣聞聖王受命,則有大應,而河圖、洛書,皆寄言於蟲獸之文,未若今日人神接對,手筆燦然,辭旨深妙,自古無比。昔高祖雖復英聖,四皓猶或恥之,不爲屈節。今清德隱仙,不召自至,斯誠陛下侔蹤軒黃,應天之符也。豈可以世俗常談,而忽上靈之命。臣竊懼之。世祖欣然,乃使謁者奉玉帛牲牢祭嵩岳,迎致其餘弟子在山中者。於是崇奉天師,顯揚新法,宣布天下,道業大行。浩事天師,禮拜甚謹。人或譏之,浩聞之曰:昔張釋之爲王生結韈,吾雖才非賢哲,今奉天師,足以不愧於古人矣。

寅恪案,崔浩之家世背景及政治理想與寇謙之之新道教尤相符合,下文當詳論之。別有可注意者,即浩上疏拓跋燾讚明其事,自言所以篤信不疑之故,乃在「人神接對,手筆燦然」。蓋六朝書法之藝術,與天師道有密切關係,寅恪昔已言之,(見拙著天師道與濱海地域之關係。並參清華學報第十五卷第一期周一良先生評燉煌秘籍留眞一文。）茲不詳及。惟取浩本身及其家世與書法有關之記載錄之於下：

魏書貳肆崔玄伯傳（參北史貳壹崔宏傳）略云：

玄伯尤善草隸行押之書，爲世摹楷。玄伯祖悅，與范陽盧諶並以博藝著名。諶法鍾繇，悅法衞瓘，而俱習索靖之草，皆盡其妙。諶傳子偃，偃傳子邈，悅傳子潛，潛傳玄伯，世不替業。故魏初重崔、盧之書。又玄伯之行押，特盡精巧，而不見遺迹。子浩。

魏書叁伍崔浩傳（參北史貳壹崔宏傳）略云：

太祖以其工書，常置左右。浩既工書，人多託寫急就章。從少至老，初無憚勞，所書蓋以百數。浩書體勢及其先人，而妙巧不如也。世寶其迹，多裁割綴連，以爲模楷。

同書貳肆崔玄伯傳附簡傳（參北史貳壹崔宏傳附簡傳）略云：

〔玄伯〕次子簡，一名覽。好學，少以善書知名。

據此，可知清河崔氏書法在北方，與琅琊王氏書法在江左，俱居最高地位。上師李君手筆，及趙道覆所書，必皆精妙。否則崔浩不能於上疏時特著明此事，頗疑寇謙之一門亦有能書之人或別丐能書者爲之代筆，如拙著天師道與濱海地域之關係一文中所論王羲之寫經換鵝之故事及周一良先生文中引道藏正乙部傳受經戒儀注訣書經法第肆所謂「或拙秉毫，許得雇借」者是也。

復次，崔浩以爲「人神接對，手筆燦然，自古無比。」則似北朝當時此事尚未經見者，梁陶弘景編集眞諳摹擬佛經，其所取用之材料，要必非全出虛構，至少一部分乃其親見之東晉時代依託仙眞者之手筆，自無可疑。由此推之，江左東晉時此種扶乩之風亦已盛行，而北方道教徒猶未習此事，豈東晉之末宋武滅姚秦，秦、雍、伊、洛之間天師教徒從此役北來之人士中同一信仰者傳授此術，寇謙之遂得摹竊之，藉此以自矜異，而崔浩亦以夙所未見，因而驚服歟？姑記此疑，以俟詳考。

寇謙之事蹟之可攷者，已略論證如上，玆請論崔浩事蹟之與謙之有關者。崔浩者，東漢以來儒家大族經西晉末年五胡亂華留居北方未能南渡者之代表也。當時中國北部之統治權雖在胡人之手，而其地之漢族實遠較胡人爲衆多，不獨漢人之文化高於胡人，經濟力量亦遠勝於胡人，故胡人之欲統治中國，必不得不借助於此種漢人之大族，而漢人大族亦欲藉統治之胡人以實現其家世傳統之政治理想，而鞏固其社會地位。此北朝數百年間胡族與漢族互相利用之關鍵，雖成功失敗其事非一，然北朝史中政治社會之大變動莫不與此點卽胡人統治者與漢人大族之關係有關是也。東漢時代，其統治階級除皇室外戚外，要不出閹宦及儒士兩類之人，其士人大抵先從師受經傳，游學全國文化中心首都洛陽之太學，然後應命徵辟，歷任中央地方郎吏牧守，以致卿相之高位。中晚以後，此類仕宦通顯之士人逐漸歸併於少數門族，如汝南袁氏四世三公之例，故東漢末年之高門必具備儒生與大族之二條件，如世說新語政事類山公以器重朝望條劉注引虞預晉書曰：

〔濤〕宗人謂宣帝（司馬懿）曰：濤當與景（司馬師）文（司馬昭）共綱紀天下者也。帝戲曰：卿小族，那得此快人邪！

及晉書貳拾禮志載晉武帝詔曰：

> 本諸生家，傳禮來久。

可證也。據晉書壹宣帝紀（參三國志魏志壹伍司馬朗傳裴注引司馬彪序傳）略云：

> （征西將軍）鈞生豫章太守量，量生潁川太守儁，儁生京兆尹防，帝卽防之第二子也。

可知河內司馬氏雖不及汝南袁氏弘農楊氏之累代三公，但亦家世二千石，其爲東漢中晚以後之儒家大族無疑也。東漢末年政紊世亂，此種家族往往懷抱一種政治理想，以救時弊，雖一時不必期諸實行，而終望其理想得以達到，如三國志魏志壹伍司馬朗傳略云：

> 朗以爲天下土崩之勢，由秦滅五等之制，而郡國無蒐狩習戰之備故也。今雖五等未可復行，可令州郡並置兵，外備四夷，內威不軌，於策爲長。又以爲宜復井田。往者以民各有累世之業，難中奪之，是以至今。今承大亂之後，民人分散，土業無主，皆爲公田，宜及此時復之。議雖未施行，然州郡領兵，朗本意也。

司馬朗爲防之子，孚之兄，此種政治理想，至司馬氏握政權時如三國志魏志肆陳留王奐傳所載：

> 咸熙元年五月庚申，相國晉王（司馬昭）奏復五等爵。

及晉武帝平吳混一區宇以後，減罷州郡兵，皆是司馬氏實行其家傳之政治理想，此復五等爵罷州郡兵二事俱有關一代之興亡，然其遠因當求諸數十年或百年前之家世社會背景，非一朝一夕偶然應付時變之措施，其所從來久矣。

漢祚將傾，以常情論，繼之者似當爲儒士階級「四世三公」之汝南袁氏，而非宦寺階級「墜閹遺醜」（見三國志魏志陸袁紹傳裴注引魏氏春秋載陳琳檄文。）之沛國曹氏，然而建安五年官渡之戰，以兵略運糧之偶然關係，袁氏敗而曹氏勝，遂定後來曹魏代漢之局，論史者往往以此戰爲紹、操二人或漢、魏兩朝成敗興亡之關鍵，斯固然矣，而不知此戰實亦决定東漢中晚以後掌握政權儒士與閹宦兩大社會階級之勝負昇降也。東漢儒家大族之潛勢力極大，雖一時暫屈服於法家寒族之曹魏政權，然百足之蟲，死而不僵，故必伺隙而動，以恢復其舊有之地位。河內司馬氏，雖即承曹叡之庸弱，漸握政權，至殺曹爽以後，父子兄弟相繼秉政，不及二十年，遂成帝業。當司馬氏作家門時，自亦有本出身寒族依附曹魏之人，投機加入司馬氏之黨，如賈充（見三國志魏志壹伍賈逵傳及晉書伍拾庾純傳純戲賈充言「有小市井事不了」及「世言充之先有市魁者」等文。）石苞（見晉書叁叁石苞傳）及陳矯（見三國志魏志貳貳陳矯傳裴注引魏氏春秋及晉書叁伍陳騫傳）等。但司馬氏佐命功臣大都屬於東漢之儒家大族，觀司馬氏將移魏鼎之際，其三公爲王祥、何曾、荀顗，（見三國志魏志肆陳留王奐傳咸熙元年三月丁丑以王祥爲太尉條及同月己卯進晉公爵爲王條。）而此三人者，當時皆以孝行著稱。（見晉書叁叁王祥傳同書同卷何曾傳引傅玄稱曾及荀顗之孝語及同書叁玖荀顗傳。）蓋東漢儒家以孝治天下，非若魏武帝出自閹宦寒門，其理國用人以才能爲先，而不仁不孝亦在拔擢之列者可比。（見三國志魏志壹武帝傳建安十五年十九年令及二十二年裴注引魏書所載令文。）東漢與曹魏，社會風氣道德標準改易至是，誠古今之鉅變。（參日知錄壹貳兩漢風俗及正始等條。）而所以致此者，固由於魏武一人之心術，而其所以敢冒舉世之大不韙者，則又因其家世傳統少時薰習有以成之也。又攷三國志魏志拾賈詡傳裴注引荀勗別傳曰：

晉司徒闕，武帝問其人於勗，答曰：三公具瞻所歸，不可用非其人。昔魏文帝用賈詡爲三公，孫權笑之。

蓋孫吳在江東其統治階級亦爲大族，與典午之在中原者正復相似，而與曹魏之治殊異，宜孫權以此譏曹丕，此非仲謀、子桓二主用人之標準不同，實吳、魏兩國統治階級有大族寒門之互異故也。司馬氏之帝業，乃由當時之儒家大族擁戴而成，故西晉篡魏亦可謂之東漢儒家大族之復興。典午開國之重要設施，如復五等之爵，罷州郡之兵，以及帝王躬行三年之喪禮等，皆與儒家有關，可爲明證。其最可注意者，則爲釐定刑律，增撰周官爲諸侯律一篇（見晉書叁拾刑法志）。兩漢之時雖頗以經義折獄，又議論政事，解釋經傳，往往取儒家教義，與漢律之文比傅引伸，但漢家法律，實本嬴秦之舊，雖有馬、鄭諸儒爲之章句（見晉書叁拾刑法志），並未嘗以儒家經典爲法律條文也。然則中國儒家政治理想之書如周官者，典午以前，固已尊爲聖經，而西晉以後復更成爲國法矣，此亦古今之鉅變，推原其故，實亦由司馬氏出身於東漢儒家大族有以致之也。

西晉之統治階級，雖以儒家大族爲其主體，然既雜有一小部分之寒族投機者於其中，則兩種不同之集團混合，其優點難於摹仿，而劣點極易傳染，斯固古今通例也。如禮法爲儒家大族之優點，奢侈爲其劣點（如晉書叁叁何曾傳所言）。節儉爲法家寒族之優點，（如三國志魏志壹貳崔琰傳裴注引世語曰，〔臨淄侯〕植妻衣繡，太祖登台見之，以違制命還家賜死，此可見魏武之崇法治尙節儉也。）放蕩爲其劣點，（如三國志魏志壹武帝傳言太祖「任俠放蕩，不治行業」之類。）若西晉惠賈皇后南風者，法家寒族賈充之女也，與儒家大族司馬家兒之惠帝衷相配偶，不但絕無禮法節儉之美德，且更爲放蕩奢侈之惡行，斯其明顯之一例也。故西晉一朝之亂亡，乃綜合儒家大族及法家寒族之劣點所造成者也。

自東漢末年至五胡亂華時代，中原之儒家大族與政治之關係，已略如上述，茲節錄崔浩事蹟與寇謙之有關者證釋之如下：

魏書叁伍崔浩傳（參北史貳壹崔宏傳附子浩傳）云：

崔浩，字伯淵，清河人也，白馬公玄伯之長子。

寅恪案，魏書貳肆崔玄伯傳（參北史貳壹崔宏傳）云：

崔玄伯，清河東武城人也，名犯高祖廟諱，魏司空林六世孫也。祖悅，仕石虎，官至司徒左長史、關內侯。父潛，仕慕容暐，爲黃門侍郎。

三國志魏志貳肆崔林傳裴注引晉諸公贊曰：

〔林子〕述弟隨，晉尙書僕射。爲人亮濟。趙王倫篡位，隨與其事。倫敗，隨亦廢錮而卒。林孫瑋，性率而疎，至太子右衛率也。

可知魏晉以來，雖經五胡之亂，清河崔氏在政治上仍居最高地位，爲北朝第一盛門，如北齊書貳叁崔悛傳（參北史貳肆崔逞傳附悛傳）所言：

> 崔悛，清河東武城人也。每以籍地自矜，謂盧元明曰：天下盛門，唯我與爾，博崔趙李何事者哉。

足爲例證，然魏書叁伍崔浩傳（參北史貳壹崔宏傳附子浩傳）云：

> 始浩與冀州刺史頣、滎陽太守模等年皆相次，浩爲長，次模，次頣。三人別祖，而模、頣爲親。浩恃其家世魏、晉公卿，常侮模、頣。模謂人曰：桃簡正可欺我，何合輕我家周兒也。浩小名桃簡，頣小名周兒。世祖頗聞之，故誅浩時，二家獲免。

則有二事可注意，一爲清河崔氏爲北朝第一盛門，而崔浩一支又爲清河崔氏門中最顯之房，此點不待多論。二爲崔氏心目中最理想之門房之新定義，此點茲不能詳論，姑略言之。蓋有自東漢末年之亂，首都洛陽之太學，失其爲全國文化學術中心之地位，雖西晉混一區宇，洛陽太學稍復舊觀，然爲時未久，影響不深。故東漢以後學術文化，其重心不在政治中心之首都，而分散於各地之名都大邑。是以地方之大族盛門乃爲學術文化之所寄託。中原經五胡之亂，而學術文化尙能保持不墜者，固由地方大族之力，而漢族之學術文化變爲地方化及家門化矣。故論學術，只有家學之可言，而學術文化與大族盛門常不可分離也。然此種變遷乃逐漸形成者，在六朝初期所謂高門，不必以高官爲唯一之標準（如魏書肆柒盧玄傳論所言），卽寒士有才，亦可目爲勝流，（如晉書玖叁外戚傳褚裒傳所載裒祖碧爲縣吏將受鞭事之類。）寒女有德亦得偶配名族，（如世說新語賢媛類王汝南少無婚條劉注引汝南別傳所言之類。）非若六朝後期魏孝文之品目門第專以官爵之高下爲標準也。（如魏書陸拾韓麒麟傳附子顯宗傳，同書陸叁宋弁傳同書壹壹叁官氏志等所言。）此兩種新舊不同之觀念及定義，自然因世局之推演而漸改變，在崔浩之時社會風氣似尚多留滯於前期之舊觀念，而浩心目中或以具備高官及才學二條件者爲其理想之第一等門第，豈卽以具備此二條件自矜詡於模、頤耶？寇謙之既爲秦雍大族，其藝術復爲浩所推服，故亦約略具備此二條件者，疑浩之特有取於謙之也。據魏書叁伍崔浩傳（參北史貳壹崔宏傳附子浩傳）云：

浩從太宗幸西河、太原。登憩高陵之上，下臨河流，傍覽川域，慨然有感，遂與同寮論五等郡縣之是非，考秦始皇、漢武帝之違失。好古識治，時伏其言。天師寇謙之每與浩言，聞其論古治亂之迹，常自夜達旦，竦意斂容，無有懈倦。既而歎美之曰：斯言也惠，皆可底行，亦當今之皐繇也。但世人貴遠賤近，不能深察之耳。因謂浩曰：吾行道隱居，不營世務，忽受神中之訣，當兼修儒教，輔助泰平眞君，繼千載之絕統。而學不稽古，臨事闇昧。卿爲吾撰列王者治典，並論其大要。浩乃著書二十餘篇，上推太初，下盡秦漢變弊之迹，大旨先以復五等爲本。

可見浩爲舊儒家之領袖，謙之爲新道教之教宗，互相利用，相得益彰，故二人之契合，殊非偶然也。浩之原書今雖不傳，其大旨既以先復五等爲本，則與司馬朗之學說及司馬昭炎父子所施行者實相符合，斯蓋東漢儒家之共同理想。司馬氏崔氏既同屬於一社會階級，故其政治之理想自不能違異也。謙之自稱受眞仙之命，以爲末劫垂及，唯有種民卽種姓之民，易言之，較高氏族之人民，得以度此末劫，此與東漢末年天下擾亂之際儒家大族所感受之印象所懷抱之理想正復相同，不必純從佛教學說摹襲而來也。

又據魏書肆柒盧玄傳（參北史叁拾盧玄傳）云

〔崔〕浩大欲齊整人倫，分明姓族。玄勸之曰：夫創制立事，各有其時，樂爲此者，詎幾人也？宜其三思。浩當時雖無異言，竟不納，浩敗頗亦由此。

並參以魏書肆捌高允傳（參北史叁壹高允傳）云

初，崔浩薦冀、定、相、幽、并五州之士數十人，各起家郡守。恭宗謂浩曰：先召之人，亦州郡選也，在職已久，勞勤未答。今可先補前召外任郡縣，以新召者代爲郎吏。又守令宰民，宜使更事者。浩固爭而遣之。允聞之，謂東宮博士管恬曰：崔公其不免乎！苟逞其非，而校勝於上，何以勝濟。

同書肆陸李訢傳（參北史貳柒李訢傳）略云：

李訢，范陽人也。初，李靈爲高宗博士、諮議，詔崔浩選中書學生器業優者爲助教。浩舉其弟子箱子與盧度世、李敷三人應之。給事高讜子佑、尚書段霸兒侄等，以爲浩阿其親戚，言於恭宗。恭宗以浩爲不平，聞之於世祖。世祖意在於訢，曰：云何不取幽州刺史李崇老翁兒也？浩對曰：前亦言訢合選，但以其先行在外，故不取之。世祖曰：可待訢還，箱子等罷之。訢爲世祖所識如此。遂除中書助教博士。

及同書叁陸李順傳(參北史叁叁李順傳)略云:

李順,趙郡平棘人也。長子敷,眞君二年,選入中書教學。以忠謹給事東宮。又爲中散,與李訢、盧遐、度世等並以聰敏內參機密,出入詔命。

則知崔浩實藉鮮卑統治力以施行其高官與博學合一之貴族政治者,不幸其志未遂,而竟以此被禍也。至其被禍之由,則不得不略加辨釋,考宋書柒柒柳元景傳(參南史叁捌柳元景傳及資治通鑑壹貳陸宋文帝元嘉二十八年二月魏中書學生盧度世亡命條考異)云:

元景從祖弟光世,先留鄉里,索虜以爲折衝將軍、河北太守,封西陵男。光世姊夫僞司徒崔浩,虜之相也。元嘉二十七年,虜主拓跋燾南寇汝、潁,浩密有異圖,光世要河北義士爲浩應。浩謀泄被誅,河東大姓坐連謀夷滅者甚衆。

及北史貳壹崔宏傳附浩傳云:

始宏因苻氏亂,欲避地江南,爲張願所獲,本圖不遂。乃作詩以自傷,而不行於時,蓋懼罪也。浩誅,中書侍郎高允受敕收浩家書,始見此詩,允知其意。允孫綽錄於允集。

則似浩以具有民族意識,因而被禍者,論者或更據魏書叁伍崔浩傳(參北史貳壹崔宏傳附浩傳)所言:

會聞劉裕死,太宗欲取洛陽、虎牢、滑臺。浩曰:陛下不以劉裕欻起,納其使貢,裕亦敬事陛下。不幸今死,乘喪伐之,雖得之不令。今國家亦未能一舉而定江南,宜遣人弔祭,存其孤弱。裕新死，黨與未離，兵臨其境，必相率拒戰，功不可必，不如緩之，待其惡稔。如其強臣爭權，變難必起，然後命將揚威，可不勞士卒，而收淮北之地。

以證宋書柳元景傳而謂浩實心祖南朝者，鄙意以爲此正浩之善於爲鮮卑謀，非有夷夏之見存乎其間也。蓋鮮卑當日武力雖強，而中國北部漢族及其他胡族之人數遠超過於鮮卑，故境內未能統一，且西北方柔然及其他胡族部落勢力強盛，甚爲魏之邊患，此浩所謂未能一舉而定江南者也。若欲南侵，惟有分爲數階段，節級徐進，此浩所謂命將揚威收淮北之地者也，觀浩神瑞二年諫阻遷都於鄴之議，以爲：

東州之人，常謂國家居廣漠之地，民畜無算，號稱牛毛之衆。今留守舊都，分家南徙，恐不滿諸州之地。參居郡縣，處榛林之間，不便水土，疾疫死傷，情見事露，則百姓意沮。四方聞之，有輕侮之意，屈丐、蠕蠕必提挈而來，雲中、平城則有危殆之慮，阻隔恆代千里之險，雖欲救援，赴之甚難，如此則聲實俱損矣(見魏書叁伍崔浩傳)。

及泰常元年議劉裕假道伐姚秦事謂：

假令國家棄恆山以南，裕必不能發吳、越之兵，與官軍爭守河北也(見魏書叁伍崔浩傳)。

可謂深悉當時南北兩方情勢，其爲鮮卑謀者可謂至矣。浩之父宏，對於鮮卑其心與浩有無異同，今不可知，但宏之欲南奔江左，在東晉之世，北朝士族心目中以門第高下品量河內司馬氏與彭城劉氏之價值，頗相懸遠，如魏收作魏書，其於東晉則尚題曰「僭晉司馬叡」，而於劉宋則斥爲「島夷劉裕」，以爲「與叢亭安上諸劉了無宗次」。此非伯起一人之偏見，蓋亦數百年間中原士族共同之品題，何況淸河崔氏自許爲天下第一盛門，其必輕視「挺出寒微」（浩目宋武帝之語，見魏書北史浩傳。）之劉宋而不屑詭言於鮮卑以存其宗祏，其理甚明。柳光世之言不過虛張夷夏之見以自託於南朝，本不足據。司馬君實紀浩之避禍從魏書而不從宋書，其識卓矣。

然則浩之被禍果以何爲主因乎？依盧玄傳所言，浩之被禍，以「整齊人倫，分明姓族」，浩之貴族政治理想，其最不樂者，僅爲李訢等非高門之漢族，當時漢人中得鮮卑之寵信者，無逾於浩，此類寒族之漢人，其力必不能殺浩，自不待言。故殺浩者必爲鮮卑部落酋長，可以無疑。據魏書叁捌王慧龍傳（參北史叁伍王惠龍傳）云：

初，崔浩弟恬聞慧龍王氏之子，以女妻之。浩既婚姻，及見惠龍，曰：信王家兒也。王氏世齇鼻，江東謂之齇王。慧龍鼻大，浩曰：眞貴種矣。數向諸公稱其美。司徒長孫嵩聞之，不悅，言於世祖，以其嘆服南人，則有訕鄙國化之意。世祖怒，召浩責之。浩免冠陳謝，得釋。

及同書貳柒穆崇傳附亮傳（參北史貳拾穆崇傳附亮傳）略云：

高祖曰：世祖時，崔浩爲冀州中正，長孫嵩爲司州中正，可謂得人。

是當時漢人士族之首領爲浩，鮮卑部酋之首領爲長孫嵩。浩既主張高官博學二者合一之貴族政治，鮮卑有政治勢力而無學術文化。浩之國記「備而不典」（見魏書叁伍崔浩傳），蓋鮮卑本無文化可言，其爲不典，固亦宜然。浩與拓跋嗣論近世人物謂「太祖（拓跋珪）用漠北醇樸之人，南入中地，自與羲農齊烈」(見魏書叁伍崔浩傳)。其語直斥鮮卑之野僿,幸當日鮮卑漢化不深,否則亦如周延儒之以羲皇上人目崇禎帝(見明史叁佰捌奸臣傳周延儒傳),而早死於刊布國記之前矣。總之,浩之於社會階級意識,甚於其民族夷夏意識,故利用鮮卑鄙視劉宋,然卒因胡漢民族內部之仇怨致死,亦自料所不及,自食其惡果,悲夫。

魏書叁伍崔浩傳(參北史貳壹崔宏傳附崔浩傳)云:

初,浩父疾篤,乃剪爪截髮,夜在庭中仰禱斗極,爲父請命,求以身代,叩頭流血,歲餘不息,家人罕有知者。及父終,居喪盡禮,時人稱之。浩能爲雜說,不長屬文,而留心於制度、科律及經術之言。作家祭法,次序五宗,蒸嘗之禮,豐儉之節,義理可觀。性不好老莊之書,每讀不過數十行,輒棄之,曰:此矯誣之說,不近人情,必非老子所作。老聃習禮,仲尼所師,豈設敗法之書,以亂先王之教。袁生所謂家人筐篋中物,不可揚於王庭也。

寅恪案,清河崔氏爲天師道世家,已詳拙著天師道與濱海地域之關係文中,茲不贅論。所可注意者,即浩之通經律,重禮法,不長屬文,及不好老莊之書等,皆東漢儒家大族之家世傳統也,與曹操父子之喜詞賦慕通達(見後漢書捌肆楊震傳附賜傳及晉書肆柒傳玄傳等)爲東漢宦官寒族之傳統家學者迥異。寇謙之爲秦雍大族,其新教又專以禮度爲首,是特深有合於浩之家學而與孫秀、孫恩東西晉兩大天師道政治運動之首領出身寒族在浩心中專以門第衡量人物爲標準者又無此衝突也。(琅琊孫氏之爲寒族,詳見拙著天師道與濱海地域之關係文中。)以通常宗教之義言之,只問信仰,不分階級，如三國志魏志貳肆崔林傳裴注引晉諸公贊，知淸河崔氏之崔隨卽浩本宗，亦參預孫秀、趙王倫之政治運動，據魏書崔浩傳（參北史崔宏傳附浩傳）云：

浩母盧氏，諶孫女也。

及晉書壹佰盧循傳略云：

盧循，司空從事中郎諶之曾孫也，娶孫恩妹。

是浩與循爲中表兄弟，范陽盧氏與淸河崔氏同爲北方盛門，而與寒族之瑯琊孫氏爲婚，是只問信仰不論門第之明證。蓋孫秀爲一時之敎主，求敎主於大族高門，乃不可常見之事。今寇謙之以大族而兼敎主，故能除去三張之僞法，以禮度爲首，此正是大族儒家之所應爲者。想浩當日必自以爲其信仰之遇合，超過於其家門之崔隨及中表之盧循也。故論宗敎信仰雖可不分社會階級，但浩之政治理想乃以分明姓族爲第一義者，其得遇寇謙之藉其仙眞藥物之術以取信於拓跋燾而利用之，更足堅定其非有最高之門第不能行最高之敎義之信念，而不料其適以此被禍。謙之先浩而死，遂得免禍，亦云幸矣。

魏書崔浩傳（參北史崔宏傳附浩傳）略云：

浩上五寅元曆，表曰：臣稟性弱劣，力不及健婦人，更無餘能，是以專心思書，忘寢與食，至乃夢共鬼爭義，遂得周公、孔子之要術，始知古人有虛有實，妄語者多，眞正者少。自秦始皇燒書之後，經典絕滅。漢高祖以來，世人妄造曆術者有十餘家，皆不得天道之正，大誤四千，小誤甚多，不可言盡。臣愍其如此。今遭陛下太平之世，除僞從眞，宜改誤曆，以從天道。是以臣前奏造曆，今始成訖。謹以奏呈。唯恩省察，以臣曆術宜示中書博士，然後施用。非但時人，天地鬼神知臣得正，可以益國家萬世之名，過於三皇五帝矣。

寅恪案，魏書肆捌高允傳（參北史叁壹高允傳）略云：

時浩集諸術士，考校漢元以來日月薄蝕、五星行度，并譏前史之失，別爲魏曆以示允。允曰：天文曆數，不可空論。夫善言遠者，必先驗於近。且漢元年冬十月，五星聚於東井，此乃曆術之淺。今譏漢史，而不覺此謬，恐後人譏今，猶今之譏古。浩曰：所謬云何？允曰：案星傳，金水二星常附日而行。冬十月，日在尾箕，昏沒於申南，而東井方出於寅北。二星何因背日而行？是史官欲神其事，不復推之於理。浩曰：欲爲變者何所不可，君獨不疑三星之聚，而怪二星之來？允曰：此不可以空言爭，宜更審之。時坐者咸怪，唯東宮少傅游雅曰：高君長於曆數，當不虛也。後歲餘，浩謂允曰：先所論者，本不注心，及更考究，果如君語，以前三月聚於東井，非十月也。又謂雅曰：高允之術，陽元之射也。衆乃歎服。

可知浩雖精研天算，而其初尚有未合之處。寇謙之從成公興受蓋天周髀之術，爲當時西域輸入之新學，必勝於浩之家傳之舊學，浩之深服謙之，固非偶然也。道家之說，以曆元當用寅，否則天下大亂，如後漢書壹貳律曆志中云：

靈帝熹平四年，五官郎中馮光、沛相上計掾陳晃言：曆元不正，故妖民叛寇，益州盜賊相續爲

〔害〕。曆用甲寅爲元，而用庚申。

浩以「精於天人之會」，受知獎於拓跋嗣（見魏書崔浩傳），浩之用力數十年之久於制曆正元者，正儒家及道家合一之焦點所在。蓋曆元正則陰陽和，陰陽和則年穀熟，人民安樂，天下太平矣。今離騷篇首以攝提貞於孟陬爲言，固曆元用寅之義也，篇末以從彭咸之遺則爲結，（王逸章句云：彭咸殷大夫，諫其君不聽，投水死。）則晉書壹佰孫恩傳所謂：

其婦女有嬰累不能去者，囊簏盛嬰兒投於水，而告之曰：賀汝先登天堂，我尋後就汝。

及：

恩窮慼，乃赴海自沉，妖黨及妓妾謂之水仙。

者也。由是推之，離騷當與道家有關，以非本文範圍，故不傍及。

茲綜合寇謙之、崔浩二人關係之史料觀之，可證浩之思想行爲純自社會階級之點出發，其所以特重謙之者，以寇氏本爲大族，不同於琅琊孫氏。又謙之所清整之新道教中，種民禮度之義深合於儒家大族之傳統學說故也。浩事拓跋珪、嗣、燾三世，竭智盡忠，而甚鄙非文化高門之劉宋，蓋由社會階級之意識，超出胡漢民族之意識。然浩爲一代儒宗，於五胡亂華之後，欲效法司馬氏以圖儒家大族之興起，遂不顧春秋夷夏之大防，卒以此觸怒鮮卑，身死族滅，爲天下後世悲笑，其是非成敗於此可不論，惟論釋其與寇謙之之關係，以供讀史者之參考。

（原刊嶺南學報第十一卷第一期）

支愍度學說考

甲、材料

玆取關於支愍度之材料，條列於下：

世說新語假譎篇云：

愍（他書作慜，又作敏。）度道人始欲過江，與一傖道人爲侶，謀曰：用舊義往江東，恐不辦得食，便共立心無義。旣而此道人不成渡。愍度果講義積年。後有傖人來，先道人寄語云：爲我致意愍度，無義那可立？治此計，權救飢爾，無爲遂負如來也。

慧皎高僧傳肆晉豫章山康僧淵傳略云：

〔僧淵〕晉成之世與康法暢支敏度等俱過江。敏度亦聰哲有譽，著譯經錄，今行於世。

據宗性名僧傳鈔所引寶唱名僧傳目錄，其卷壹有外國法師晉豫章康僧淵傳，別無支敏度傳。以意揣之，當是敏度事蹟，亦附載僧淵傳中。蓋慧皎著書，時代略後，寶唱舊本，多所承用，故名僧高僧二傳，其文往往相同也。

劉孝標世說新語假譎篇前條注中引名德沙門題目曰：

支慜度才鑒淸出。

及孫綽慜度贊曰：

支度彬彬，好是拔新。俱稟昭見，而能越人。世重秀異，咸競爾珍。孤桐嶧陽，浮磬泗濱。

及舊義者無義者之說。（見乙章所引，兹不重出。）

僧祐出三藏記集貳云：

合維摩詰經五卷。（合支謙竺法護竺叔蘭所出維摩詰三本，合爲一部。）

合首楞嚴經八卷。（合支讖支謙竺法護竺叔蘭所出首楞嚴四本，合爲一部，或爲五卷。）

右二部凡十三卷，晉惠帝世沙門支敏度所集。其合首楞嚴，傳云，亦慜度所集。既闕注目，未詳信否。

智昇開元釋教錄拾云：

經論都錄一卷。（別錄一卷。）

右東晉成帝豫章山沙門支敏度撰。其人總校古今羣經，故撰都錄。敏度又撰別錄一部。

出三藏記集柒有支敏度合首楞嚴經記，卷捌有敏度法師合維摩詰經序。（見戊章所引，兹不重出。）

據以上所徵引，凡支慜度之事蹟及著述，今日所可考見者，大概止此，且皆世人所習知也。兹就（一）何謂心無義？（二）心無義與「格義」之關係，（三）心無義之傳授，（四）「格義」與「合本」之異同等問題，分爲數章，依次討論之。

乙、何謂心無義

劉孝標世說新語假譎篇前條注云：

舊義者曰：種智有是，而能圓照。然則萬累斯盡，謂之空無。常住不變，謂之妙有。而無義者曰：種智之體，豁如太虛。虛而能知，無而能應。居宗至極，其唯無乎。

寅恪案，孝標所引新舊之義，皆甚簡略，未能據此，遽爲論斷。然詳繹「種智」及「有」「無」諸義，但可推見舊義者猶略能依據西來原意，以解釋般若「色空」之旨。新義者則采用周易老莊之義，以助成其說而已。

僧肇不眞空論云：

心無者，無心於萬物，萬物未嘗無。此得在於神靜，失在於物虛。

元康肇論疏上釋此節云：

心無者，破晉代支愍度心無義也。世說注云：「愍度欲過江，與一傖道人爲侶云云。」（已見上，不重錄。）從是以後此義大行。高僧傳云：「沙門道恆頗有才力，常執心無義，大行荊土。竺法汰曰：此是邪說，應須破之。乃大集名僧，令弟子曇壹難之。據經引理，折駁紛紜。恆仗其口辯，不肯受屈。日色既暮，明旦更集。慧遠就席攻難數番，問責鋒起，恆自覺義途差異，神色漸動，麈尾扣案，未卽有答。遠曰：不疾而速，杼柚何爲？坐者皆笑。心無之義於是而息。」今肇法師亦破此義。先敍其宗，然後破也。「無心萬物，萬物未嘗無」者，謂經中言空者，但於物上不起執心，故言其空。然物是有，不曾無也。「此得在於神靜，失在於物虛」者，正破也。能於法上無執，故名爲「得」。不知物性是空，故名爲「失」也。

寅恪案，元康引世說假譎篇前條竟，附以「從是而後，此義大行」之語。是其意與世說相同，皆以心無之義創始於愍度。其所引高僧傳之文在慧皎書伍法汰傳中。其意蓋以爲心無之義至道恆而息也。此等問題關於心無義之傳授，當於(丁)章論之。今據肇公之說，知心無義者，仍以物爲有。與主張絕對唯心論者不同。但心無義乃解釋般若經之學說，何以轉異於西來之原意？此其故當於(丙)章論之。

安澄中論疏記叁末云：

疏云：「第四溫法師用心無義等」者，此下第三約心無義而爲言之。山門玄義第五云：第一釋僧溫著心無二諦論云：「有，有形也。無，無像也。有形不可無。無像不可有。而經稱『色無』者，但內止其心，不空外色。」此壹公破，反明色有，故爲俗諦。心無，故爲眞諦也。不眞空論云：「心無者，無心於萬物，萬物未嘗無。」述義云：「破竺法溫心無義。」二諦搜玄論云：晉竺法溫爲釋法琛法師之弟子也。其製心無論云：「夫有，有形者也。無，無像者也。然則，有象不可謂無，無形不可謂無(有？)。是故有爲實有，色爲眞色。經所謂『色爲空』者，但內止其心，不滯外色。外色不存，餘情之內，非無如何？豈謂廓然無形，而爲無色乎？」高僧(傳)中沙門道恆執心無義，只是資學法溫之義，非自意之所立。後支愍度追學前義。故元康師云：破支愍度心無義尋末忘本。

寅恪案，上列日本注疏所引中土已佚古書，足資考證，至可珍貴。今綜合有關心無義之舊文，推論其說之所從出，及其正確解釋。至法溫法琛之爲何人，與支愍度追學心無義之説，則關係心無義之傳授，當於(丁)章論之。

高僧傳肆康僧淵傳略云：

康僧淵，本西域人，生於長安。貌雖梵人，語實中國。容止詳正，志業弘深。誦放光道行二般若，卽大小品也。晉成之世，與康法暢、支敏度等俱過江。後於豫章山立寺，去邑數十里，帶江傍嶺，松竹鬱茂。名僧勝達，響附成羣。常以持心梵天經空理幽遠，故偏加講說。尙學之徒，往還塡委。後卒於寺焉。

康僧淵之於支敏度殆亦世說所謂同謀立新義之傖道人乎？不過與俱過江爲不同耳。今就僧淵所誦之放光道行二般若及偏加講說之持心梵天經考之，足見此三經實爲心無義所依據之聖典。僧淵與敏度之同過江，其關係决非偶然也。

(一)放光般若波羅蜜經二十卷，西晉無羅叉共竺叔蘭譯。其壹假號品第三云：

舍利弗！用色空故，爲非色。用痛想行識空故，爲非識。色空故，無所見。痛空故，無所覺。想空故，無所念。行空故，無所行。識空故，不見識。何以故？色與空等無異。所以者何？色則是空，空則是色，痛想行識則亦是空。

據此，法溫心無論之

經所謂「色空」者，但內止其心，不滯外色。外色不存，餘情之內，非無如何？

等句中，其所稱之經，卽指放光般若波羅蜜經而言。然則此經乃心無義之所依據。是一證也。

（二）道行般若波羅蜜經十卷，後漢支婁迦讖譯。其壹道行品第一云：

何以故？有心無心。舍利弗謂須菩提：云何有心無心？

據此，心無之語，實出自道行般若波羅蜜經開宗明義第一章之文。至其誤解之處，暫置不論。然則此經亦爲心無義之所依據。是又一證也。

（三）持心梵天所問經四卷，西晉竺法護譯。其卷二問談品第六云：

於是持心白世尊曰：至未曾有，天中之天，諸佛世尊，而無有心，因慧名心，心本清淨。

據此，持心梵天所問經中亦有心無之說。僧淵與敏度結侶過江，而於此經偏加講說，殆非無故。然則此經亦爲心無義之所依據。是又一證也。

心無二字正確之解釋果如何乎？請以比較方法定之。

與上引道行般若波羅蜜經道行品中「有心無心」之文同本而異譯者，中文則有

（一）吳支謙譯大明度無極經壹上行品之

是意非意，淨意光明。（寅恪案，此又可與上引持心梵天所問經問談品之「而無有心，因慧名心，

心本清淨」之語對勘。）

（二）苻秦曇摩蜱共竺佛念譯摩訶般若波羅蜜鈔經壹道行品之

心無心，心者淨。

（三）姚秦鳩摩羅什譯小品般若波羅蜜經壹初品之

是心非心，心相本淨故。

（四）唐玄奘譯大般若波羅蜜多經伍百叁拾捌第四分妙行品第一之一之

心非心性，本性淨故。

（五）宋施護譯佛母出生三法藏般若波羅蜜多經壹了知諸行相品第一之一之

彼心非心，心性淨故。

等。藏文則有八千頌般若波羅蜜經（天清番經局本第三頁下第一行）之

h̲di ltar sems de ni sems ma mchis pa ste sems kyi rañ bshin ni h̲od gsal ba lags so

即梵文本八千頌般若波羅蜜經（Aṣṭasāhasrikā Prajñāpāramitā, ed. Raj Mitra, Bibliotheca Indica）之

cittam acittam prakṛtic cittasya prabhāsvarā

據梵文本及中藏諸譯本，知道行般若波羅蜜經道行品之「有心無心」之句，即梵文本之 cittam

acittam。「心」卽 cittam。「無心」卽 acittam。而「無心」二字中文諸本除道行般若波羅蜜經及摩訶般若波羅蜜鈔經外，其餘皆譯「非意」或「非心」。故知「無心」之「無」字應與下之「心」字聯文，而不屬於上之「心」字。「無心」成一名詞。「心無」不成一名詞。心無義者殆誤會譯文，失其正讀，以爲「有『心無』心」，遂演繹其旨，而立心無之義歟？但此不僅由於誤解，實當日學術風氣有以致之。蓋晉世清談之士，多喜以內典與外書互相比附。僧徒之間復有一種具體之方法，名曰「格義」。「格義」之名，雖罕見載記，然曾盛行一時，影響於當日之思想者甚深，固不可以不論也。

丙、心無義與「格義」之關係

出三藏記集捌僧叡毗摩羅詰提經義疏序云：

自慧風東扇，法言流詠已來，雖曰講肆，「格義」迂而乖本，六家偏而不卽；性空之宗，以今驗之，最得其實。然爐冶之功，微恨不盡。當是無法可尋，非尋之不得也。何以知之？此土先出諸經於識神性空，明言處少，存神之文，其處甚多。中百二論文未及此，又無通鑒，誰與正之。先匠所以輟章於遐慨，思決言於彌勒者，良在此也。

安澄中論疏記叁末略云：

如肇論述義第肆卷引叡法師淨名經序云云（同上文所引，故略之。）然卽什公未翻四論之前，玄義多謬，於理猶疑，故欲待見彌勒決耳。別記云：「格義」者，約正言也。「乖本」者，已成邊義也。「六家」者，空假名不空假名等也。「偏而不卽」者，未依正義。述義云：「格義迂等」者，無得之義，還成有得之義。言「六家」者，梁釋寶唱作續法輪論。（寅恪案，道宣續高僧傳壹寶唱傳作續法輪論。）云：「宋釋曇濟作六家七宗論。論有六家，分成七宗。一本無宗，二本無異宗，三卽色宗，四心無宗，五識含宗，六幻化宗，七緣會宗。」今此言「六家」者，一深法師本無，二關內卽色，餘皆同前也。

寅恪案，安澄所引舊疏其釋六家之義甚詳。獨「格義」之詁殊空泛不切。殆已不得其解，而强爲之說也。

高僧傳肆晉高邑竺法雅傳云：

竺法雅，河間人。凝正有器度，少善外學，長通佛義，衣冠仕子咸附諮禀。時依雅門徒，並世典有功，未善佛理。雅乃與康法朗等，以經中事數擬配外書，爲生解之例，謂之「格義」。及毗浮曇相等亦辯「格義」，以訓門徒。雅風采灑落，善於樞機，外典佛經遞互講說，與道安法汰每披釋湊疑，共盡經要。

又高僧傳伍晉飛龍山釋僧光傳云：

釋僧光，冀州人。常山淵公弟子。性純素有貞操。爲沙彌時與道安相遇於逆旅，安時亦未受具戒，因共披陳志慕，神氣慷慨。臨別相謂曰：若俱長大，勿忘同遊！光受戒已後，厲行精苦，學通經論。值石氏之亂，隱於飛龍山，遊想巖壑，得志禪慧。道安後復從之，相會欣喜，謂昔誓始從。因共披文屬思，新悟尤多。安曰：先舊「格義」於理多違。光曰：且當分析逍遥，何容是非先達。安曰：弘贊理敎，宜令允愜。法鼓競鳴，何先何後？光乃與安汰（法汰）等南遊晉平講道弘化。後還襄陽，遇疾而卒。

據此，「格義」之正確解釋應如法雅傳所言。而道安、法汰諸人卽性空本無義之創造者，其先實與「格義」有關。法雅僧光二傳是其明證。但法雅傳中「以經中事數擬配外書，爲生解之例」，數語尚不甚易解。考世說新語文學篇云：殷中軍被廢。徙東陽，大讀佛經，皆精解，唯至事數處不解。遇見一道人，問所籤，便釋然。

劉孝標注云：

事數謂若五陰，十二入，四諦，十二因緣，五根，五力，七覺之聲。

又出三藏記集玖四阿鋡暮鈔序（寅恪案，此序當是道安所作。）云：

又有懸數懸事，皆訪其人，爲注其下。

寅恪案，事數自應依劉氏之說。而所謂「生解」者，六朝經典注疏中有「子注」之名，疑與之有關。蓋「生」與「子」，「解」與「注」，皆互訓字也。說見（戊）章。今大藏中四阿鋡暮鈔猶存，事數卽在子注中。觀其體例，可取爲證。

又高僧傳陸慧遠傳云：

年二十四，便就講說。嘗有客聽講，難實相義，往復移時，彌增疑昧。遠乃引莊子義爲連類。於是惑者曉然。是後安公(道安)特聽慧遠不廢俗書。

寅恪案,講實相義而引莊子義爲連類,亦與「格義」相似也。

又顏氏家訓伍歸心篇云:

內外兩敎,本爲一體。漸極爲異,(寅恪案,內外兩敎漸極爲異之旨,可參道宣廣弘明集貳拾所載謝靈運辯宗論。)深淺不同。內典初門,設五種禁,外典仁、義、禮、智、信,皆與之符。仁者,不殺之禁也。義者,不盜之禁也。禮者,不邪之禁也。智者,不淫之禁也。信者,不妄之禁也。

寅恪案,顏之推「以經中事數擬配外書。」雖時代較晚,然亦「格義」之遺風也。

又魏書壹佰拾肆釋老志云:

故其始修心則依佛、法、僧,謂之三歸,若君子之三畏也。又有五戒,去殺、盜、淫、妄言、飲酒,大意與仁、義、禮、智、信同,名爲異耳。

寅恪案,伯起此語亦當日「格義」之說,可與黃門所言互相印證者也。

又隋智者大師摩訶止觀卷陸上以世法之五常五行五經與佛敎之五戒相配。亦「格義」之說。惟其文較長,茲不備錄。

又智者大師仁王護國般若經疏貳引提謂波利經之文云:

提謂波利等問佛:何不爲我說四六戒?佛答:五者,天下之大數。在天爲五星,在地爲五嶽,在人爲五臟,在陰陽爲五行,在王爲五帝,在世爲五德,在色爲五色,在法爲五戒。以不殺配東方,東方是木，木主於仁，仁以養生爲義。不盜配北方，北方是水，水主於智，智者不盜爲義。不邪淫配西方，西方是金，金主於義，有義者不邪淫。不飲酒配南方，南方是火，火主於禮，禮防於失也。以不妄語配中央，中央是土，土主於信，妄語之人乖角兩頭。不契中正。中正以不偏乖爲義也。（參閱湛然止觀輔行傳弘決陸之二所引提謂經文。）

寅恪案，歷代三寶記玖略云：

提謂波利經二卷，宋孝武世元魏沙門釋曇靜於北臺撰。經文舊錄別載有提謂經一卷，與諸經語同，但靜加足五方五行，用石糅金，致成疑耳。

據此，知曇靜亦用「格義」之說僞造佛經也。

又晉孫綽製道賢論以天竺七僧方竹林七賢，以法護匹山巨源，（高僧傳壹曇摩羅叉傳。）白法祖匹嵇康，（高僧傳壹帛遠傳。）法乘比王濬冲，（高僧傳肆法乘傳。）竺道潛比劉伯倫，（高僧傳肆竺道潛傳。）支遁方向子期，（高僧傳肆支遁傳。）于法蘭比阮嗣宗，（高僧傳肆于法蘭傳。）于道邃比阮咸。（高僧傳肆于道邃傳。此條嚴可均全晉文失載。）乃以內教之七道，擬配外學之七賢，亦「格義」之支流也。據此，可知「格義」影響於六朝初年思想界之深矣。心無義適起於是時，疑不能與之絕無關係。夫魏晉清談，崇尚虛無。其語言旨趣見於載籍，可取與心無義互證者，亦頗不少。茲僅就世說新語注所引心無義，與王輔嗣韓康伯老子周易注旨意相似者，列舉一二事，以見心無義者以內典與外書相比附之例。

老子第五章云：

天地之間其猶橐籥乎，虛而不屈，動而愈出。

王注云：

橐籥之中空洞無情無爲，故虛而不得窮屈，動而不可竭盡也。

易繫辭上云：

易無思也，無爲也，寂然不動，感而遂通天下之故，非天下之至神，其孰能與於此。

韓注云：

夫非忘象者，則無以制象。非遺數者，無以極數。至精者無籌策而不可亂，至變者體一而無不周，至神者寂然而無不應，斯蓋功用之母，象數所由立。故曰非至精至變至神，則不能與於斯也。

寅恪案，劉孝標世說新語假譎篇前條注引心無義者曰：

種智之體，豁如太虛。虛而能知，無而能應。居宗至極，其唯無乎？

此正與上引老子及易繫辭之旨相符合，而非般若空宗之義也。

據此，已足證心無義者，實取外書之義，以釋內典之文。夫性空本無等義者，出於般若經之學說也。其學說之創造者若道安、法汰諸人（見元康肇論疏上及安澄中論疏記叁末），高僧傳肆法雅傳、伍僧光傳明記其與「格義」之關係矣。心無義亦同出於般若經者也。至其是否亦如性空本無等義之比，與格義同有直接之關係，以今日遺存史料之不備，固不能決言；但心無義與「格義」同爲一種比附內典外書之學說，又同爲一時代之產物。二者之間，縱無師承之關係，必有環境之影響。故其樹義立宗，所用以研究之方法，所資以解說之材料，實無少異。然則卽稱二者爲性質近似，同源殊流之學說，雖不中不遠也。

嘗謂自北宋以後援儒入釋之理學，皆「格義」之流也。佛藏之此方撰述中有所謂融通一類者，亦莫非「格義」之流也。卽華嚴宗如圭峯大師宗密之疏盂蘭盆經，以闡揚行孝之義，作原人論而兼采儒道二家之說，恐又「格義」之變相也。然則「格義」之爲物，其名雖罕見於舊籍，其實則盛行於後世，獨關於其原起及流別，就予所知，尙未有確切言之者。以其爲我民族與他民族二種不同思想初次之混合品，在吾國哲學史上尤不可不紀。故爲考其大略，以求敎於通識君子焉。

丁、心無義之傳授

據世說新語之說，心無義乃愍度所立，爲得食救飢之計者。元康肇論疏引世說，並云：「從是以後，此義大行。」又引高僧傳法汰傳道恆執心無義，爲慧遠所破，「心無之義，於此而息」之語。是其意謂心無義創於愍度，息於道恆也。安澄中論疏記引法溫心無二諦論並云：「道恆熱心無義，只是資學法溫之義，非自意之所立。後支愍度追學前義。故元康師之言爲尋末忘本。」然則諸說歧異，孰是孰非？請分別論之。

（一）法溫、愍度、道恆三人之時代先後

安澄中論疏記叁末引二諦搜玄論云：

竺法溫爲釋法琛法師之弟子。

又云：

琛法師者，晉剡東仰山竺（道）潛字法深，姓王，瑯琊人也。年十八出家，至年二十四，講法花大品，遊於講席三十餘年，以晉寧康二年卒於山館，春秋八十有九焉。言琛法師者，有本作深字，或本作探字，今作深字是。餘皆非也。

寅恪案，慧皎高僧傳肆晉剡東岇山竺道潛傳（卽安澄所引）附記其弟子略云：

竺法蘊悟解入玄，尤善放光般若。凡此諸人，皆潛之神足。（寅恪案，此神足爲高足之義，與內典術語神足之義別。）

據此，竺法溫卽竺法蘊無疑。僧傳載其尤善放光般若，其與心無義有關，自不足異。但其師法深傳載其卒於晉孝武帝寧康二年（西曆三七四年），年八十九。則其生年爲晉武帝太康七年（西曆二八六年）。

高僧傳肆康僧淵傳云：

晉成之世，與康法暢、支敏度等俱過江。

傳中復記法暢、僧淵與庾亮、殷浩、王導諸人問答事。茲取僧傳及世說之文條列之，以資推計年代之用。

世說新語言語篇云：

庾(康)法暢造庾太尉，握麈尾至佳。公曰：此至佳，那得在？（僧傳作「此麈尾何以常在？」）法暢曰：廉者不求，貪者不與，故得在耳。（僧傳作「故得常在也。」）

高僧傳肆康僧淵傳云：（此節與世說文學篇康僧淵初過江未有知者條微不同。）

淵雖德愈暢度，而別以清約自處。常乞匃自資，人未之識。後因分衞之次，遇陳郡殷浩。浩始問佛經深遠之理，卻辯俗書性情之義，自晝至曛，浩不能屈。由是改觀。

寅恪案，「卻辯俗書性情之義」一語，若以「格義」之「以經中事數擬配外書」之例說之，殆卽齊詩「五性六情」之義。以無確證，未敢臆斷，姑存此疑以俟考。世說新語排調篇云：

康僧淵目深而鼻高，王丞相每調之。僧淵曰：鼻者面之山，目者面之淵；山不高則不靈，淵不深則不清。

晉書柒柒殷浩傳浩以晉穆帝永和十二年(西曆三五六年)卒。其卒在王導、庾亮薨後，故可不論。晉書柒成帝紀云：

（咸康）五年(西曆三三九年)秋七月庚申，使持節、侍中、丞相、領揚州刺史、始興公王導薨。（晉書陸伍王導傳作「咸和五年薨」，勞氏晉書校勘記已正其誤。）（咸康）六年(西曆三四〇年)春正月庚子，使持節、都督江豫益梁雍交廣七州諸軍事、司空、都亭侯庾亮薨。（晉書柒叁庾亮傳同。)

寅恪案,康僧淵、康法暢以晉成帝世過江。成帝在位凡十七年(西曆三二六年至三四二年),以咸和紀年者九年,以咸康紀年者八年。王導薨於咸康五年之七月,庾亮薨於咸康六年之正月,僧淵、法暢能與之問對,則其過江必在咸康五年以前可知。

據世說新語排調篇「康僧淵初過江,未有知者」之語,王導、庾亮皆當日勳貴重臣,必非未知名之傖道人所易謁見者。然則僧淵、法暢與王導、庾亮問對之時,必在其已知名之後,而非其初過江之年。且世說新語排調篇有「王丞相每調之」之語,則淵公、茂弘二人必以久交屢見之故,始有每調之可能。而元規必見暢公持至佳之麈尾,不止一次,然後始能作「那得常在」之問。故取此數端,綜合推計,則僧淵、法暢、敏度三人之過江,至遲亦在成帝初年咸和之世矣。

咸和元年(西曆三二六年)竺道深年四十一歲,以師弟子年齡相距之常例推之,其弟子竺法蘊當日不過二十餘歲人。安澄中論疏記叁末略云:

疏云:一深法師本無。山門玄義第伍卷二諦章云:復有竺法深卽云:諸法本無。廓然無形,爲第一義諦,所生萬物,名爲世諦,故佛答梵志,四大從空而生。

據此,法深乃主張本無義者,與心無義者異其旨趣,今主張心無義之法蘊乃法深之弟子。可知法蘊之心無義非承襲其師法深之舊說。當支敏度與康僧淵、康法暢過江之時,法蘊尙不過二十餘歲人。卽能獨創新說,與師抗衡,似不近情實。故安澄書中「支愍度追學前義」之語,若指愍度追學法蘊之義而言，則不可通也。

高僧傳伍釋道安傳云：

〔道安〕頃之復渡河，依陸渾，山棲木食修學。俄而慕容俊逼陸渾，遂南投襄陽。行至新野，謂徒衆曰：今遭凶年，不依國主，則法事難立，又教化之體，宜令廣布。咸曰：隨法師教。乃令法汰詣揚州。曰：彼多君子，好尙風流。（世說新語雅量篇郗嘉賓欽崇釋道安德問條注引安和上傳，及賞譽篇初法汰北來未知名條注引車頻秦書，與此略同。）

高僧傳伍竺法汰傳略云：

〔法汰〕與道安避難，行至新野，安分張徒衆，命汰下京。於是分手泣涕而別。乃與弟子曇壹、曇貳等四十餘人沿沔（沔字依元本，諸本俱作江）東下，遇疾停陽口。時桓溫鎭荆州遣使要過，供事湯藥。安公又遣弟子慧遠下荆問疾，汰疾小愈詣溫。時沙門道恆頗有才力，常執心無義，大行荆土。汰曰：此是邪說，應須破之。乃大集名僧，令弟子曇壹難之，據經引理，析駁紛紜。恆仗其口辯，不肯受屈。日色既暮，明旦更集。慧遠就席攻難數番，問（問原作闕，兹依元康肇論疏上所引）責鋒起，恆自覺義途差異，神色微動，麈尾扣案，未卽有答。遠曰：不疾而速，杼柚何爲？座者皆笑矣。心無之義於此而息。（此文前節乙章所引元康肇論疏中已有之。兹特重錄，以便省覽。）

寅恪案，資治通鑑玖玖略云：

〔晉穆帝〕永和十年（西曆三五四年）三月，燕王慕容儁以慕容評爲鎮南將軍，都督秦雍益梁江揚荆徐兗豫十州諸軍事，鎮洛水。

晉書壹肆地理志司州河南郡屬有陸渾縣。道安之南行避難，當卽在是時。

水經注卷貳捌沔水篇略云：

沔水又東南與揚口合。揚水又北注於沔，謂之揚口。

又晉書叁肆杜預傳略云：

舊水道唯沔漢達江陵。預乃開楊口，起夏水達巴陵。

資治通鑑繫此事於卷捌壹晉紀武帝太康元年，胡注卽引水經注之文證之。

又晉書捌壹朱伺傳云：

〔王〕廙將西出，遣長史劉浚留鎮揚口壘。

資治通鑑繫此事於卷玖拾晉紀元帝建武元年，胡注亦引水經注之文證之。

又南史貳伍到彥之傳云：

彥之至楊口，步往江陵。

資治通鑑壹貳拾宋紀文帝元嘉元年亦載此事。

法汰沿沔東下，遇疾停陽口，當卽此楊口。準之地望，與桓溫駐地（江陵）不遠，遣使要過，自爲可能也。

資治通鑑玖玖云：

〔晉穆帝〕永和十年（西曆三五四年）二月乙丑，桓溫統步騎四萬發江陵，水軍自襄陽入均口，至南鄉，步兵自淅川趣武關。

九月，桓溫還自伐秦，帝遣侍中、黄門勞溫於襄陽。

據此，法汰之詣桓溫必在永和十年九月以後。而汰避慕容之難南詣揚州，沿沔東下，途中亦不能過久，然則其在永和十一年（西曆三五五年）前後乎？道恆、慧遠之辯難心無義，當卽是時。上距晉成帝初年支敏度過江之歲，約二三十年。由此觀之，安澄書中「支愍度追學前義」之語，若指愍度追學道恆之義而言，則更不可通矣。故以法蘊、敏度、道恆三人之時代先後言之，敏度似無從他人追學心無義之事。世說新語所載，雖出於異黨謗傷者之口，自不可盡信。獨其言敏度自立新義，非後所追學，則似實其得也。

（二）道恆以後之心無義者

高僧傳伍法汰傳謂道恆之說爲慧遠所破後，「心無之義於此而息。」考出三藏記集拾貳宋陸澄法論目錄第一帙中載有

心無義。（桓敬道。王稚遠難，桓答。）

釋心無義。（劉遺民。）

桓敬道卽桓玄，王稚遠卽王謐，劉遺民卽劉程之，皆東晉末年人。是心無義彼時固未息，而高僧傳之

言不可信也。

又晉書壹拾安帝紀云：

元興三年（西曆四〇四年）五月壬午，督護馮遷斬桓玄於貊盤洲。

晉書玖玖桓玄傳云：

〔馮〕遷遂斬之，〔玄〕時年三十六。

據此，桓玄生於晉廢帝海西公太和四年（西曆三六九年）。上距穆帝永和十一年（西曆三五五年）前後，道恆、慧遠在荊州辯難心無義之歲，已歷十四五年。玄之心無義不知受自何人。晉書玖玖桓玄傳云：

玄在荊楚積年，優游無事。

殆道恆、慧遠辯難之後，荊土心無義原未息滅。玄以無事之身，積年久處，遂得漸染風習，揚其餘波歟？尤可異者，劉遺民有釋心無義之作。其文今已不傳，無從窺其宗旨所在。但其題以釋義爲名，必爲主張，而非駁難心無義者。慧遠既破道恆義後，其蓮社中主要之人，猶復主張所謂「邪說」者。然則心無義本身必有可以使人信服之處，而迄未爲慧遠所破息，抑又可知矣。

戊、「格義」與「合本」之異同

中土佛典譯出既多，往往同本而異譯，於是有編纂「合本」，以資對比者焉。「合本」與「格義」二者皆六朝初年僧徒研究經典之方法。自其形式言之，其所重俱在文句之比較擬配，頗有近似之處，實則性質迥異，不可不辨也。支敏度與此二種不同之方法，間接直接皆有關係。「格義」已於前章論之，茲略述「合本」之形式及其意義於下：

出三藏記集柒有支恭明合微密持經記云：

合微密持陀鄰尼總持三本。（上本是陀鄰尼，下本是總持微密持也。）

寅恪案，支恭明爲支謙，卽支越之字，乃漢末三國時人。出三藏記集壹叁有傳，（高僧傳附載謙事蹟於卷壹康僧會傳中，較略。）「合本」之作殆以此爲最初者矣。其「上本下本」卽「上母下子」之意，說見後。

又出三藏記集壹壹竺曇無蘭大比丘二百六十戒三部合異序略云：

余以長鉢後事注於破鉢下，以子從母故也。九十事中多參錯，事不相對。復徙就二百六十者，令事類相對。予因閑暇爲之，三部合異，粗斷起盡。以二百六十戒爲本，二百五十者爲子，以前出常行戒全句繫之於事末。而亦有永乖不相似者，有以一爲二者，有以三爲一者。余復分合，令事相從。

比丘大戒二百六十事（三部合異二卷）。

說戒者乃曰：僧和集會，未受大戒者出，僧何等作爲？（衆僧和聚會，悉受無戒，於僧有何事？）

答：說戒。（僧答言：布薩。）不來者囑授清淨說。（諸人者當說：當來之淨。答言：說淨。）說已，那(?)春夏秋冬若干日已過去。

又出三藏記集壹拾竺曇無蘭三十七品經序略云：

又諸經三十七品文辭不同。余因閑戲，尋省諸經，撮採事備辭巧便者，差次條貫，伏其位，使經體不毁，而事有異同者，得顯於義。又以諸經之異者，注於句末。序二百六十五字，本二千六百八十五字，子二千九百七十字，凡五千九百二十字。除後六行八十字不在計中。

據此，可知本子卽母子。上列比丘大戒二百六十事中，其大字正文，母也。其夾注小字，子也。蓋取別本之義同文異者，列入小注中。與大字正文互相配擬。卽所謂「以子從母」，「事類相對」者也。六朝詁經之著作，有「子注」之名。當與此有關。考費長房歷代三寶記壹伍載魏世李廓衆經目錄中有大乘經子注十二部。「子注」之名散見於著錄者，如吳康僧會法鏡注解子注二卷(歷代三寶記伍)，晉曇詵維摩詰子注經五卷(三寶記柒)，齊竟陵王蕭子良遺敎子注經一卷(三寶記壹壹)，梁法朗六般涅槃子注經七十二卷，梁武帝摩訶般若波羅蜜子注經五十卷(三寶記壹壹)，及隋慧遠大乘義章卷貳肆悉檀義四門分別條所引之楞伽經子注皆是其例。唐劉知幾史通卷伍補注篇猶有「定彼榛楛，列爲子注」之語，可知「子注」之得名，由於以子從母，卽以子注母。高僧傳肆法雅傳中「格義」之所謂「生解」，依其性質，自可以「子注」之誼釋之也。

當時「合本」之方法盛行。釋道安有合放光光讚略解，支遁有大小品對比要鈔。出三藏記集卷柒及卷捌載其序文，可以推知其書之概略。支敏度會合首楞嚴經及維摩詰經蓋其人著傳譯經錄，必多見異本，綜合對比，乃其所長也。出三藏記集載其二「合本」之序，兹節錄其文於下：

出三藏記集柒支敏度合首楞嚴經記略云：

此經本有記云：支讖所譯出。讖，月支人也，漢桓靈之世來在中國。又有支越，字恭明，亦月支人也。其父亦漢靈帝之世來獻中國。越在漢生，似不及見讖也。又支亮字紀明，資學於讖，故越得受業於亮焉。以季世尙文，時好簡略，故其出經，頗從文麗。然其屬解析理，文而不越，約而義顯，眞可謂深入者也。以漢末沸亂，南度奔吳。從黃武至建興中，所出諸經，凡數十卷。自有別傳，記錄亦云出此經，今不見復有異本也。然此首楞嚴自有小不同，辭有豐約，文有晉胡，較而尋之、要不足以爲異人別出也。恐是越嫌讖所譯者辭質多胡音，異者刪而定之，其所同者述而不改，二家各有記錄耳。此一本於諸本中辭最省便，又少胡音，偏行於世，卽越所定者也。至大晉之初，有沙門支法護白衣竺叔蘭並更譯此經。求之於義，互相發明。披尋三部，勞而難兼。欲令學者卽得其對，今以越所定者爲母，護所出爲子，蘭所譯者繫之，其所無者輒於其位記而別之。或有文義皆同，或有義同而文有小小增減，不足重書者，亦混以爲同。雖無益於大趣，分部章句，差見可耳。

出三藏記集捌敏度法師合維摩詰經序云：

此三賢者，(支恭明法護叔蘭)並博綜稽古，研機極玄，殊方異音，兼通關解，先後譯傳，別爲三經同本，人殊出異。或辭句出入，先後不同，或有無離合，多少各異，或方言訓古，字乖趣同，或其文胡越，其趣亦乖，或文義混雜，在疑似之間，若此之比，其塗非一。若其偏執一經，則失兼通之功。廣披其三，則文煩難究，余是以合兩令相附。以明所出爲本，以蘭所出爲子，分章斷句，使事類相從。令尋之者瞻上視下，讀彼按此，足以釋乖迂之勞，易則易知矣。若能參考校異，極數通變，則萬流同歸，百慮一致，庶可以闢大通於未寤，闔同異於均致。若其配不相疇，儻失其類者，俟後明哲君子刊之從正。

據敏度所言，卽今日歷史語言學者之佛典比較研究方法，亦何以遠過。故不避引用舊聞過多之嫌，特錄其序記較詳。以見吾國晉代僧徒當時研究佛典，已能精審若是，爲不可及也。

夫「格義」之比較，乃以內典與外書相配擬。「合本」之比較，乃以同本異譯之經典相參校。其所用之方法似同，而其結果迥異。故一則成爲傅會中西之學說，如心無義卽其一例，後世所有融通儒釋之理論，皆其支流演變之餘也。一則與今日語言學者之比較研究法暗合，如明代員珂之楞伽經會譯者，可稱獨得「合本」之遺意，大藏此方撰述中罕覯之作也。當日此二種似同而實異之方法及學派，支敏度俱足以代表之。故其人於吾國中古思想史關係頗鉅，因鈎索沉隱，爲之考證如此。

己、附論

前所言之「格義」與「合本」皆鳩摩羅什未入中國前事也。什公新譯諸經既出之後，其文精審暢達，爲譯事之絕詣。於是爲「格義」者知新譯非如舊本之含混，不易牽引傅會，與外書相配擬。爲「合本」者見新譯遠勝舊文，以爲專據新本，卽得眞解，更無綜合諸本參校疑誤之必要。遂捐棄故技，別求新知。所以般若「色空」諸說盛行之後，而道生謝靈運之「佛性」「頓悟」等新義出焉。此中國思想上之一大變也。以其非本文範圍所及，故不具論。

附記

僧祐出三藏記集貳云：

合維摩詰經五卷。

合首楞嚴經八卷。

右二部凡十三卷，晉惠帝時沙門支敏度所集。

寅恪案，僧祐記此條於晉元帝時西域高座沙門尸梨蜜之前。故知此惠帝之「惠」字必非譌誤。據此可證明愍度之時代，因以解決下列之二問題：

(一)圖書館學季刊第壹卷第壹期第拾壹頁梁啓超先生佛家經錄在中國目錄學上之位置文中有「其繼安公之後，爲全部的整理者，在南則有支敏度」之語。考道安經錄成於東晉孝武帝寧康二年，卽西曆三七四年以後(見出三藏記集卷伍所引道安經錄自序)，上距東晉成帝初年卽支敏度過江之歲，已歷五十載之久。若逆數至西晉惠帝之季年，則相隔七十年。故敏度之撰經錄必非繼道安後者。但其書或不及安錄之完善，自來言佛家經錄者，因以創始之功歸之道安耳。

（二）或疑支愍度乃爲「合本」之學者，何以不能比勘諸譯本異同，而有「心無」之誤解。殊不知此文（乙）章所列五譯本，除支謙本之外，以時代前後關係，愍度皆無從得而比勘。至支謙本雖較在先，然實於孫吳時在江東譯出。（此據高僧傳及出三藏記集等書而言；若依魏書釋老志，則支恭明譯經在晉惠帝元康中，時代太晚，故不據以爲說。）愍度爲惠帝時人，距孫吳之亡未久，其過江以前，已創心無義，故當時或未得見支謙譯本，僅能就道行般若譯文立說。其有誤解之處，自不足異也。

（原刊中央研究院歷史語言研究所蔡元培先生六十五歲紀念論文集）

桃花源記旁證

陶淵明桃花源記寓意之文，亦紀實之文也。其爲寓意之文，則古今所共知，不待詳論。其爲紀實之文，則昔賢及近人雖頗有論者，而所言多誤，故別擬新解，以成此篇。止就紀實立說，凡關於寓意者，概不涉及，以明界限。

西晉末年戎狄盜賊並起，當時中原避難之人民，其能遠離本土遷至他鄉者，東北則託庇於慕容之政權，西北則歸依於張軌之領域，南奔則僑寄於孫吳之故壤。不獨前燕、前涼及東晉之建國中興與此中原之流民有關，卽後來南北朝之士族亦承其系統者也。史籍所載，本末甚明。以非本篇範圍，可置不論。其不能遠離本土遷至他鄉者，則大抵糾合宗族鄉黨，屯聚堡塢，據險自守，以避戎狄寇盜之難。茲略舉數例，藉資說明。

晉書捌捌孝友傳庾袞傳略云：

張弘等肆掠於陽翟，袞乃率其同族及庶姓保於禹山。是時百姓安寧，未知戰守之事。袞曰：孔子云：不敎而戰，是謂棄之。乃集諸羣士而謀曰：二三君子相與處於險，將以安保親尊，全妻孥也。古人有言：千人聚，而不以一人爲主，不散則亂矣。將若之何？衆曰：善。今日之主，非君而誰！於是峻險阨，杜蹊徑，修壁塢，樹藩障，考功庸，計丈尺，均勞逸，通有無，繕完器備，量力任能，物應其宜，使邑推其長，里推其賢，而身率之。及賊至，袞乃勒部曲，整行伍，皆持滿而勿發。賊挑戰，晏然不動，且辭焉。賊服其愼，而畏其整，是以皆退，如是者三。

晁公武郡齋讀書志壹肆兵家類云：

庚袞保聚圖一卷

右晉庚袞撰。晉書孝友傳載袞字叔褒。齊王冏之倡義也。張泓等掠陽翟，袞率衆保禹山，泓不能犯。此書序云：大駕還長安，時元康三年己酉，撰保聚壘議二十篇。按冏之起兵，惠帝永寧元年也，帝還長安，永興元年也，皆在元康後，且三年歲次實癸丑，今云己酉，皆誤。

晉書壹佰蘇峻傳云：

永嘉之亂，百姓流亡，所在屯聚。峻糾合得數千家，結壘於本縣（掖縣）。於時豪傑所在屯聚，而峻最強。遣長史徐瑋宣檄諸屯，示以王化，又收枯骨而葬之。遠近感其恩義，推峻爲主。遂射獵於海邊青山中。

又晉書陸貳祖逖傳略云：

初，北中郎將劉演距於石勒也，流人塢主張平、樊雅等在譙，演署平爲豫州刺史，雅爲譙郡太守。又有董瞻、于武、謝浮等十餘部，衆各數百，皆統屬平。而張平餘衆助雅攻逖。蓬陂塢主陳川，自號寧朔將軍、陳留太守。逖遣使求救於川，川遣將李頭率衆援之，逖遂克譙城。（桓）宣遂留助逖，討諸屯塢未附者。河上堡固，先有任子在胡者，皆聽兩屬，時遣游軍僞抄之，明其未附。諸塢主感戴，胡中有異謀，輒密以聞。前後克獲，亦由此也。

又藝文類聚玖貳引晉中興書云：

中原喪亂，鄉人遂共推郗鑒爲主，與千餘家俱避於魯國嶧山，山有重險。

又太平御覽叁貳拾引晉中興書云：

中宗初鎮江左，假郗鑒龍驤將軍、兗州刺史。又徐龕、石勒左右交侵。鑒收合荒散，保固一山，隨宜抗對。

又太平御覽肆貳引地理志云：

嶧山在鄒縣北。高秀獨出。積石相臨，殆無壤土。石間多孔穴，洞達相通，往往如數間居處，其俗謂之嶧孔。遭亂輒將居人入嶧，外寇雖衆，無所施害。永嘉中，太尉郗鑒將鄉曲逃此山，胡賊攻守，不能得。

又晉書陸柒郗鑒傳云：

鑒得歸鄉里。於時所在饑荒，州中之士素有感其恩義者，相與資贍。鑒復分所得，以賉宗族及鄉曲孤老，賴而全濟者甚多。咸相謂曰：今天子播越，中原無伯，當歸依仁德，可以後亡。遂共推鑒爲主，舉千餘家俱避難於魯之嶧山。

寅恪案，說文壹肆云：

隝，小障也。一曰：庳城也。

桂氏義證肆柒列舉例證頗衆，茲不備引。據寅恪所知者言，其較先見者爲袁宏後漢紀陸王霸之「築塢候」（後漢書伍拾王霸傳作「堆石布土」。袁范二書互異。未知孰是原文。待考。）及後漢書伍肆馬援傳之「起塢候」之語。蓋元伯在上谷、文淵在隴西時，俱東漢之初年也。所可注意者，即地之以塢名者，其較早時期以在西北區域爲多，如董卓之郿塢是其最著之例。今倫敦博物館藏敦煌寫本斯坦因號玖貳貳西涼建初十二年敦煌縣戶籍陰懷條亦有「居趙羽塢」之語，然則塢名之起或始於西北耶？抑由史料之存於今者西北獨多之故耶？此點與本篇主旨無關，可不詳論。要之，西晉末世中原人民之不能遠徙者亦藉此類小障庳城以避難逃死而已。但當時所謂塢壘者甚多，如祖逖傳所載，固亦有在平地者。至如郗鑒之避難於嶧山，既曰：「山有重險，」又曰：「保固一山，」則必居山勢險峻之區人跡難通之地無疑，蓋非此不足以阻胡馬之陵軼，盜賊之寇抄也。凡聚衆據險者因欲久支歲月及給養能自足之故，必擇險阻而又可以耕種及有水泉之地。其具備此二者之地必爲山頂平原，及溪澗水源之地，此又自然之理也。

東晉末年戴祚字延之，從劉裕入關滅姚秦。著西征記二卷。（見隋書叁叁經籍志史部地理類，並參考封氏聞見記柒蜀無兔鴿條唐語林捌及章宗源隋書經籍志考證陸等。）其書今不傳。酈氏水經注中往往引之。中原塢壘之遺址於其文中尚可窺見一二。如水經壹伍洛水篇云：

洛水又東，逕檀山南。

其山四絕孤峙，上有塢聚，俗謂之檀山塢。義熙中劉公西入長安，舟師所屆，次于洛陽。命參軍戴延之與府舍人虞道元卽舟泝流，窮覽洛川，欲知水軍可至之處。延之屆此而返。竟不達其源也。

又水經注肆河水篇云：

河水自潼關東北流，水側有長坂，謂之黃巷坂。坂傍絕澗。陟此坂以升潼關。所謂「泝黃巷以濟潼」矣。歷北出東崤，通謂之函谷關也。

郭緣生記曰：漢末之亂，魏武征韓遂、馬超，連兵此地。今際河之西有曹公壘。道東原上云：李典營。義熙十三年王師曾據此壘。西征記曰：沿路逶迤入函道六里有舊城。城周百餘步。北臨大河，南對高山。姚氏置關以守峽，宋武帝入長安。檀道濟、王鎮惡或據山爲營，或平地結壘，爲大小七營，濱河帶險。姚氏亦保據山原陵阜之上，尙傳故跡矣。

河水又東北。玉澗水注之。水南出玉溪。北流，逕皇天原西。周固記：開山東首上平博，方可里餘。三面壁立，高千許仞。漢世祭天於其上，名之爲皇天原。河水又東逕閿鄉城北。東與全鳩澗水合。水出南山，北逕皇天原東。

述征記曰：全節，地名也。其西名桃原。古之桃林。周武王克殷休牛之地也。西征賦曰：咸徵名于桃原者也。晉太康記曰：桃林在閿鄉南谷中。

又元和郡縣圖志陸虢州閿鄉縣條云：

秦山，一名秦嶺，在縣南五十里。南入商州，西南入華州。山高二千丈，周迴三百餘里。

桃源，在縣東北十里，古之桃林，周武王放牛之地也。

又陝州靈寶縣條云：

桃林塞，自縣以西至潼關皆是也。

又新唐書叁捌地理志陝州靈寶縣條云：

有桃源宮，武德元年置。

又資治通鑑壹壹捌晉紀云：

義熙十三年二月，王鎮惡進軍澠池。引兵徑前，抵潼關。三月（檀）道濟、（沈）林子至潼關。夏四月，太尉（劉）裕至洛陽。（寅恪案，宋武伐秦之役，其軍行年月宋書南史等書記載旣涉簡略，又有脫誤。故今悉依司馬君實所考定者立論。）

寅恪案，陶淵明集有贈羊長史（卽松齡）詩。其序云：

左軍羊長史，銜使秦川，作此與之。

則陶公之與征西將佐本有雅故。疑其間接或直接得知戴延之等從劉裕入關途中之所聞見。桃花源記之作卽取材於此也。蓋王鎮惡、檀道濟、沈林子等之前軍於義熙十三年春二三月抵潼關。宋武以首夏至洛陽。其遣戴延之等泝洛水至檀山塢而返，當卽在此時。山地高寒，節候較晚。桃花源記所謂「落英繽紛」者，本事之可能。又桃林桃原等地旣以桃爲名，其地卽無桃花，亦可牽附。況晉軍前鋒之抵崤函爲春二三月，適値桃花開放之時，皇天原之下，玉澗水之傍，桃樹成林，更情理之所可有者。至於桃花源記所謂「山有小口」者，固與郗鑒之「嶧孔」相同。所謂「土地平曠」者，殆與皇天原之「平博方可里餘」者亦有所合歟？劉裕遣戴延之等泝洛水至檀山塢而返事與桃花源記中武陵太守遣人尋桃花源終不得達者，約略相似，又不待言也。

今傳世之搜神後記舊題陶潛撰。以其中雜有元嘉四年淵明卒後事，故皆認爲僞託。然其書爲隨事雜記之體，非有固定之系統。中有後人增入之文，亦爲極自然之事，但不能據此遽斷全書爲僞託。卽使全書爲僞託，要必出於六朝人之手，由鈔輯昔人舊篇而成者，則可決言。寅恪於與淵明之家世信仰及其個人思想皆別有所見，疑其與搜神後記一書實有關聯。以其軼出本篇範圍，姑置不論。搜神後記卷一之第五條卽桃花源記，而太守之名爲劉歆，及無「劉子驥欣然規往」等語。其第六條紀劉驎之卽子驥入衡山採藥，見澗水南有二石囷，失道問徑，僅得還家。或說囷中皆仙靈方藥，驎之欲更尋索，不復知處事。此事唐修晉書玖肆隱逸傳亦載之。蓋出於何法盛晉中興書（見太平御覽肆壹玖及肆貳伍又伍佰肆所引）。何氏不知何所本，當與搜神後記同出一源，或卽與淵明有關，殊未可知也。

據此推測，陶公之作桃花源記，殆取桃花源事與劉驎之二事牽連混合爲一。桃花源雖本在北方之弘農或上洛，但以牽連混合劉驎之入衡山採藥事之故，不得不移之於南方之武陵。遂使後世之論桃花源者皆紛紛墮入迷誤之途，歷千載而不之覺，亦太可憐矣！或更疑搜神後記中漁人黃道眞其姓名之意義與宋武所遣泝洛之虞道元頗相對應。劉驎之隱於南郡之陽岐山，去武陵固不遠，而隆安五年分南郡置武寧郡，武武字同，陵寧音近（來泥互混），文士寓言，故作狡獪，不嫌牽合混同，以資影射歟？然此類揣測皆不易質證。姑從闕疑可也。（參考晉書壹伍下地理志、玖肆隱逸傳、玖玖桓玄傳、宋書叁柒州郡志及世說棲逸篇等。）又今本搜神後記中桃花源記，依寅恪之鄙見，實陶公草創未定之本。而淵明文集中之桃花源記則其增修寫定之本。二者俱出陶公之手。劉驎之爲太元間聞人（見世說新語棲逸篇及任誕篇），故繫此事於太元時。或因是以陶公之桃花源記亦作於太元時者，則未免失之過泥也。

桃花源事又由劉裕遣戴延之等泝洛水至檀山塢與桃原皇天原二事牽混爲一而成。太守劉歆必無其人。豈卽暗指劉裕而言耶？既不可考，亦不可鑿實言之。所謂避秦人之子孫亦桃原或檀山之上「塢聚」中所居之人民而已。至其所避之秦則疑本指苻生苻堅之苻秦而言，與始皇、胡亥之嬴秦絕無關涉。此殆傳述此事之人或卽淵明自身因譌成譌，修改所致，非此物語本來之眞相也。蓋苻氏割據關陝垂四十載，其間雖有治平之時，而人民亦屢遭暴虐爭戰之難。如晉書壹壹貳苻生載記敍苻生政治殘暴民不聊生事甚詳。茲錄其一例如下：

生下書（通鑑繫此於晉穆帝永和十二年六月）曰：朕受皇天之命，承祖宗之業，君臨萬邦，子育百姓。嗣統以來，有何不善，而謗讟之音扇滿天下？殺不過千，而謂刑虐。行者比肩，未足爲稀。方當峻刑極罰，復如朕何？時猛獸及狼大暴，晝則斷道，夜則發屋。惟害人而不食六畜。自生立一年，獸殺七百餘人，百姓苦之，皆聚而邑居，爲害滋甚，遂廢農桑，內外兇懼。羣臣奏請禳災。生曰：野獸飢則食人，飽當自止，終不能累年爲患也。天豈不子愛羣生，而年年降罰，正以百姓犯罪不已，將助朕專殺而施刑敎故耳。但勿犯罪，何爲怨天而尤人哉？

又晉書壹壹叁苻堅載記上敍苻堅盛時云：

關隴清宴，百姓豐樂。自長安至於諸州，皆夾路樹槐柳。二十里一亭，四十里一驛。旅行者取給於途，工商貿販於道。

而晉書壹壹肆苻堅載記下敍苻秦亡時云：

關中人皆流散，道路斷絶，千里無煙。

由苻生之暴政或苻堅之亡國至宋武之入關，其間相距已逾六十年或三十年之久。故當時避亂之人雖「問今是何世？」然其「男女衣著悉如外人」。若「乃不知有漢，無論魏晉」者，則陶公寓意特加之筆，本篇可以不論者也。

又陶詩擬古第二首云：

辭家夙嚴駕，當往志無終。問君今何行，非商復非戎。聞有田子泰，節義爲士雄。斯人久已死，鄉里習其風。生有高世名，既沒傳無窮。不學狂馳子，直在百年中。

吳師道禮部詩話云：

始（田）疇從劉虞。虞爲公孫瓚所害，誓言報讎，卒不能踐，而從曹操討烏桓，節義亦不足稱。陶公亦是習聞世俗所尊慕爾。

寅恪案，魏志壹壹田疇傳云：

遂入徐無山中，營深險平敞地而居，躬耕以養父母。百姓歸之，數年間至五千餘家。

據此，田子泰之在徐無山與郗鑒之保嶧山固相同，而與檀山塢桃原之居民即桃花源之避秦人亦何以異？商者指四皓入商山避秦事，戎者指老子出關適西戎化胡事。然則商洛崤函本爲淵明心目中眞實桃花源之所在。而田疇之亮節高義猶有過於桃源避秦之人。此所以寄意遣詞遂不覺聯類併及歟？吳氏所言之非固不待辨。而其他古今詁陶詩者於此亦皆未能得其眞解也。

又蘇東坡和桃花源詩序云：

世傳桃源事多過其實。考淵明所記，止言先世避秦亂來此，則漁人所見似是其子孫，非秦人不死者也。又云：「殺雞作食」，豈有仙而殺者乎？舊說南陽有菊水，水甘而芳，民居三十餘家，飲其水皆壽，或至百二三十歲。蜀青城山老人村多枸杞，根如龍蛇。飲其水，故壽。近歲道稍通，漸能致五味，而壽益衰。桃源蓋此比也歟？使武陵太守得而至焉，則已化爲爭奪之場久矣！嘗意天壤之間若此者甚衆，不獨桃源。

寅恪案，古今論桃花源者，以蘇氏之言最有通識。洪興祖釋韓昌黎桃源圖詩，謂淵明敍桃源初無神仙之說，尚在東坡之後。獨惜子瞻於陶公此文中寓意與紀實二者仍牽混不明，猶爲未達一間。至於近人撰著或襲蘇洪之意，而取譬不切，或認桃源實在武陵，以致結論多誤。故不揣鄙陋，別擬新解。要在分別寓意與紀實二者，使之不相混淆。然後鉤索舊籍，取當日時事及年月地理之記載，逐一證實之。穿鑿附會之譏固知難免，然於考史論文之業不無一助，或較古今論辨此記之諸家專向桃源地志中討生活者聊勝一籌乎？

茲總括本篇論證之要點如下：

(甲)眞實之桃花源在北方之弘農，或上洛，而不在南方之武陵。

(乙)眞實之桃花源居人先世所避之秦乃苻秦，而非嬴秦。

(丙)桃花源記實之部分乃依據義熙十三年春夏間劉裕率師入關時戴延之等所聞見之材料而作成。

(丁)桃花源記寓意之部分乃牽連混合劉驎之入衡山採藥故事，並點綴以「不知有漢，無論魏晉」等語所作成。

(戊)淵明擬古詩之第二首可與桃花源記互相印證發明。

補記一

匡謬正俗柒黃巷條云：

郭緣生述征記曰：皇天塢在閿鄉東南。或云：衞太子始奔，揮淚仰呼皇天，百姓憐之，因以名塢。又戴延之西征記曰：皇天固去九原十五里。據此而言，黃天原本以塢固得名，自有解釋。

寅恪案，顏氏所引，足以補證鄙說，故附錄於此。

補記二

此文成後十年，得詳讀居延漢簡之文，復取後漢書西羌傳參證，塢壁之來源與西北之關係益瞭然矣。

（原刊清華學報第十一卷第一期）

陶淵明之思想與清談之關係

古今論陶淵明之文學者甚衆，論其思想者較少。至於魏晉兩朝清談內容之演變與陶氏族類及家傳之信仰兩點以立論者，則淺陋寡聞如寅恪，尙未之見，故茲所論卽據此二端以爲說，或者可略補前人之所未備歟？

關於淵明血統之屬於溪族及家世宗敎信仰爲天師道一點，涉及兩晉南朝史事甚多，寅恪已別著論文專論之，題曰魏書司馬叡傳江東民族條釋證及推論，故於此點不欲重複考論，然此兩點實亦密切連繫，願讀此文者一幷參閱之也。

茲請略言魏晉兩朝清談內容之演變：當魏末西晉時代卽清談之前期，其清談乃當日政治上之實際問題，與其時士大夫之出處進退至有關係，蓋藉此以表示本人態度及辯護自身立場者，非若東晉一朝卽清談後期，清談只爲口中或紙上之玄言，已失去政治上之實際性質，僅作名士身份之裝飾品者也。

記載魏晉清談之書今存世說新語一種，其書所錄諸名士，上起漢代，下迄東晉末劉宋初之謝靈運，卽淵明同時之人而止。此時代之可注意者也。其書分別門類，以孔門四科卽德行、言語、政事、文學，及識鑒、賞譽、品藻等爲目，乃東漢名士品題人倫之遺意。此性質之可注意者也。大抵清談之興起由於東漢末世黨錮諸名士遭政治暴力之摧壓，一變其指實之人物品題，而爲抽象玄理之討論，啓自郭林宗，而成於阮嗣宗，皆避禍遠嫌，消極不與其時政治當局合作者也。此義寅恪已於民國二十六年清華學報所著逍遥遊義探原一文略發之，今可不必遠溯其源，及備論其事。但從曹魏之末西晉之初所謂「竹林七賢」者述起，亦得說明清談演變歷程之概况也。

大概言之，所謂「竹林七賢」者，先有「七賢」，卽取論語「作者七人」之事數，實與東漢末三君八厨八及等名同爲標榜之義。迨西晉之末僧徒比附内典外書之「格義」風氣盛行，東晉初年乃取天竺「竹林」之名加於「七賢」之上，至東晉中葉以後江左名士孫盛、袁宏、戴逵輩遂著之於書（魏氏春秋竹林名士傳竹林名士論），而河北民間亦以其說附會地方名勝，如水經注玖清水篇所載東晉末年人郭緣生撰著之述征記中嵇康故居有遺竹之類是也。七賢諸人雖爲同時輩流，然其中略有區别。以嵇康、阮籍、山濤爲領袖，向秀、劉伶次之，王戎、阮咸爲附屬。王戎從弟衍本不預七賢之數，但亦是氣類相同之人，可以合併討論者也。

晉書肆玖阮籍傳附瞻傳云：

見司徒王戎，戎問曰：聖人貴名敎，老莊明自然，其旨同異？瞻曰：將無同。戎咨嗟良久，卽命辟之。世人謂之「三語掾」。

世說新語文學類亦載此事，乃作王衍與阮修問對之詞，（餘可參藝文類聚壹玖、北堂書鈔陸捌、衞玠别傳等。）其實問者之爲王戎或王衍，答者之爲阮瞻或阮修皆不關重要，其重要者只是老莊自然與周孔名教相同之説一點，蓋此爲當時清談主旨所在。故王公舉以問阮掾，而深賞其與己意符合也。夫老莊自然之旨固易通解，無取贅釋。而所謂周孔名教之義則須略爲詮證。按老子云：

樸散則爲器，聖人用之則爲官長。

又云：

始制有名。

王弼注云：

始制爲樸散始爲官長之時也。始制官長，不可不立名分，以定尊卑，故始制有名也。

莊子天下篇云：

春秋以道名分。

故名教者，依魏晉人解釋，以名爲教，卽以官長君臣之義爲教，亦卽入世求仕者所宜奉行者也。其主張與崇尚自然卽避世不仕者適相違反，此兩者之不同，明白已甚。而所以成爲問題者，在當時主張自然與名教互異之士大夫中，其崇尚名教一派之首領如王祥、何曾、荀顗等三大孝，卽佐司馬氏欺人孤兒寡婦，而致位魏末晉初之三公者也。（參晉書貳叁王祥傳何曾傳、貳玖荀顗傳。）其眷懷魏室不趨赴典午者，皆標榜老莊之學，以自然爲宗。「七賢」之義卽從論語「作者七人」而來，則「避世」「避地」固其初旨也。然則當時諸人名教與自然主張之互異卽是自身政治立場之不同，乃實際問題，非止玄想而已。觀嵇叔夜與山巨源絶交書，聲明其不仕當世，卽不與司馬氏合作之宗旨，宜其爲司馬氏以其黨於不孝之呂安，卽坐以違反名敎之大罪殺之也。「七賢」之中應推嵇康爲第一人，卽積極反抗司馬氏者。康娶魏武曾孫女，本與曹氏有連。（見魏志貳拾沛穆王林傳裴注引嵇氏譜。）與杜預之締婚司馬氏，遂忘父讎，改事新主，（依焦循沈欽韓之說。）癖於聖人道名分之左氏春秋者，雖其人品絕不相同，而因姻戚之關係，以致影響其政治立場則一也。魏志貳壹王粲傳裴注引嵇喜撰嵇康傳云：

少有儁才，曠邁不羣，高亮任性，不修名譽，寬簡有大量。學不師授，博洽多聞，長而好老莊之業。性好服食，常採御上藥。善屬文論，彈琴詠詩，自足於懷抱之中。以爲神仙者，稟之自然，非積學所致。至於導養得理，以盡性命，若安期、彭祖之倫，可以善求而得也。著養生篇。知自厚者，所以喪其所生，其求益者，必失其性，超然獨達，遂放世事，縱意於塵埃之表。撰錄上古以來聖賢、隱逸、遁心、遺名者，集爲傳贊，自混沌至於管寧，凡百一十有九人，蓋求之於宇宙之內，而發之乎千載之外者矣。故世人莫得而名焉。

裴注又引魏氏春秋略云：

康寓居河內之山陽縣，與陳留阮籍、河內山濤、河南向秀、籍兄子咸、琅邪王戎、沛人劉伶相與友善，遊於竹林，號爲「七賢」。大將軍嘗欲辟康。康旣有絕世之言，又從子不善，避之河東，或云「避世」。及山濤爲選曹郎，舉康自代，康答書拒絕，因自說不堪流俗，而非薄湯、武。大將軍聞而怒焉。初，康與東平呂昭子巽及巽弟安親善。會巽淫安妻徐氏，而誣安不孝，囚之。安引康爲證，康義不負心，保明其事。安亦至烈，有濟世志力。鍾會勸大將軍因此除之，遂殺安及康。

據此，可知嵇康在當時號爲主張老莊之自然，卽避世，及違反周禮之名敎，卽不孝不仕之人，故在當時人心中自然與名敎二者不可合一，卽義而非同無疑也。

夫主張自然最激烈之領袖嵇康，司馬氏以不孝不仕違反名敎之罪殺之（俞正燮癸巳存稿書文選幽憤詩後云：「乍觀之，一似司馬氏以名敎殺康也者，其實不然也。」寅恪案，司馬氏實以當時所謂名敎殺康者，理初於此猶未能完全瞭解。）其餘諸主張自然之名士如向秀，據世說新語言語類（參晉書肆玖向秀傳）云：

嵇中散旣被誅，向子期舉郡計入洛，（司馬）文王引進，問曰：聞君有箕山之志，何以在此？對曰：巢許狷介之士，不足多慕。王大咨嗟。

劉注引向秀別傳略云：

（秀）少爲同郡山濤所知，又與譙國嵇康、東平呂安友善，並有拔俗之韻，其進止無不同，而造事營生業亦不異。常與嵇康偶鍛於洛邑，與呂安灌園於山陽，不慮家之有無，外物不足怫其心，弱冠著儒道論。後康被誅，秀遂失圖，乃應歲舉到京師，詣大將軍司馬文王。文王問曰：聞君有箕山之志，何能自屈？秀曰：嘗謂彼人不達堯意，本非所慕也。一坐皆說。隨次轉至黃門侍郎散騎常侍。

則完全改圖失節，棄老莊之自然，遵周孔之名敎矣。故自然與名敎二者之不可合一，卽不相同，在當日名士心中向子期前後言行之互異，乃一具體之例證也。

若阮籍則不似嵇康之積極反晉，而出之以消極之態度，虛與司馬氏委蛇，遂得苟全性命。據魏志貳壹王粲傳（參晉書肆玖阮籍傳）云：

籍才藻豔逸，而倜儻放蕩，行己寡欲，以莊周爲模則。官至步兵校尉。

裴注引魏氏春秋略云：

籍曠達不羈，不拘禮俗。性至孝，居喪雖不率常檢，而毀幾至滅性。後爲尙書郎、曹爽參軍，以疾歸田里。歲餘，爽誅，太傅及大將軍乃以爲從事中郎。後朝論以其名高，欲顯崇之，籍以世多故，祿仕而已。聞步兵校尉缺，廚多美酒，營人善釀酒，求爲校尉，遂縱酒昏酣，遺落世事。籍口不論人過，而自然高邁，故爲禮法之士何曾等深所讎疾。大將軍司馬文王常保持之，卒以壽終。

世說新語任誕類云：

阮籍遭母喪，在晉文王坐進酒肉，司隸何曾亦在坐，曰：明公方以孝治天下，而阮籍以重喪顯於公坐，飲酒食肉，宜流之海外，以正風敎。文王曰：嗣宗毀頓如此，君不能共憂之，何謂？且有疾而飲酒食肉，固喪禮也。籍飲噉不輟，神色自若。

魏志壹捌李通傳裴注引王隱晉書所載李秉家誡略云：

（司馬文王）曰：天下之至慎，其惟阮嗣宗乎？吾每與之言，言及玄遠，未曾評論時事，臧否人物，眞可謂至愼矣。

可知阮籍雖不及嵇康之始終不屈身司馬氏，然所爲不過「祿仕」而已，依舊保持其放蕩不羈之行爲，所以符合老莊自然之旨，故主張名教身爲司馬氏佐命元勛如何曾之流欲殺之而後快。觀於籍於曾之不能相容，是當時人心中自然與名教不同之又一例證也。夫自然之旨既在養生遂性，則嗣宗之苟全性命仍是自然而非名教。又其言必玄遠，不評論時事，臧否人物，則不獨用此免殺身之禍，並且將東漢末年黨錮諸名士具體指斥政治表示天下是非之言論，一變而爲完全抽象玄理之研究，遂開西晉以降清談之風派。然則世之所謂清談，實始於郭林宗，而成於阮嗣宗也。

至於劉伶，如世說新語任誕類云：

劉伶恆縱酒放達，或脫衣裸形在屋中。

亦不過有託而逃，藉此不與司馬氏合作之表示，與阮籍之苟全性命同是老莊自然之旨。樂廣以爲「名教中自有樂地」非笑此類行爲，（見世說新語德行類王平子胡毋彥國諸人，皆以任放爲達，或有裸體者條及晉書肆叁樂廣傳。）足證當時伯倫之放縱乃主張自然之說者，是又自然與名教不同之一例證也。

又若阮咸，則晉書肆玖阮籍傳附咸傳略云：

咸任達不拘，與叔父籍爲竹林之遊，當世禮法者譏其所爲。居母喪，縱情越禮。素幸姑之婢，姑當歸於夫家，初云留婢，既而自從去。時方有客，咸聞之，遽借客馬追婢，既及，與婢累騎而還

(參世說新語任誕類阮仲容先幸姑家鮮卑婢條)。

考世說新語任誕類阮仲容步兵居道南條劉注引竹林七賢論云:

諸阮前世皆儒學,善居室,惟咸一家尙道棄事,好酒而貧。

所謂「儒學」即遵行名敎之意,所謂「尙道」即崇尙自然之意,不獨證明阮咸之崇尙自然,亦可見自然與名敎二者之不能合一也。

據上引諸史料,可知魏末名士其初本主張自然高隱避世之人,至少對於司馬氏之創業非積極贊助者。然其中如山濤者據世說新語政事類山公以器重朝望條劉注引虞預晉書(參晉書肆叁山濤傳)云:

好老莊,與嵇康善。

則巨源本來亦與叔夜同爲主張自然之說者?但其人元是司馬氏之姻戚。(巨源爲司馬懿妻張氏之中表親,見晉書肆叁山濤傳。)故卒依附典午,佐成篡業。至王氏戎衍兄弟旣爲晉室開國元勳王祥之同族,戎父渾,衍父乂又皆司馬氏之黨與,其家世遺傳環境薰習固宜趨附新朝致身通顯也,凡此類因緣可謂之利誘,而嵇康之被殺可謂之威迫。魏末主張自然之名士經過利誘威迫之後,其佯狂放蕩,違犯名敎,以圖免禍,如阮籍、阮咸、劉伶之徒尙可自解及見諒於世人,蓋猶不改其主張自然之初衷也。至若山王輩其早歲本崇尙自然,棲隱不仕,後忽變節,立人之朝,躋位宰執,其內慚與否雖非所知,而此等才智之士勢必不能不利用一已有之舊說或發明一種新說以辯護其宗旨反覆出處變易之弱點，若由此說，則其人可兼尊顯之達官與清高之名士於一身，而無所慙忌，既享朝端之富貴，仍存林下之風流，自古名利并收之實例，此其最著者也。故自然與名教相同之說所以成爲清談之核心者，原有其政治上實際適用之功用，而清談之誤國正在廟堂執政負有最大責任之達官崇尚虛無，口談玄遠，不屑綜理世務之故，否則林泉隱逸清談玄理，乃其分內應有之事，縱無益於國計民生，亦必不致使「神州陸沈，百年丘墟」也（見世說新語輕詆類桓公入洛條及晉書玖捌桓溫傳）。

但阮掾自然與名教相同之說既深契王公之心，而自來無滿意詳悉之解釋者是何故耶？考魏晉清談以簡要爲尚，世說新語德行類王戎和嶠同時遭大喪條劉注引晉諸公贊中鍾會薦王戎之語云：

王戎簡要。

又同書賞譽類上云

王夷甫自嘆：我與樂令談，未嘗不覺我言爲煩。

劉注引晉陽秋（參晉書肆叁樂廣傳）云：

樂廣善以約言厭人心，其所不知默如也。太尉王夷甫、光祿大夫裴叔則能清言，常曰：與樂君言，覺其簡至，吾等皆煩。

故「三語掾」之三語中「將無」二語尚是助詞，其實僅「同」之一語，即名教自然二者相「同」之最簡要不煩之結論而已。夫清談之傳於今日者，大抵爲結論之類，而其所以然之故自不易考知，後人因亦只具一模糊籠統之觀念，不能確切指實。寅恪嘗徧檢此時代文字之傳於今者，然後知即在東晉，其實清談已無政治上之實際性，但凡號稱名士者其出口下筆無不涉及自然與名教二者同異之問題。其主張爲同爲異雖不一致，然未有舍置此事不論者。蓋非討論及此，無以見其爲名士也。舊草名教自然同異考，其文甚繁，茲不備引，惟取袁宏後漢紀一書之論文關於名教自然相同之說，迻寫數節於下以見例，其實卽後漢紀其他諸論中亦多此類之語，可知在當時名士之著述此類言說乃不可須臾離之點綴品，由今觀之，似可笑而實不可笑也。

後漢紀（茲所據者爲涵芬樓本及四部叢刊本，譌奪極多，略以意屬讀，未能詳悉校補也。）序略云：

> 夫史傳之興所以通古今而篤名教也。丘明之作廣大悉備。史遷剖判六家，建立十書，非徒記事而已，信足扶明義教，網羅治體，然未盡之。班固源流周贍，近乎通人之作，然因藉史遷，無所甄明。荀悅才智經綸，足爲嘉史，所述當世，大得治功已矣，然名教之本帝王高義韞而未敍。今因前代遺事略擧義教所歸，庶以弘敷王道，□（？）前史之闕。

寅恪案，此袁宏自述著書之主旨，所謂開宗明義之第一語。蓋史籍以春秋及左氏傳爲規則，而春秋爲道名分之書，作史者自應主張名教。然依東晉社會學術空氣，既號爲名士，則著作史籍，不獨須貴名教，亦當兼明自然，卽發揮名教與自然相同之義也。今彥伯以爲「名教之本韞而未敍」，意指荀氏漢紀只言名教，未及自然，故「因前代遺事，略擧義教所歸。」凡此序中「義教」爲名教之變文，全書之議論皆謂自然爲名教之本，「卽略擧義教所歸，」所以闡明名教實與自然不異，而「三語掾」「將無同」之說得後漢紀一書爲注脚，始能瞭解矣。

後漢紀貳貳桓帝延嘉九年述李膺、范滂等名士標榜之風氣事其論略云：

夫人生合天地之道，感於事動，性之用也，故動用萬方，參差百品，莫不順乎道，本乎性情者。是以爲道者，清淨無爲，少思少欲，沖其心而守之，雖爵以萬乘，養以天下，不榮也。爲德者言而不華，默而有信，推誠而行之，不愧於鬼神，而況於天下乎？爲仁者博施兼愛，崇善濟物，得其志而中心傾之，然忘己以爲千載一時也。爲義者潔軌跡，崇名教，遇其節而明之，雖殺身糜軀猶未悔也。故因其所弘，則謂之風，節其所託，則謂之流，自風而觀，則同異之趣可得而見，以流而尋，則好惡之心於是乎區別，是以古先哲王必節順羣風，而導物爲流之途，而各使自盡其業，故能班敍萬物之才，以及經綸王略、直道而行者也。中古陵遲，斯道替矣。春秋之時，戰國縱橫。高祖之興，逮乎元成明章之閒，自茲以降，而肆直之風盛矣。

寅恪案，彥伯此節議論乃范蔚宗後漢書黨錮傳序所從出。初觀之，殊不明白其意旨所在，詳繹之，則知彥伯之意古今世運治亂遞變，依老子「失道而後德，失德而後仁，失仁而後義」以爲解釋。「本乎性情」卽出於自然之意。若「爲義者崇名教，雖殺身糜軀猶未悔也」，意謂爲義者雖以崇名教之故，至於殺身，似與自然之旨不合，但探求其本，則名教實由自然遞變而來，故名教與自然幷非衝突，不過就本末先後言之耳。大抵袁氏之所謂本末，兼涵體用之義，觀於下引一節，其義更顯，今錄此節者，以范蔚宗議論所從出，並附及之，或可供讀范書者之參證歟？

後漢紀貳叁靈帝建寧二年述李膺、范滂誅死事其論略云：

夫稱至治者，非貴其無亂，貴萬物得所，而不失其情也。言善教者，非貴其無害也，貴性理不傷，性命咸遂也。古之聖人知其如此，故作爲名教，平章天下，天下既寧，萬物之生全也，保生遂性，久而安之，故名教之益萬物之情大也。當其治隆，則資教以全生，及其不足，則立身以重教，然則教也者，存亡之所由也。夫道衰則教虧，幸免同乎苟生，教重則道存，滅身不爲徒死，所以固名教也。汚隆者，世時之盛衰也，所以亂而治理不盡，世弊而教道不絶者，任教之人存也。夫稱誠而動，以理爲心，此情存乎名教者也，內不忘己以爲身，此利名教者也，情於名教者少，故道深於千載，利名教者衆，故道顯於當年，蓋濃薄之誠異，而遠近之義殊也。統體而觀，斯利名教之所取也。

寅恪案，此節彥伯發揮自然與名教相同之旨較爲明顯，文中雖不標出自然二字，但「保生遂性」即主張自然之義，蓋李、范爲名教而殺身，似有妨自然，但名教元爲聖人準則自然而設者，是自然爲本，名教爲末，二者實相爲體用，故可謂之「同」也。

後漢紀貳陸獻帝初平二年述蔡邕宗廟之議，其論略云：

夫君臣父子，名教之本也。然則名教之作何爲者也？蓋準天地之性，求之自然之理，擬議以制其名，因循以弘其教，辯物成器，以通天下之務者也。是以高下莫尚於天地，故貴賤擬斯以辯物，尊卑莫大於父子，故君臣象茲以成器，天地無窮之道，父子不易之體，以無窮之天地，不易之父子，故尊卑永固而不踰，名教大定而不亂，置之六合，充塞宇宙，自今及古，其名不去者也。未有違失天地之性，而可以序定人倫矣。(？)乎自然之理，而可以彰明治體者也。末學膚淺，不達名教之本，牽於事用，以惑自然之性，見君臣同於父子，謂之兄弟，可以相傳爲體，謂友于齊於昭穆，違自然之本，違自然之性，豈不哀哉！

寅恪案，此節言自然名教相同之義尤爲明暢，蓋天地父子自然也，尊卑君臣名教也，名教元是準則自然而設置者也。文中「末學膚淺，不達名教之本，牽於事用，以惑自然之性」等語，乃指斥主張自然與名教不同之說者，此彥伯自高聲價之詞，當時號稱名士者所不可少之裝飾門面語也。然則袁氏之意以自然爲本或體，名教爲末或用，而阮掾對王公之問亦當如是解釋，可以無疑矣。

東晉名士著作必關涉名教與自然相同問題，袁書多至三十卷，固應及此，卽短章小詩如淵明同時名士謝靈運之從遊京口北固應詔詩(文選貳貳)，開始卽云：

玉璽戒誠信，黃屋示崇高。事爲名教用，道以神理超。

寅恪案，郭象注莊子逍遙遊云：

夫聖人雖在廟堂之上，然其心無異於山林之中，世豈識之哉！徒見其戴黃屋，佩玉璽，便謂足以纓紱其心矣。見其歷山川，同民事，便謂足以憔悴其神矣，豈知至至者之不虧哉！

此注亦自然名教合一說，卽當日之淸談也。

又依客兒之意，玉璽黃屋皆名教之「事用」也，其本體則爲具有神理之道，卽所謂自然也。此當日名士紙上之淸談，後讀之者不能得其確解，空歎賞其麗詞，豈非可笑之甚耶？

夫東晉中晚袁謝之詩文僅爲紙上清談，讀者雖不能解，尙無大關係。至於曹魏、西晉之際此名敎與自然相同一問題，實爲當時士大夫出處大節所關，如山濤勸嵇康子紹出仕司馬氏之語，爲顧亭林所痛恨而深鄙者(日知錄壹叁正始條)，顧氏據正誼之觀點以立論，其苦心固極可欽敬，然於當日士大夫思想蛻變之隱微似猶未達一間，故茲略釋亙源之語，以爲讀史論世之一助。

世說新語政事類云：

嵇康被誅後，山公舉康子紹爲秘書丞。紹咨公出處，公曰：爲君思之久矣，天地四時猶有消息，而况人乎？

寅恪案，天地四時卽所謂自然也。猶有消息者，卽有陰晴寒暑之變易也。出仕司馬氏，所以成其名敎之分義，卽當日何曾之流所謂名敎也。自然旣有變易，則人亦宜仿效其變易，改節易操，出仕父讎矣。斯實名敎與自然相同之妙諦，而此老安身立命一生受用之秘訣也。嗚呼！今晉書以山濤傳、王戎及衍傳先後相次，列於一卷(第肆叁卷)。此三人者，均早與嵇、阮之徒同尙老莊自然之說，後則服遵名敎，以預人家國事，致身通顯，前史所載，雖賢不肖互殊，而獲享自然與名敎相同之大利，實無以異也。其傳先後相次於一卷之中，誰謂不宜哉！

復次，藝文類聚肆捌載晉裴希聲侍中嵇侯碑文，茲節錄其中關於名敎與自然相同說之數語於下，卽知當時之人其心中以爲嵇紹之死節盡忠雖是名敎美事，然傷生害性，似與自然之道違反，故不得不持一名敎與自然相同說爲之辯護，此固爲當日思想潮流中必有之文字。若取與袁彥伯及顧亭林之言較其同異，尤可見古今思想及人物評價之變遷。至其文中所記年月或有譌誤，然以時代思想論，其爲晉人之作不容疑也。其文略云：

夫君親之重，非名教之謂也。愛敬出於自然，而忠孝之道畢矣。樸散眞離，背生殉利，禮法之興，於斯爲薄，悲夫！銘曰：

在親成孝，於敬成忠。

世說新語記錄魏晉清談之書也。其書上及漢代者，不過追溯原起，以期完備之意。惟其下迄東晉之末劉宋之初迄於謝靈運，固由其書作者只能述至其所生時代之大名士而止，然在吾國中古思想史，則殊有重大意義。蓋起自漢末之清談適至此時代而消滅，是臨川康王不自覺中卻於此建立一劃分時代之界石及編完一部清談之全集也。前已言清談在東漢晚年曹魏季世及西晉初期皆與當日士大夫政治態度實際生活有密切關係，至東晉時代，則成口頭虛語，紙上空文，僅爲名士之裝飾品而已。夫清談既與實際生活無關，自難維持發展，而有漸次衰歇之勢，何況東晉、劉宋之際天竺佛教大乘玄義先後經道安、慧遠之整理，鳩摩羅什師弟之介紹，開震旦思想史從來未有之勝境，實於紛亂之世界，煩悶之心情具指迷救苦之功用，宜乎當時士大夫對於此新學說驚服歡迎之不暇。回顧舊日之清談，實爲無味之雞肋，已陳之芻狗，遂捐棄之而不惜也。

以上略述淵明之前魏晉以來清談發展演變之歷程既竟，茲方論淵明之思想，蓋必如是，乃可認識其特殊之見解，與思想史上之地位也。凡研究淵明作品之人莫不首先遇一至難之問題，即何以絕不發見其受佛教影響是也。以淵明之與蓮社諸賢，生既同時，居復相接，除有人事交際之記載而外，其他若蓮社高賢傳所記聞鐘悟道等說皆不可信之物語也。陶集中詩文實未見贊同或反對能仁教義之單詞隻句，是果何故耶？

嘗考兩晉、南北朝之士大夫，其家世夙奉天師道者，對於周孔世法，本無衝突之處，故無贊同或反對之問題。惟對於佛教則可分三派：一爲保持家傳之道法，而排斥佛教，其最顯著之例爲范縝，（見梁書肆捌南史伍柒儒林傳范縝傳及拙著天師道與海濱地域之關係文中論范蔚宗條。）其神滅之論震動一時。今觀僧祐弘明集第捌第玖兩卷所載梁室君臣往復辨難之言說，足徵子眞守護家傳信仰之篤至矣。二爲棄捨其家世相傳之天師道，而皈依佛法，如梁武帝是其最顯著之例，道宣廣弘明集肆載其捨事道法文略云：

維天監三年四月梁國皇帝蘭陵蕭衍稽首和南十方諸佛十方尊法十方聖僧。弟子經遲迷荒，躭事老子，歷葉相承，染此邪法，習因善發，棄迷知返。今捨棄舊醫，歸憑正覺，不樂依老子教，暫得生天，涉大乘心，離二乘念，正願諸佛證明，菩薩攝受！弟子蕭衍和南。

又弘明集壹貳所載護持佛法諸文之作者，如范泰，卽蔚宗之父，與子眞爲同族，及琅邪王謐，皆出於天師道世家，而歸依佛教者，此例甚多，無待詳舉矣。三爲持調停道佛二家之態度，卽不盡棄家世遺傳之天師道，但亦兼採外來之釋迦教義，如南齊之孔稚珪，是其例也。孔氏本爲篤信天師道之世家，（見南齊書肆捌孔稚珪傳、南史肆玖孔珪傳及拙著天師道與海濱地域之關係文中論范蔚宗條。）弘明集壹壹載其答蕭司徒（竟陵王子良）第一書略云：

民積世門業依奉李老，民仰攀先軌，自絕秋塵，而宗心所向，猶未敢墜。至於大覺明義般若正源，民生平所崇，初不違背。民齊敬歸依，早自淨信，所以未變衣鉢眷黄老者，實以門業有本，不忍一日頓棄，心世有源，不欲終朝悔遁，既以二道大同，本不敢惜心迴向，實顧言稱先業，直不忍棄門志耳。民之愚心正執門範，情於釋老，非敢異同，始私追尋民門，昔嘗明一同之義，經以此訓張融，融乃著通源之論，其名少子。（寅恪案，弘明集陸載張融門論略云：吾門世恭佛，舅氏奉道道也。汝可專遵於佛迹，無侮於道本。少子致書諸遊生者。）

其第二書云：

民今心之所歸，輒歸明公之一向，道家戒善，故與佛家同耳。兩同之處民不苟捨道法，道之所異，輒婉輒入公大乘。

鄙意淵明當屬於第一派，蓋其平生保持陶氏世傳之天師道信仰，雖服膺儒術，而不歸命釋迦也。凡兩種不同之教徒往往不能相容，其有捐棄舊日之信仰，而歸依他教者，必爲對於其夙宗之教義無創闢勝解之人也。中國自來號稱儒釋道三教，其實儒家非眞正之宗教，决不能與釋道二家並論。故外服儒風之士可以内宗佛理，或潛修道行，其間幷無所衝突。他時代姑不置論，就淵明所生之東晉、南北朝諸士大夫而言，江右琅邪王氏及河北清河崔氏本皆天師道世家，亦爲儒學世家，斯其顯證。然此等天師道世家中多有出入佛教之人，惟皆爲對於其家傳信仰不能獨具勝解者也。至若對於其家傳之天師道之教義具有創闢勝解之人，如河北之清河崔浩者，當日之儒宗也，其人對於家傳之教義不僅篤信，且思革新，故一方結合寇謙之，「除去三張僞法，錢稅及男女合氣之術」，一方利用拓拔燾毀滅佛教，（詳見魏書壹壹肆釋老志及同書貳伍崔浩傳、北史貳壹崔宏傳附浩傳。）尤爲特著之例。淵明之爲人雖與崔伯淵異，然其種姓出於世奉天師道之溪族，（見拙著魏書司馬叡傳江東民族條釋證及推論。）其關於道家自然之說別有進一步之創解（見下文），宜其於同時同地慧遠諸佛教徒之學說竟若充耳不聞也。淵明著作文傳於世者不多，就中最可窺見其宗旨者，莫如形影神贈答釋詩，至歸去來辭、桃花源記、自祭文等尚未能充分表示其思想，而此三首詩之所以難解亦由於是也。此三首詩實代表自曹魏末至東晉時士大夫政治思想人生觀演變之歷程及淵明己身創獲之結論。卽依據此結論以安身立命者也。前已言魏末、晉初名士如嵇康、阮籍叔姪之流是自然而非名教者也，何曾之流是名教而非自然者也，山濤、王戎兄弟則老莊與周孔並尙，以自然名教爲兩是者也。其尙老莊是自然者，或避世，或祿仕，對於當時政權持反抗或消極不合作之態度，其崇尙周孔是名教者，則干世求進，對於當時政權持積極贊助之態度，故此二派之人往往互相非詆，其周孔老莊並崇，自然名教兩是之徒，則前日退隱爲高士，晚節急仕至達官，名利兼收，實最無恥之巧宦也。時移世易，又成來復之象，東晉之末葉宛如曹魏之季年，淵明生値其時，既不盡同嵇康之自然，更有異何曾之名教，且不主名教自然相同之說如山、王輩之所爲。蓋其己身之創解乃一種新自然說，與嵇、阮之舊自然說殊異，惟其仍是自然，故消極不與新朝合作，雖篇篇有酒（昭明太子陶淵明集序語），而無沈湎任誕之行及服食求長生之志。夫淵明既有如是創闢之勝解，自可以安身立命，無須乞靈於西土遠來之學說，而後世佛徒妄造物語，以爲附會，抑何可笑之甚耶？

茲取形影神贈答釋詩略釋之於下：

形影神（并序）

貴賤賢愚，莫不營營以惜生，斯甚惑焉。故極陳形影之苦，言神辨自然以釋之。好事君子，共取其心焉。

寅恪案，「惜生」不獨指舊日自然說者之服食求長生，亦兼謂名教說者孜孜爲善。立名不朽，仍是重視無形之長生，故所以皆苦也。茲言「神辨自然」，可知神之主張卽淵明之創解，亦自然說也。今以新自然說名之，以別於中散等之舊自然說焉。

形贈影。

寅恪案，此首淵明非舊自然說之言也。

天地長不沒，山川無改時。草木得常理，霜露榮悴之。謂人最靈智，獨復不如茲！適見在世中，奄去靡歸期。奚覺無一人，親識豈相思？但餘平生物，舉目情悽洏。

寅恪案，此節言人生不如大自然之長久也。

詩又云：

我無騰化術，必爾不復疑。願君取吾言，得酒莫苟辭。

寅恪案，此詩結語謂主張舊自然說者求長生學神仙（主舊自然說者大都學神仙，至嵇叔夜以神仙非積學所致，乃一例外也。）爲不可能。但主舊自然說者如阮籍、劉伶諸人藉沈湎於酒，以圖苟全性命，或差可耳。此非舊自然說之言也。

影答形。

寅恪案，託爲是名教者非舊自然說之言也。

存生不可言，衞生每苦拙。誠願遊崑華，邈然茲道絕。

寅恪案，此數句承形贈影詩結語，謂長生不可期，神仙不可求也。

詩又云：

與子相遇來，未嘗異悲悅。憩蔭若暫乖，止日終不別。此同既難常，黯爾俱時滅。

寅恪案，此節申言舊自然說之非也。

詩又云：

身沒名亦盡，念之五情熱。立善有遺愛，胡爲不自竭。

寅恪案，此託爲主張名教者之言，蓋長生既不可得，則惟有立名卽立善可以不朽，所以期精神上之長生，此正周孔名教之義，與道家自然之旨迥殊，何曾、樂廣所以深惡及非笑阮籍、王澄、胡母輔之輩也。

神釋。

寅恪案，此首之意謂形所代表之舊自然說與影所代表之名教說之兩非，且互相衝突，不能合一，但己身別有發明之新自然說，實可以皈依，遂託於神之言，兩破舊義，獨申創解，所以結束二百年學術思想之主流，政治社會之變局，豈僅淵明一人安身立命之所在而已哉！

大鈞無私力，萬理自森著。人爲三才中，豈不以我故。與君雖異物，生而相依附。結託善惡同，安得不相語。

寅恪案，此節明神之所以特貴於形影，實淵明之所自託，宜其作如是言也。或疑淵明之專神至此，殆不免受佛教影響，然觀此首結語「應盡便須盡，無復獨多慮」之句，則淵明固亦與范縝同主神滅論者。縝本世奉天師道，而淵明於其家傳之教義尤有所創獲，此二人同主神滅之說，必非偶然也。又子眞所著神滅論云：「若知陶甄禀於自然，森羅均於獨化，忽焉自有，怳爾而無，來也不禦，去也不追，乘乎天理，各安其性。」則與淵明神釋詩所謂「縱浪大化中，不喜亦不懼。應盡便須盡，無復獨多慮。」及歸去來辭所謂「聊乘化以歸盡，樂夫天命復奚疑。」等語旨趣符合。惟淵明生世在子眞之前，可謂「孤明先發」（慧皎高僧傳贊美道生之語）耳。陶、范俱天師道世家，其思想冥會如此，故治魏晉南北朝思想史，而不究家世信仰問題，則其所言恐不免皮相，此點斯篇固不能詳論，然卽依陶、范旨趣符同一端以爲例論而推之，亦可以思過半矣。

或疑陶公乞食詩「冥報以相貽」之句與釋氏之說有關，不知老人結草之物語實在佛教入中國之前，且釋氏冥報之義復由後世道家採入其教義，故淵明此語無論其爲詞彙問題，抑或宗教問題，若果涉宗敎，則當是道敎，未必爲佛敎也。

詩又云：

三皇大聖人，今復在何處？

寅恪案，此反詰影所謂「身沒名亦盡，念之五情熱。立善有遺愛，胡爲不自竭？」之語，乃非名敎之說也。

詩又云：

彭祖壽永年，欲留不得住。老少同一死，賢愚無復數。

寅恪案，此非主舊自然說者長生求仙之論，兼非主名敎說者立善不朽及遺愛之言也。

詩又云：

日醉或能忘，將非促齡具。

寅恪案，此駁形「得酒莫苟辭」之語，意謂主舊自然說者沈湎於酒，欲以全生，豈知其反傷生也。

詩又云：

立善常所欣，誰當爲汝譽？

寅恪案，此駁影「立善有遺愛，胡爲不自竭」之語，蓋既無譽者，則將何所遺耶？此非名敎之言也。

詩又云：

甚念傷吾生，正宜委運去。縱浪大化中，不喜亦不懼。應盡便須盡，無復獨多慮。

寅恪案，此詩結語意謂舊自然說與名敎說之兩非，而新自然說之要旨在委運任化。夫運化亦自然也，旣隨順自然，與自然混同，則認己身亦自然之一部，而不須更別求騰化之術，如主舊自然說者之所爲也。但此委運任化，混同自然之旨自不可謂其非自然說，斯所以別稱之爲新自然說也。考陶公之新解仍從道敎自然說演進而來，與後來道士受佛敎禪宗影響所改革之敎義不期冥合，是固爲學術思想演進之所必致，而淵明則在千年以前已在其家傳信仰中達到此階段矣，古今論陶公者旨未嘗及此，實有特爲指出之必要也。

又歸去來辭結語「聊乘化以歸盡，樂夫天命復奚疑。」乃一篇主旨，亦卽神釋詩所謂「甚念傷吾生，正宜委運去。縱浪大化中，不喜亦不懼。應盡便須盡，無復獨多慮」之意，二篇主旨可以互證。又自祭文中「樂天委分，以至百年。」亦卽神釋詩「正宜委運去」及「應盡便須盡」之義也。至文中「惟此百年，夫人愛之。懼彼無成，愒日惜時。存爲世珍，沒亦見思。」乃影答形詩「身沒名亦盡，念之五情熱。立善有遺愛，胡爲不自竭？」之意，蓋主名敎說者之言，其下卽接以「嗟我獨邁，曾是異茲。寵非己榮，涅豈吾緇？捽兀窮廬，酣飲賦詩。識運知命，疇能罔眷？余今斯化，可以無恨。」則言己所爲異趣，乃在「識運知命」，卽「乘化歸盡，樂夫天命」之指，實以名敎說爲非，可知淵明始終是天師敎信徒，而道敎爲自然主義。淵明雖異於嵇、阮之舊自然說，但仍不離自然主義，殊無可疑也。

又弘明集伍釋慧遠沙門不敬王者論出家二云：

其爲敎也，達患累緣於有身，不存身以息患，知生生由於稟化，不順化以求宗。

是則與淵明所得持任生委運乘化樂天之宗旨完全相反，陶令絕對未受遠公佛教之影響益可證明矣。

又遠公此論之在家一中「是故因親以教愛，使民知有自然之恩，因嚴以教敬，使民知有自然之重。」及體極不兼應四中「常以爲道法之與名教，如來之與堯孔，發致雖殊，潛相影響，出處誠異，終期則同。」等語，仍是東晉名士自然與名教相同之流行言論，不過遠公以釋迦易老莊耳。淵明宗旨實有異於此，斯又陶令思想與遠公無關之一證也。

復次，桃花源記爲描寫當時塢壁之生活，而加以理想化者，非全無根據之文也。詳見拙著桃花源記旁證及魏書司馬叡傳江東民族釋證及推論，茲不備及。惟有一事特可注意者，卽淵明理想中之社會無君臣官長尊卑名分之制度，王介甫桃源行「雖有父子無君臣」之句深得其旨，蓋此文乃是自然而非名教之作品，藉以表示其不與劉寄奴新政權合作之意也。

又五柳先生傳爲淵明自傳之文。文字雖甚短，而述性嗜酒一節最長。嗜酒非僅實錄，如見於詩中飲酒止酒述酒及其關涉酒之文字，乃遠承阮、劉之遺風，實一種與當時政權不合作態度之表示，其是自然非名教之意顯然可知，故淵明之主張自然，無論其爲前人舊說或己身新解，俱與當日實際政治有關，不僅是抽象玄理無疑也。

取魏晉之際持自然說最著之嵇康及阮籍與淵明比較，則淵明之嗜酒祿仕，及與劉宋諸臣王弘、顏延之交際往來，得以考終牖下，固與嗣宗相似，然如詠荊軻詩之慷慨激昂及讀山海經詩精衞刑天之句，情見乎詞，則又頗近叔夜之元直矣。總之，淵明政治上之主張，沈約宋書淵明傳所謂「自以曾祖晉世宰輔，恥復屈身異代，自〔宋〕高祖王業漸隆，不復肯仕。」最爲可信。與嵇康之爲曹魏國姻，因而反抗司馬氏者，正復相同。此嵇、陶符同之點實與所主張之自然說互爲因果，蓋研究當時士大夫之言行出處者，必以詳知其家世之姻族連繫及宗教信仰二事爲先決條件，此爲治史者之常識，無待贅論也。近日梁啓超氏於其所撰陶淵明之文藝及其品格一文中謂「其實淵明只是看不過當日仕途混濁，不屑與那些熱官爲伍，倒不在乎劉裕的王業隆與不隆」。「若說所爭在什麼姓司馬的，未免把他看小了。」及「宋以後批評陶詩的人最恭維他恥事二姓，這種論調我們是最不贊成的。」斯則任公先生取己身之思想經歷，以解釋古人之志尙行動，故按諸淵明所生之時代，所出之家世，所遺傳之舊教，所發明之新說，皆所難通，自不足據之以疑沈休文之實錄也。

又淵明雖不似主舊自然說者之求長生學神仙，然其天師道之家傳信仰終不能無所影響，其讀山海經詩云：「泛覽周王傳，流觀山海圖。」蓋穆天子傳、山海經俱屬道家秘籍，而爲東晉初期人郭璞所注解，景純不是道家方士，故篤好之如此，淵明於斯亦習氣未除，不覺形之吟詠，不可視同偶爾興懷，如詠荆軻、詠三良、讀史述、扇上畫贊之類也。茲論淵明思想，因幷附及之，以求敎於讀陶詩者。

今請以數語概括淵明之思想如下：

淵明之思想爲承襲魏晉清談演變之結果及依據其家世信仰道敎之自然說而創改之新自然說。惟其爲主自然說者，故非名敎說，幷以自然與名敎不相同。但其非名敎之意僅限於不與當時政治勢力合作，而不似阮籍、劉伶輩之佯狂任誕。蓋主新自然說者不須如主舊自然說之積極抵觸名教也。又新自然說不似舊自然說之養此有形之生命，或別學神仙，惟求融合精神於運化之中，卽與大自然爲一體。因其如此，旣無舊自然說形骸物質之滯累，自不致與周孔入世之名教說有所觸礙。故淵明之爲人實外儒而內道，捨釋迦而宗天師者也。推其造詣所極，殆與千年後之道教採取禪宗學說以改進其教義者，頗有近似之處。然則就其舊義革新，「孤明先發」而論，實爲吾國中古時代之大思想家，豈僅文學品節居古今之第一流，爲世所共知者而已哉！

（一九四五年在成都出版單行本）

書魏書蕭衍傳後

魏書玖捌島夷蕭衍傳云：

衍每募人出戰，素無號令，初或暫勝，後必奔背。〔侯〕景宣言曰：城中非無菜，但無醬耳。以戲侮之。

寅恪案，梁武晚歲，用北來降人爲將，實出於不得已。此端寅恪於「述東晉王導之功業」一文中，附論及之，（見中山大學學報社會科學版一九五六年第壹期。並可參高教部油印拙著兩晉南北朝史參考資料中江東統治階級之轉移章。）可不詳述。惟臺城被圍時，其守禦之良將，乃北來降人之羊侃。侃守城之事蹟，并侃歿，而城不能守之悲劇，詳見梁書叁玖及南史陸叁羊侃傳。史傳備具，不須贅引。茲僅錄侃同時人所言者於下，以供旁證。

顏之推顏氏家訓慕賢篇云：

侯景初入建業，臺門雖閉，公私草擾，各不自全。太子左衛，率羊侃坐東掖門，部分經略，一宿皆辦，遂得百餘日，抗拒兇逆。於時城內四萬許人，王公朝士，不下一百，便是恃侃一人安之，其相去如此。

北周書肆壹庾信傳哀江南賦云：

尙書多算，（寅恪案，羊侃時爲都官尙書。）守備是長。雲梯可拒，地道能防。有齊將之閉壁，無燕帥之臥牆。大事去矣，人之云亡。

然則，臺城被圍時，城中有兵卒無將帥之情況，可以證知。故侃既死，而臺城不能守矣。其成爲問題者，即（一）侯景所言「醬」「菜」之解釋。（二）造作此戲侮之語者，究出自何人？「醬」與「將」同聲，可不必論。「菜」即指「兵卒」之「卒」而言。但菜爲去聲，卒爲入聲，何以同讀？必有待發之覆。檢南史捌拾王偉傳（參梁書伍陸侯景傳）云：

王偉，其先略陽人。父略，仕魏爲許昌令，因居潁川。偉學通周易，雅高辭采，仕魏爲行臺郎。（侯）景叛後，高澄以書招之。偉爲景報澄書，其文甚美。澄覽書曰：誰所作也？左右稱偉之文。澄曰：才如此，何由不早使知邪？偉既協景謀謨，其文檄並偉所製，及行篡逆，皆偉創謀也。

寅恪案，王偉雖稱陳留人，其家世實出略陽。據北齊書叁伍裴讓之傳附弟讞之傳（參北史叁捌裴佗傳附子讞之傳）云：

楊愔每稱歎云：河東士族，京官不少，唯此家兄弟，（寅恪案，謂裴讓之、諏之、讞之兄弟也。）全無鄉音。

及北史捌壹儒林傳上李業興傳略云：

李業興，上黨長子人也。祖虯，父玄紀，並以儒學舉孝廉。業興家世農夫，雖學殖，而舊音不改。梁武問其宗門多少？答曰：薩四十家。使還，孫騰謂曰：何意為吳兒所笑？對曰：業與猶被笑，試遣公去，當着被駡。

可知當日北方文儒之士，語言多雜方音。王偉家世既出自略陽，其語言當不免雜有鄉土之音。陸法言切韻序云：

秦隴則去聲為入。

略陽正是秦隴地域，王偉若用其家世鄉土之音，則讀「卒」為「菜」，固所當然也。（寅恪案，錢大昕廿二史考異貳陸梁書蘭欽傳云：「西魏祖宇文黑泰（並可參同書同卷侯景傳西求救於黑泰條），本名黑獺，獺泰聲相近。」然則竹汀似猶未解當時秦隴讀入為去之原則，而「聲相近」三字含糊了之也。）況侯景本非清流，自不能作此雅謔，以戲侮梁武。偉為景之謀主，「城中非無菜，但無醬耳。」之言，其為偉所造作，當無疑義。寅恪嘗論切韻與史實之關係，（見嶺南學報第玖卷第貳期拙著「從史實論切韻」。）師丹老而健忘，未及取證魏書此傳。今為記之，并不避重錄昔日文中所引裴李兩傳之嫌，以資說明，藉補舊稿之疏漏，近代學人有以秦之先世「栢翳」及「伯益」一端（見史記伍），以證法言序者，亦頗精確。但似不如取伯起所記梁末之事，以證法言隋初之語者，具有時代性，更較適切也。鄙說如此，然歟？否歟？特舉出之，以求教於當世審音治史之君子。

（原刊中山大學學報一九五八年第一期）

讀哀江南賦

古今讀哀江南賦者衆矣，莫不爲其所感，而所感之情，則有淺深之異焉。其所感較深者，其所通解亦必較多。蘭成作賦，用古典以述今事。古事今情，雖不同物，若於異中求同，同中見異，融會異同，混合古今，別造一同異俱冥，今古合流之幻覺，斯實文章之絕詣，而作者之能事也。自來解釋哀江南賦者，雖於古典極多詮說，時事亦有所徵引。然關於子山作賦之直接動機及篇中結語特所致意之點，止限於詮說古典，舉其詞語之所從出，而於當日之實事，卽子山所用之「今典」，似猶有未能引證者。故茲篇僅就此二事論證，其他則不併及云。

上

解釋詞句，徵引故實，必有時代限斷。然時代劃分，於古典甚易，於「今典」則難。蓋所謂「今典」者，卽作者當日之時事也。故須考知此事發生必在作此文之前，始可引之，以爲解釋。否則，雖似相合，而實不可能。此一難也。此事發生雖在作文以前，又須推得作者有聞見之可能。否則其時卽已有此事，而作者無從取之以入其文。此二難也。質言之，解釋哀江南賦之「今典」，先須考定此賦作成之年月。又須推得周陳通好，使命往來，南朝之文章，北使之言語，子山實有聞見之可能，因取之入文，以發其哀感。請依次論之。

周書肆壹庾信傳哀江南賦序云：

中興道銷，窮於甲戌。

又云：

天道周星，物極不反。

賦云：

況復零落將盡，靈光巋然。日窮於紀，歲將復始。逼切危慮，端憂暮齒。踐長樂之神皐，望宣平之貴里。

寅恪案，西魏之取江陵在梁元帝承聖三年甲戌，即西魏恭帝元年（五五四年）。歲星一周，爲周武帝天和元年丙戌，即陳文帝天嘉七年（五六六年），是歲子山年五十三，（詳倪璠庾子山年譜。倪氏雖有舛誤遺漏之處，然與茲所論證無涉者，均不置辨。）雖或可云暮齒，然是年王褒未卒（見周書肆壹北史捌叁王褒傳），子山入關與石泉齊名，苟子淵健在，必不宜有「靈光巋然」之語，明矣。若歲星再周，則爲周武帝宣政元年戊戌，即陳宣帝太建十年（五七八年）。是年子山已由洛州刺史，徵還長安，爲司宗中大夫，年已六十五歲，即符暮齒之語。且其時王褒已逝，靈光獨存。任職司宗，身在長安，亦與踐望長樂宣平等句尤合。又據其「日窮於紀，歲將復始」之語，則哀江南賦作成之時，其在周武帝宣政元年十二月乎？（是時周武帝已崩。宣帝即位，尚未改元。）

此賦作成之年月既考定，則時事之在此斷限以前，論其性質，苟爲子山所得聞見者，固可徵引以解釋此賦也。

自陳毛喜進陳、周和好之策，南北使命屢通。其事之見載於陳、周書及南北史諸紀傳者甚衆，不須備引。茲僅錄陳書貳玖毛喜傳（南史陸捌毛喜傳，通鑑壹陸捌陳文帝天嘉元年條略同。）一條，以見陳、周通好之原起於下：

及江陵陷，喜及高宗俱遷關右。世祖即位，喜自周還，進和好之策。朝廷乃遣周弘正等通聘。及高宗反國，喜於郢州奉迎。又遣喜入關，以家屬爲請。周冢宰宇文護執喜手曰：能結二國之好者，卿也。仍迎柳皇后及後主還。天嘉三年至京師。

陳、周既通好，流寓之士各許還國。子山本欲南歸，而陳朝又以子山爲請。周書肆壹庾信傳（北史捌叁文苑傳庾信傳同）云：

時陳氏與朝廷通好，南北流寓之士，各許還其舊國。陳氏乃請王褒及信等十數人。高祖惟放王克、殷不害等，信及褒並留而不遣。

陳書叁貳孝行傳殷不害傳（南史柒肆孝義傳殷不害傳同）略云：

與王褒、庾信俱入長安。太建七年，自周還朝。

倪魯玉注北史庾信傳據此云：

是陳氏請褒及信在太建七年，周武帝之建德四年也。

寅恪案，周書伍高祖紀上（北史拾周本紀下，通鑑壹陸捌陳文帝天嘉二年六月條同。）云：

保定元年六月乙酉，遣治御正殷不害等使於陳。

此殷不害與陳書孝行傳及南史孝義傳之殷不害當是一人。考周武帝保定元年即陳文帝天嘉二年（五六一年）尚在周武帝建德四年即陳宣帝太建七年（五七五年）之前十四年。周書北史本紀等所載之年月，雖顯與陳書南史殷不害傳不合，然殷不害之爲周武帝所遣還，則無可疑也。

又王克事附見南史貳叁王彧傳，不載其自周還陳始末及年月。惟陳書壹玖沈炯傳（南史陸玖沈炯傳略同）云：

少日，便與王克等幷獲東歸。紹泰二年至都，除司農卿。

寅恪案，梁敬帝紹泰二年，即西魏恭帝三年（五五六年）。下距周武帝建德四年，更早十九年，則非在周武帝之世明矣。史傳之文先後參錯，雖不易確定，然可藉是推知二十年間陳、周通好，沈炯、王克、殷不害之徒，先後許歸舊國。惟子山與子淵數輩爲周朝歷世君主所不遣放，亦不僅武帝一人欲羈留之也。今史文雖有差異，然於此可不置論。所應注意者，即此二十年間流寓關中之南士，屢有東歸之事，而子山則屢失此機緣。不但其思歸失望，哀怨因以益甚。其前後所以圖歸不成之經過，亦不覺形之言語，以著其憤慨。若非深悉其內容委曲者，哀江南賦哀怨之詞，尙有不能通解者矣。

又子山圖歸舊國之心既切，則陳使之來，周使之返，苟蒙允許，必殷勤訪詢。南朝之消息，江左之文章，固可以因緣聞見也。北史捌叁文苑傳王褒傳（周書肆壹王褒傳略同）云：

初，褒與梁處士汝南周弘讓相善。及讓兄弘正自陳來聘，〔武〕帝許褒等通親知音問，褒贈弘讓詩並書焉（周書叅載弘讓復書）。今庾子山集肆如別周尚書弘正，送別周尚書弘正二首，重別周尚書二首等詩，俱可據以證知也。

史所謂「褒等」自指子山之流。今庾子山集肆如別周尚書弘正，送別周尚書弘正二首，重別周尚書二首等詩，俱可據以證知也。

復次，當時使者往來，其應對言辭，皆有紀錄。以供返命後留呈參考。如後來趙宋時奉使遼金者，所著行程語錄之比。今宋書肆陸南史叁貳張暢傳，魏書伍叁北史叁叁李孝伯傳，所載暢與孝伯彭城問答之語，即依據此類語錄撰成者也。子山既在關中，位望通顯，朝貴復多所交親，此類使臣語錄，其關切己身者，自必直接或間接得以聞見。然則當日使臣傳布之江左篇章及其將命應對之語錄，苟在哀江南賦作成以前者，固可據之以爲賦中詞句之印證，實於事理無所不合也。

下

陳書壹玖沈炯傳（南史陸玖沈炯傳略同）略云：

少日，便與王克等並獲東歸。紹泰二年至都，除司農卿。文帝又重其才用，欲寵貴之。會王琳入寇大雷，留異擁據東境。帝欲使炯因是立功，乃解中丞，加明威將軍，遣還鄉里，收合徒衆。以疾卒於吳中，時年五十九。

陳書叁世祖紀（南史玖陳本紀上、陳書叁伍、南史捌拾留異傳、通鑑壹陸柒及壹陸捌陳紀略同。）云：

〔陳武帝永定三年〕十一月乙卯，王琳寇大雷，詔遣太尉侯瑱、司空侯安都、儀同徐度率衆以禦之。

〔陳文帝天嘉二年十二月〕先是，縉州刺史留異應於王琳等反。丙戌，詔司空侯安都率衆討之。

據此，沈初明卒年當在陳武帝永定三年，即周明帝武成元年（五五九年）。初明以梁敬帝紹泰二年即西魏恭帝三年（五五六年）由長安還建康。其南歸僅四歲，即逝世也。檢藝文類聚貳柒及柒玖俱載有初明所製歸魂賦。其序云：「余自長安反，乃作歸魂賦。」是知歸魂賦作成之年必在紹泰二年（是年九月朔改元太平）梁尚未禪陳之時，即或稍後，亦不能踰永定三年之時限，則不待言也。（史言初明卒年五十九。據歸魂賦云：「嗟五十之踰年，忽流離於凶忒。」則其卒年似不止五十九也。茲以與此篇無關，故不考辨。）今觀歸魂賦，其體製結構固與哀江南賦相類，其內容次第亦少差異。至其詞句如「而大盜之移國」，「斬蚩尤之旗」，「去莫敖之所縊」，「但望斗而觀牛」等，則更符同矣。頗疑南北通使，江左文章本可以流傳關右，何況初明失喜南歸之作，尤爲子山思歸北客所亟欲一觀者耶？子山殆因緣機會，得見初明此賦。其作哀江南賦之直接動機，實在於是。注哀江南賦者，以楚辭招魂之「魂兮歸來哀江南」一語，以釋其命名之旨。雖能舉其遺詞之所本，尚未盡其用意之相關。是知古典矣，猶未知「今典」也。故讀子山之哀江南賦者，不可不並讀初明之歸魂賦。深惜前人未嘗論及，遂表而出之，以爲讀哀江南賦者進一解焉。

又周書北史庾信傳並云：

信雖位望通顯，常有鄉關之思。乃作哀江南賦，以致其意云。

是其賦末結語尤爲其意旨所在。「豈知霸陵夜獵，猶是故時將軍。咸陽布衣，非獨思歸王子。」二句，非僅用李將軍楚王子之古典也，亦用當時之「今典」焉。倪注釋將軍句云：「謂已猶是故左衞將軍也。」是誠能知「今典」矣。而釋王子句，乃泛以梁國子孫之客長安者爲說，是猶未達一間也。檢北史柒拾杜杲傳（周書叁玖杜杲傳略同）略云：

初，陳文帝弟安成王頊爲質於梁，及江陵平，頊隨例遷長安。陳人請之，周文帝許而未遣。至是，（武）帝欲歸之，命杲使焉。陳文帝大悅，卽遣使報聘，並賂黔中數州地，仍請畫界分疆，永敦鄰好。以杲奉使稱旨，進授都督，行小御伯，更往分界。陳於是歸魯山郡。（武）帝乃拜頊柱國大將軍，詔杲送之還國。陳文帝謂杲曰：家弟今蒙禮遣，實是周朝之惠。然不還魯山，亦恐未能及此。杲答曰：安成之在關中，乃咸陽一布衣耳。然是陳之介弟，其價豈止一城？建德初，授司城中大夫，仍使於陳。（陳）宣帝謂杲曰：長湖公軍人等雖築館處之，然恐不能無北風之戀。王褒、庾信之徒旣羈旅關中，亦當有南枝之思耳。杲揣陳宣意，欲以元定軍將士易王褒等，乃答之曰：長湖總戎失律，臨難苟免，旣不死節，安用此爲？且猶牛之一毛，何能損益。本朝之議，初未及此。陳宣帝乃止。

寅恪案，哀江南賦致意之點，實在於此。杜杲使陳語錄，必爲子山直接或間接所知見。若取此當時之「今典」，以解釋「王子」之句，則尤深切有味，哀感動人。並可見子山作賦，非徒泛用古典，約略比擬。必更有實事實語，可資印證者在，惜後人之不能盡知耳。然則哀江南賦豈易讀哉！

（原刊一九三九年昆明清華學報）

論隋末唐初所謂「山東豪傑」

隋末唐初之史乘屢見「山東豪傑」之語，此「山東豪傑」者乃一胡漢雜糅，善戰鬥，務農業，而有組織之集團，常爲當時政治上敵對兩方爭取之對象。茲略引史料，稍爲證明，並設一假說，以推測其成立之由來，或可供研治吾國中古史者之參考歟？

今爲證釋便利計，姑分別爲(一)竇建德、劉黑闥等，(二)翟讓、徐世勣等，及(三)青、齊、徐、兗諸豪雄等三類，次第敍述之如下：

新唐書捌伍竇建德傳云：

竇建德，貝州漳南人。世爲農。自言漢景帝太后父安成侯充之苗裔。

同書捌陸劉黑闥傳略云：

劉黑闥，貝州漳南人。與竇建德少相友。〔王世充〕以其武健，補馬軍總管。〔後竇〕建德用爲將。建德有所經略，常委以斥候，陰入敵中，覘虛實，每乘隙奮奇兵，出不意，多所摧克，軍中號爲神勇。

舊唐書陸拾廬江王瑗傳略云：

時隱太子建成將有異圖，外結於瑗。及建成誅死，瑗乃舉兵反。〔王〕利涉曰：山東之地，先從竇建德，酋豪首領，皆是僞官，今並黜之，退居匹庶，此人思亂，若旱之望雨。王宜發使復其舊職，各於所在遣募本兵，諸州儻有不從，卽委隨便誅戮。此計若行，河北之地可呼吸而定也。

資治通鑑壹玖拾唐高祖武德五年十二月壬申〔劉黑闥〕衆遂大潰條考異引太宗實錄云：

〔劉〕黑闥重反，高祖謂太宗曰：前破黑闥，欲令盡殺其黨，使空山東，不用吾言，至有今日。及隱太子征闥，平之，將遣唐儉往，使男子十五已上悉阬之，小弱及婦女總驅入關，以實京邑。

全唐文柒肆肆殷侔竇建德碑略云：

自建德亡，距今已久遠，山東河北之人或尚談其事，且爲之祀，知其名不可滅，而及人者存也。聖唐大和三年，魏州書佐殷侔過其廟下，見父老羣祭，駿奔有儀，「夏王」之稱猶紹於昔。

寅恪案，竇建德、劉黑闥等徒黨爲隋末唐初間最善戰鬥而有堅固組織之集團，實是唐室之勍敵，高祖「欲令盡殺其黨，使空山東」。疑眞有其事，司馬君實不信太宗實錄之記載，以爲史臣歸美太宗之詞，鄙見太宗蓋別有用意，欲利用此集團，爲其政治上之工具，如後來與建成、元吉決鬥時，遣張亮往洛陽招引「山東豪傑」以爲己助之例耳。觀殷侔之碑文，知竇建德死後逾二百年，其勢力在舊地猶若此，與後來安祿山、史思明死後，其勢力終未衰歇，而成唐代藩鎭之局者，似頗相類（詳見拙著唐代政治史述論稿上篇），其必有民族特殊性存乎其間，可以推知也。竇建德自言出於漢代外戚之竇氏，實則鮮卑紇豆陵氏之所改（見新唐書柒壹下宰相世系表竇氏條），實是胡種也。劉黑闥之劉氏爲胡人所改漢姓之最普遍者，其「黑闥」之名與北周創業者宇文黑獺之「黑獺」同是一胡語，然則劉黑闥不獨出於胡種，其胡化之程度蓋有過於竇建德者矣。其以武健見賞於王世充，任馬軍總管，又在竇建德軍中常爲斥候，以神勇著稱，此正胡人專長之騎射技術，亦即此集團的戰鬥力所以特强之故，實與民族性有關，決非偶然也。至竇建德之「世爲農」及張亮之「以農爲業」（見後引舊唐書陸玖張亮傳）與王利涉言欲令竇建德部下「酋豪首領各於所在遣募本兵」，實有相互之關係，最爲可注意之點，俟後論之，兹姑不涉及。

此集團中翟讓、徐世勣一系統在唐初政治上最居重要地位，兹稍多迻錄有關史料，綜合論之於下：

舊唐書伍叁李密傳略云：

李密，本遼東襄平人。魏司徒弼曾孫。後周賜弼姓徒何氏。祖曜，周太保、魏國公，父寬，隋上柱國、蒲山公，皆知名當代。密說〔翟〕讓曰：明公以英傑之才，而統驍雄之旅，宜當廓清天下，誅翦羣凶，豈可求食草間，常爲小盜而已？讓曰：僕起隴畝之間，望不至此。柴孝和說密曰：秦地阻山帶河，西楚背之而亡，漢高都之而霸。如愚意者，令〔裴〕仁基守迴洛，翟讓守洛口，明公親簡精鋭，西襲長安，百姓孰不郊迎？必當有征無戰。既剋京邑，業固兵强，方更長驅崤函，掃蕩東洛，傳檄指撝，天下可定。但今英雄競起，實恐他人我先，一朝失之，噬臍何及？密曰：君之所圖，僕亦思之久矣，誠乃上策。但昏主尚存，從兵猶衆，我之所部，並是山東人，既見未下洛陽，何肯相隨西入？諸將出於羣盜，留之各競雄雌。若然者，殆將敗矣。

新唐書玖叁李勣傳略云：

李勣，曹州離狐人。本姓徐氏。客衛南。家富，多僮僕，積粟常數千鍾。與其父蓋皆喜施貸，所周給無親疏之間。隋大業末，韋城翟讓爲盜，勣年十七，往從之。武德二年，〔李〕密歸朝廷，其地東屬海，南至江，西直汝，北抵魏郡，勣統之，未有所屬。乃錄郡縣戶口以啓密，請自上之。詔授黎州總管，封萊國公。賜姓，附宗正屬籍，徙封曹，封蓋濟陰王。從秦王伐東都，戰有功。平〔竇〕建德，俘〔王〕世充，乃振旅還，秦王爲上將，勣爲下將，皆服金甲，乘戎輅，告捷於廟。又從破劉黑闥、徐圓朗，圓朗復反，詔勣爲河南大總管，討平之。帝〔太宗〕疾，謂太子〔高宗〕曰：爾於勣無恩，今以事出之，我死，宜卽授以僕射，彼必致死力矣。

大唐新語捌聰敏類云：

賈嘉隱，年七歲，以神童召見。時太尉長孫無忌、司空李勣於朝堂立語。李戲之曰：吾所倚者何樹？嘉隱對曰：松樹。李曰：此槐也，何忽言松？嘉隱曰：以公配木則爲松樹。無忌連問之曰：〔吾〕所倚者何樹？嘉隱曰：槐樹。無忌曰：汝不能復矯對耶？嘉隱應聲曰：何須矯對？但取其以鬼配木耳。勣曰：此小兒作獠面，何得如此聰明？嘉隱又應聲曰：胡面尚爲宰相，獠面何廢聰明？勣狀貌胡也。

舊唐書陸肆隱太子傳略云：

及劉黑闥重反，王珪、魏徵謂建成曰：願請討之，且以立功，深自封植，因結山東英俊。建成從其計。及〔太宗〕將行（往洛陽），建成、元吉相謀曰：秦王今往洛陽，既得土地甲兵，必爲後患。留在京師制之，一匹夫耳。密令數人上封事曰：秦王左右多是東人，聞往洛陽，非常欣躍，視其情狀，自今一去，不作來意。高祖於是遂停。

同書陸玖張亮傳略云：

張亮，鄭州滎陽人也。素寒賤，以農爲業。大業末，李密略地滎、汴，亮仗策從之，署驃騎將軍，隸於徐勣。後房玄齡、李勣薦之於太宗，引爲秦府車騎將軍，委以心膂。會建成、元吉將起難，太宗以洛州形勝之地，一朝有變，將出保之，遣亮之洛陽，統左右王保等千餘人，陰引山東豪傑以俟變，多出金帛，恣其所用。元吉告亮欲圖不軌，坐是屬吏，亮卒無所言，事釋，遣還洛陽。及建成死，授懷州總管，封長平郡公。

同書陸捌尉遲敬德傳略云：

隱太子、巢剌王元吉將謀害太宗，密致書以招敬德，仍贈以金銀器物一車。敬德辭，尋以啓聞，太宗曰：送來但取，寧須慮也。且知彼陰謀計，足爲良策。

同書同卷張公謹傳略云：

張公謹，魏州繁水人也。初爲王世充洧州長史。武德元年，與王世充所署洧州刺史崔樞以州城歸國。初未知名，李勣驟薦於太宗，乃引入幕府。〔武德九年〕六月四日，公謹與長孫無忌等九人伏於玄武門以俟變。及斬建成、元吉，其黨來攻玄武門，兵鋒甚盛。公謹有勇力，獨閉門以拒之。以功累授左武候將軍，封定遠郡公。

巴黎圖書館藏敦煌寫本李義府撰常何碑略云：

公諱□，字□□，其先居河內溫縣，迺祖遊陳留之境，因徙家焉，今爲汴州浚儀人也。〔公〕傾產周窮，捐生拯難，嘉賓狎至，俠侶爭歸。既而炎靈將謝，政道云衰，黑山競結，白波潛駭，爰顧宗姻，深憂淪溺。鄉中豪桀五百餘人以公誠信早彰，譽望所集，互相糺率，請爲盟主。李密擁兵敖庾，枕（？）威河曲，廣集英彥，用託爪牙，乃授公上柱國雷澤公。尋而天歷有歸，聖圖斯啓，自參墟而鳳舉，指覇川而龍躍。公智叶陳、張，策踰荀、賈，料安危之勢，審興亡之迹，抗言於密，請歸朝化。密竟奉謁丹墀，升榮紫禁，言瞻彼相，實賴於公。既表忠圖，爰膺厚秩，授淸義府驃騎將軍上柱國雷澤公。密奉詔綏撫山東，公又以本官隨密，密至函城之境，有背德之心，公既知逆謀，乃流涕極諫，密憚公強正，遂不告而發，軍敗牛闕之側，命盡熊山之陽。公徇義莫從，獻忠斯阻，欲因機以立効，聊枉尺以直尋，言造王充，冀傾瀍洛，爲充所覺，奇計弗成，率充內營左右去逆歸順。高祖嘉其變通，尙其英烈，臨軒引見，特申優奬，授車騎將軍。徐員朗竊據沂、兗，稱兵淮、泗，黿蒙積沴，蜂午（？）挺妖，公與史萬寶併力攻圍，應期便陷。方殄餘噍，奉命旋師，令從隱太子討平河北。又與曹公李勣窮追員朗，賊平，留鎭於洧州。〔武德〕七年，奉太宗令追入京，賜金刀子一枚，黃金卅挺，令於北門領健兒長上，仍以數十金刀子委公錫驍勇之夫，趍奉藩朝，參籌略，承解衣之厚遇，申繞帳之深誠。九年六月四日令揔北門之寄。

舊唐書柒壹魏徵傳略云：

魏收墓在縣北七里。後魏北齊貴族諸魏皆此邑人也。所云鉅鹿曲陽人者是也。

同書壹柒河北道恆州鼓城縣條云：

魏長賢墓在縣北十五里。貞觀七年，追贈定州刺史，卽徵父也。

元和郡縣圖志壹陸河北道澶州臨黃縣條云：

魏長賢，收之族叔也。

北史伍陸魏長賢傳云：

屬雖往，人不信。卽貸而後聞。使還，帝悅。

〔太宗〕卽位，拜諫議大夫，封鉅鹿縣男。當是時，河北州縣素事隱、巢者不自安，往往曹伏思亂。徵白太宗曰：不示至公，禍不可解。帝曰：爾行安喻河北。道遇太子千牛李志安、齊王護軍李思行傳送京師，徵與其副謀曰：屬有詔，宮府舊人普原之。今復執送志安等，誰不自疑者？吾

新唐書玖柒魏徵傳云：

愈不悅。先許以衡山公主降其長子叔玉，於是手詔停婚，顧其家漸衰矣。

魏徵，鉅鹿曲城人也。父長賢，北齊屯留令。及〔李〕密敗，徵隨密來降，至京師，久不見知，自請安輯山東，乃授祕書丞，驅傳至黎陽。時徐世勣尚爲李密擁衆，徵與世勣書。世勣得書，遂定計遣使歸國。嘗密薦中書侍郎杜正倫及吏部尚書侯君集有宰相之材。徵卒後，正倫以罪黜，君集犯逆伏誅，太宗始疑徵阿黨。徵又自錄前後諫諍言辭往復，以示史官起居郎褚遂良，太宗知之，

新唐書柒壹下宰相世系表魏氏條云:

館陶魏氏。長賢北齊屯留令。徵相太宗。

全唐詩第柒函高適三君詠幷序云:

開元中,適遊於魏郡,郡北有故太師(魏)鄭公舊館。

舊唐書柒拾杜正倫傳云:

杜正倫,相州洹水人也。隋仁壽中,與兄正玄、正藏俱以秀才擢第。隋代舉秀才止十餘人,正倫一家有三秀才,甚爲當時稱美。

同書陸玖侯君集傳略云:

侯君集,豳州三水人也。貞觀四年,遷兵部尚書。明年(貞觀十二年),拜吏部尚書。君集出自行伍,素無學術,及被任遇,方始讀書。典選舉,定考課,出爲將領,入參朝政,並有時譽。十七年,張亮以太子詹事出爲洛州都督,君集激怒亮曰:何爲見排?亮曰:是公見排,更欲誰寃?君集曰:我平一國來,逢屋許大嗔,何能仰排?因攘袂曰:鬱鬱不可活,公能反乎?當與公反耳。亮密以聞。承乾在東宮,恐有廢立,又知君集怨望,遂與通謀。及承乾事發,君集被收,遂斬於四達之衢,籍沒其家。

綜觀上引史料,可得而論者,約有四端:

(一)翟讓、徐世勣之系統人物實以洛陽爲其政治信仰之重心。觀李密答柴孝和之言,知密所以力攻王世充，爭取洛陽，卒以此敗亡者，蓋有不得已之苦衷也。唐太宗之實力在能取得洛陽，撫用此系統人物，而獲其輔助之效也。當太宗與建成、元吉決鬥於長安之時，秦王府中雖多山東豪傑，然洛陽爲其根據地，更遣張亮、王保等往保之，廣事招引，以增加其勢力。既不慮長安秦府中「山東人」之離心（見上引舊唐書隱太子傳），又爲在長安萬一失敗，可以作避亂及復興之預備。斯太宗與李密雖同屬關隴六鎭集團，同利用此系統之人物以爲其主力，然此二並世英傑所以成敗互異者，卽太宗能保有洛陽以爲基地，而李密不能攻取東都，失去此輩豪傑政治信仰之故也。

（二）武德九年六月四日玄武門之事變爲太宗一生中最艱苦之奮鬥，其對方之建成、元吉亦是智勇俱備之人，謀士鬥將皆不減於秦府左右，其結果則太宗勝而建成、元吉敗者，其關鍵實在太宗能利用守衛宮城要隘玄武門之山東豪傑，如常何輩，而常何者兩唐書無專傳，其姓名唯附見於兩書馬周傳及舊唐書叁太宗紀下貞觀十八年十一月張亮以舟師攻高麗事中，（新唐書柒伍上宰相世系表常氏條不載何之名。）其本末不詳久矣。近世敦煌石室發見寫本中有李義府撰常何碑文，義府奸佞而能文之人也，此文亦久佚，然爲最佳之史料，寅恪昔年草唐代政治史述論稿時，嘗於上篇論述玄武門事變曾一及之，今稍詳錄其文，以資推究。據碑文，知何之家世及少時所爲蓋同於徐世勣，而其與世勣之關係復頗似張亮、張公謹，又嘗從建成平定河北，故建成亦以舊部視之而不疑，豈意其「趍奉藩朝，參聞霸略」耶？觀太宗旣賜何以金挺復以數十金刀子委何以錫守衛玄武門驍勇之夫，則是用金寶買通玄武門守衛將士，此與建成、元吉之以金銀器物贈與尉遲敬德者，抑何以異？此蓋當時兩方習用之策略也。職是之故，太宗能於武德九年六月四日預伏其徒黨於玄武門，而守衛將士亦竟不之發覺，建成、元吉雖先有警告，而不以爲意者，殆必以常何等守衛玄武門之將士至少非太宗之黨徒也。碑文所謂「九年六月四日令揔北門之寄。」則此事變中何地位之重要及其功績之偉大，據是可推知矣。張公謹與張亮俱用徐世勣之薦，而爲太宗心膂，其屬於世勣系統，固不待言，當此事變迫急之時，公謹能獨閉宮門，以拒東宮齊府死黨之來攻，因得轉危爲安，其勇力可以想見，此亦山東豪傑集團特點之一也。張亮在此系統中地位甚高，或亦徐世勣之亞，故太宗委以保據洛陽，招引山東豪傑之重任。然其人「素寒賤，以農爲業。」則與翟讓所謂「僕起隴畝之間」（見上引舊唐書李密傳）。正復相同。此輩乃農民武裝集團，依此可以推知，其歷史之背景及成立之由來俟後再詳論。總之，太宗之戡定內難，其得此系統人物之助力，較任何其他諸役如戰勝隋末羣雄及摧滅當時外族者爲更多也。

（三）徐世勣者，翟讓死後，實代爲此系統之領袖，李密不過以資望見推，而居最高之地位耳。密既降唐，其土地人衆均爲世勣所有，世勣於王世充、竇建德與唐高祖鼎峙競爭之際，蓋有舉足輕重之勢，其絕鄭夏而歸李唐，亦隋唐間政權轉移之大關鍵也。李唐破滅王、竇，凱旋告廟，太宗爲上將，世勣爲下將，蓋當時中國武力集團最重要者，爲關隴六鎮及山東豪傑兩系統，而太宗與世勣二人即可視爲其代表人也。世勣地位之重要實因其爲山東豪傑領袖之故，太宗爲身後之計欲平衡關隴、山東兩大武力集團之力量，以鞏固其皇祚，是以委任長孫無忌及世勣輔佐柔懦之高宗，其用心可謂深遠矣。後來高宗欲立武曌爲后，當日山東出身之朝臣皆贊助其事，而關隴集團代表之長孫無忌及其附屬系統之褚遂良等則竭力諫阻，高宗當日雖欲立武氏爲后，以元舅大臣之故有所顧慮而不敢行，惟有取決於其他別一集團之代表人卽世勣之一言，而世勣竟以武氏爲山東人而贊成其事（見冊府元龜叁叁陸宰輔部依違門），論史者往往以此爲世勣個人道德之汚點，殊不知其社會集團之關係有以致之也。又兩唐書以李靖、李勣同傳，後世亦以二李幷稱，此就二公俱爲唐代之名將而言耳，其實靖爲韓擒虎之甥屬於關隴府兵集團，而世勣則是山東豪傑領袖，其社會背景迥然不同，故二人在政治上之地位亦互異，斯亦治唐史者所不可不注意及之者也。史復言世勣家多僮僕，積粟常數千鍾，當是與翟讓、張亮同從事農業，而豪富遠過之者，卽所謂大地主之流也，此點亦殊重要，俟後論之。

（四）古今論唐史者往往稱道太宗、魏徵君臣遭遇之盛事，而深惜其恩禮之不終，以爲此僅個人間之關係，實不足說明當時政治社會之情況及太宗所以任用魏徵之用心也。今試發其覆，以供讀史者參考。

舊唐書魏徵傳雖稱徵是鉅鹿曲陽人，北史徵父長賢傳亦言其爲魏收之族叔，就表面論，似徵爲山東之高門，此不過南北朝隋唐時代矜誇郡望之風習耳。然據元和郡縣圖志載魏收墓在恆州鼓城縣，且言「後魏、北齊貴族諸魏皆此邑人也。所云鉅鹿曲陽人者是也。」但同書載魏長賢墓在澶州臨黃縣，新書宰相世系表以徵爲館陶魏氏，高達夫詩又謂魏郡北有徵舊館，則是徵父墳墓及己身所居皆與魏收葬地幷不相近，新表之言甚得其實。依此推論，則徵家不可視爲後魏、北齊貴族諸魏之盛門，可以無疑也。明乎此，則太宗所以任用徵之故始可瞭解。太宗雖痛惡山東貴族（見唐會要叁陸氏族門及新唐書玖伍高儉傳等），而特重用徵者，正以其非山東盛門，而爲山東武裝農民集團即所謂山東豪傑之聯絡人耳。在太宗心目中，徵既非山東貴族，又非山東武人，其責任僅在接洽山東豪傑監視山東貴族及關隴集團，以供分合操縱諸政治社會勢力之妙用。苟徵之行動踰越此種賦與之限度，則必啓太宗之疑忌，自不待言也。史言徵薦杜正倫爲相，而正倫者出自山東之盛門，則徵監視山東貴族之作用消失，轉有連合山東社會文武兩大勢力之嫌疑。侯君集者，兩唐書本傳雖不詳載其家世，只言其爲武人，然周書貳玖北史陸陸俱有君集祖植傳，又新唐書柒貳中宰相世系表侯氏條亦載其祖植爲周驃騎大將軍肥城公，與周書、北史相同。後來出土之侯植墓誌稱植曾賜姓賀屯氏（參陸增祥八瓊石金石補正貳叁及李宗蓮懷珉精舍金石跋尾等），復與周書、北史所載符合。是君集與太宗俱屬六鎭胡漢關隴集團，史言其才備將相自非偶然，徵竟與之相通，則是總合當日東西文武三大社會勢力，而已身爲其樞紐，此爲太宗所甚不能容忍者，幸其事發覺於徵已死之後，否則必與張亮、侯君集同受誅戮，停婚仆碑（見新唐書魏徵傳）猶是薄懲也。觀徵自請招撫山東，發一書而降徐世勣，先觀建成討平劉黑闥，因於其地深自封植，建成果從其策。及建成不幸失敗，又自請於太宗，親往河北安喻其徒黨，能發之，復能收之，誠不世出之才士。故建成用之以籠絡河北英俊，太宗亦用之以招撫山東豪傑，其個人本身之特點固不應抹殺，但如歷來史家論徵之事功，頗忽視社會集體之關係，則與當時史實不能通解，故略辨之如此。至若徵自錄前後諫諍言辭往復，以示史官褚遂良，太宗知之不悅者，蓋太宗沽名，徵又戇直，致斯結果，本無可怪，然其事僅關係個人，殊微末不足道矣。隋末唐初之雄豪其起於青、齊、徐、兗之地者頗多矣，或爲唐室功臣，或爲李朝叛賊，政治上向背之關係雖異，若一究其種姓來源，民族特質，恐仍當視爲同一大類，而小有區分也。茲略徵史籍，論之於下：

舊唐書陸捌秦叔寶傳略云：

秦叔寶，名瓊，齊州歷城人。從鎮長春宮，拜馬軍總管。

同書同卷段志玄傳略云：

段志玄，齊州臨淄人也。

同書同卷程知節傳略云：

程知節，本名齩金，濟州東阿人也。授秦王府左三統軍。破宋金剛，擒竇建德，降王世充，並領左一馬軍總管。

新唐書捌陸劉黑闥傳附徐圓朗傳略云：

徐圓朗者，兗州人。隋末爲盜，據本郡，以兵徇琅邪以西，北至東平，盡有之。附李密，密敗，歸竇建德。山東平，授兗州總管、魯郡公。會〔劉〕黑闥兵起，圓朗應之，自號魯王，黑闥以爲大行臺元帥。河間人劉復禮說圓朗曰：彭城有劉世徹，才略不常，將軍欲自用，恐敗，不如迎世徹立之。盛彥師以世徹若聯叛，禍且不解，卽謬說曰：公亡無日矣！獨不見翟讓用李密哉？圓朗信之，世徹至，奪其兵，遣徇地，所至皆下，忌而殺之。會淮安王神通、李世勣合兵攻圓朗，總管任瓌遂圍兗州。圓朗棄城夜亡，爲野人所殺。

同書捌柒輔公祏傳略云：

輔公祏，齊州臨濟人。隋季與鄉人杜伏威爲盜，轉掠淮南。

同書同卷李子通傳略云：

李子通，沂州丞人。隋大業末，長白山賊左才相自號「博山公」，子通依之。有徒萬人，引衆渡淮，爲隋將來整所破，奔海陵。

同書玖貳杜伏威傳略云：

杜伏威，齊州章丘人。隋大業九年，入長白山，依賊左君行，不得意，舍去，轉剽淮南，攻宜安，屠之。與虎牙郎將公孫上哲戰鹽城，進破高郵，引兵渡淮，攻歷陽，據之。江淮羣盜爭附。

隋末青、齊之健者頗以馬軍見稱，此亦可注意之點，疑與民族遷徙問題有關，詳下引魏書上黨王天穆傳。兗州之徐圓朗、彭城之劉世徹所謂徐、兗之豪強也，其與竇建德、劉黑闥之關係至爲密切，疑其與竇、劉之徒同一來源，「劉」即劉黑闥之「劉」，「徐」即徐世勣之「徐」也。此點俟後綜合論之。更有可注意者，隋末之亂首發於長白山諸豪，自非偶然之事。隋末暴政全國人民同受其害，然上之壓力其寬猛不必各地皆同一程度，而下之抵抗者亦有強悍柔懦及組織堅固與否之分別。隋末此區域非重兵鎮壓之地，而諸豪又爲強悍而較有組織之集團，是以能首發大難，其不轉向西北而直趨東南者，其以江、淮爲財富之地，當時全國武力又方用於攻高麗，江、淮一隅阻遏力少，引誘力多之故歟？

綜合上引關於山東豪傑之史料，就其性強勇，工騎射，組織堅固，從事農業，及姓氏多有胡族關係，尤其出生地域之分配諸點觀之，深疑此集團乃北魏鎮戍屯兵營戶之後裔也。六鎮問題於吾國中古史至爲重要，自沈垚以來，考證六鎮問題之著述於鎮名地望頗多精義，然似不免囿於時間空間之限制，猶未能總匯貫通，瞭解其先後因果之關係也。據魏書玖肅宗紀云：

正光五年八月丙申，詔曰：賞貴宿勞，明主恆德，恩沾舊績，哲后常範。太祖道武皇帝應期撥亂，大造區夏。世祖太武皇帝纂戎丕緒，光闡王業，躬率六師，掃清逋穢，諸州鎮城人，本充牙爪，服勤征旅，契闊行間，備嘗勞劇。逮顯祖獻文皇帝自北被南，淮海思乂，便差割強族，分衞方鎮。高祖孝文皇帝遠遵盤庚，將遷嵩洛，規遏北疆，蕩闢南境，選良家酋胕，增戍朔垂，戎捍所寄，實惟斯等。先帝（世宗宣武皇帝）以其誠効既亮，方加酬錫，會宛郢馳烽，朐泗告警，軍旗頻動，兵連積歲，茲恩仍寢，用迄於今，怨叛之興，頗由於此。朕叨承乾歷，撫馭宇宙，調風布政，思廣惠液，宜追述前恩，敷茲後施。諸州鎮軍貫，元非犯配者，悉免爲民，鎮改爲州，依舊立稱。此等世習干戈，率多勁勇，今既甄拔，應思報効。可三五簡發，討彼沙隴。當使人齊其力，奮擊先驅，妖黨狂醜，必可蕩滌。衝鋒斬級，自依恆賞。

知北魏邊鎮之本末有三事可注意：（一）北魏之邊境鎮戍有前後移動之不同。（二）因前後境外敵人強弱之互異，爲適應情勢緩急之故，而有南北移防之措施。（三）充任邊鎮之兵役者其重要成分爲胡人，尤其是敕勒種族。此詔書所述爲北魏六鎮及其他邊鎮問題最佳史料，但似未經治吾國中古史者之深切注意，故茲更旁引其他有關材料分別證釋之於下：

北魏太祖初率其部落，進入中原，其邊境大約如元和郡縣圖志壹肆雲州條所云：

後魏道武帝又於此建都，東至上谷軍都關，西至河，南至中山隘門塞，北至五原。地方千里，以爲甸服。

觀魏書伍捌楊播傳附椿傳云：

除定州刺史。自太祖平中山，多置軍府，以相威攝。凡有八軍，軍各配兵五千，食祿主帥軍各四十六人。自中原稍定，八軍之兵，漸割南戍，一軍兵纔千餘，然主帥如故，費祿不少。椿表罷四軍，減其帥百八十四人。州有宗子稻田，屯兵八百戶，年常發夫三千，草三百車，修補畦堰。椿以屯兵惟輸此田課，更無徭役，及至閑月，卽應修治，不容復勞百姓。椿亦表罷，朝廷從之。

可知北魏當時於近邊要地配置重兵，以資防衞，及國勢漸強，邊境推廣而鎮兵亦隨之轉移也。南北朝對峙，其國勢強弱之分界線大約在北朝乘南朝內爭之際而攻取青、齊之地一役，詔書所謂「顯祖獻文皇帝自北被南，淮海思乂。」者是也。故「便差割強族，分衞方鎮。」卽魏書伍拾尉元傳所云：

（太和）十六年，元表曰：今計彼（徐州）戍兵，多是胡人。臣前鎮徐州之日，胡人子都將呼延籠達因於負罪，便爾叛亂，鳩引胡類，一時扇動。賴威靈遐被，罪人斯戮。又團城子都將胡人王敕懃負釁南叛，每懼姦圖，狡誘同黨。愚誠所見，宜以彭城胡軍換取南豫州徙民之兵，轉戍彭城，又以中州鮮卑增實兵數，於事爲宜。

其充任徐州防衛之胡兵，本由北方諸邊鎮移調而來者，蓋北魏當時邊境自北移南而邊鎮之兵亦隨之而遷徙也。至北魏孝文帝自平城遷都洛陽，其政治武力之重心既已南移，距南朝邊境頗近，而離北邊之鎮戍甚遠，遂又移調中原即北魏當時用以防衛南朝之戍兵，以守禦朔垂也。此北魏邊境屯戍之兵南北互相移調之事實，往往不爲史家注意，如北史壹陸太武五王傳廣陽王深（本作淵，唐人避諱改。）傳（參魏書伍捌楊播傳附昱傳及津傳）所云：

先是，别將李叔仁以（破六韓）拔陵來逼，請求迎援，深赴之，前後降附二十萬人。深與行臺元纂表求恆州北别立郡縣，安置降户，隨宜振賚，息其亂心。不從。詔遣黄門侍郎楊昱分散之於冀、定、瀛三州就食。深謂纂曰：此輩復爲「乞活」矣。禍亂當由此作。既而鮮于修禮叛於定州，杜洛周反於幽州，其餘降户，猶在恆州，遂欲推深爲主。深乃上書乞還京師，令左衛將軍楊津代深爲都督。

論者往往歸咎於不從安置北鎮降户於恆州北，而分散之於冀、定、瀛三州就食，以致釀成大亂。殊不知魏朝採取如此之决策者，非僅因冀、定、瀛等州土地饒沃可以供給降户就食，實亦有二原因：（一）在此以前魏朝邊鎮本有南北移防之故事；（二）徙降户於冀、定、瀛三州。正符合祖宗之舊制。

觀魏書肆下世祖紀下云：

太平眞君五年六月，北部民殺立義將軍、衡陽公莫孤，率五千餘落北走。追擊於漠南，殺其渠帥，餘徙冀、相、定三州爲營戶。

及同書柒上高祖紀上云：

延興元年冬十月丁亥，沃野、統萬二鎮敕勒叛。詔太尉、隴西王源賀追擊，至枹罕，滅之，斬首三萬餘級，徙其遺迸於冀、定、相三州爲營戶。

〔延興〕二年三月，連川敕勒謀叛，徙配青、徐、齊、兗四州爲營戶。

同書同卷下高祖紀下云：

太和二十一年六月壬戌，詔冀、定、瀛、相、濟五州發卒二十萬，將以南討。

等條，知北魏祖宗本以冀、定、瀛、相、濟、青、齊、徐、兗等州安置北邊降人，使充營戶，魏朝此舉未可以爲重大之錯誤。又觀魏書柒肆爾朱榮傳略云：

榮率衆至肆州，刺史尉慶賓畏惡之，閉城不納。榮怒，攻拔之，乃署其從叔羽生爲刺史，執慶賓於秀容。自是榮兵威漸盛，朝廷亦不能罪責也。

若果安置此等降戶於恆州北，則此最有戰鬥力之徒衆必入於爾朱榮之勢力範圍，與後來葛榮之衆歸於爾朱氏，復轉入高歡之手者正同一例。如隋書貳肆食貨志所云：

尋而六鎮擾亂，相率內徙，寓食於齊（此齊乃魏書壹佰陸上地形志上，武州領之齊郡。）晉之郊，齊神武因之，以成大業。

者，可爲明證也。

據前引魏書世祖紀高祖紀之記載知北魏常以高車即敕勒或丁零族充任邊鎮營戶，蓋此族爲諸胡中最善戰者。觀魏書壹佰叁高車傳略云：

高車，初號爲狄歷，北方以爲敕勒，諸夏以爲高車、丁零。太祖時，分散諸部，唯高車以類粗獷，不任使役，故得別爲部落。

及同書捌叁外戚傳賀訥傳略云：

訥從太祖平中原，其後離散諸部，分土定居，不聽遷徙，其君長大人皆同編戶。訥以元舅，甚見尊重，然無統領。以壽終於家。

等條可知也。又觀魏書壹壹叁官氏志略云：

從第四品上　　高車羽林郎將

從第四品下　　高車虎賁將軍

同書壹玖上汝陰王天賜傳略云：

簡西部敕勒豪富兼丁者爲殿中武士。

及同書肆肆宇文福傳略云：

（高祖）敕福領高車羽林五百騎，出賊（指南朝軍言）南面，遏絶歸路。

則是北魏不獨以高車族爲邊兵，且以之充禁旅矣。至青、齊諸豪之來源，或是邢杲黨徒之後裔。魏書壹肆高涼王孤傳附上黨王天穆傳云：

初，杜洛周、鮮于修禮爲寇，瀛、冀諸州人多避亂南向。幽州前北平府主簿河間邢杲，擁率部曲，屯據鄚城，以拒洛周、葛榮，垂將三載。及廣陽王深（淵）等敗後，杲南度，居青州北海界。靈太后詔流人所在皆置命屬郡縣，選豪右爲守令，以撫鎮之。時青州刺史元世儁表置新安郡，以杲爲太守，未報。會臺申休（疑）簡授郡縣，以杲從子子瑤資蔭居前，乃授河間太守。杲深恥恨，於是遂反。所在流人先爲土人凌忽，聞杲起逆，率來從之，旬朔之間，衆踰十萬。劫掠村塢，毒害民人，齊人號之爲「踏榆賊」。

殊堪玩味，蓋此輩豈亦北魏早期河北屯戍營戶之後裔耶？常疑楊隋之祖先頗與之有關，以非此篇範圍，姑不置論。

總之，冀、定、瀛、相、濟、青、齊、徐、兗諸州皆隋末唐初間山東豪傑之出產地，其地實爲北魏屯兵營戶之所在。由此推測此集團之驍勇善戰，中多胡人姓氏（翟讓之「翟」亦是丁零姓），胡種形貌（如徐世勣之類），及從事農業，而組織力又強。（其由鎮兵轉爲農民之歷程涉及北朝兵制範圍，此文所不能詳，可參拙著隋唐制度淵源略論稿兵制章。）求其所以然之故，苟非假定此集團爲北魏鎮兵之後裔，則殊難解釋。茲略引史料，以爲證釋如此。然歟？否歟？願求教於當世治國史之君子。

（原刊嶺南學報第十二卷第一期）

記唐代之李武韋楊婚姻集團

唐代之史可分爲前後二期，而以玄宗時安史之亂爲其分界線（詳見拙著唐代政治史述論稿上篇）。前期之最高統治集團表面上雖爲李氏或武氏，然自高宗之初年至玄宗之末世，歷百年有餘，實際上之最高統治者遞嬗輪轉，分歧混合，固有先後成敗之不同，若一詳察其內容，則要可視爲一牢固之複合團體，李、武爲其核心，韋、楊助之黏合，宰制百年之世局，幾佔唐史前期最大半時間，其政治社會變遷得失莫不與此集團有重要關係。故本文略取有關史料，稍加探討，或者於吾國中古史之研究亦有所助歟？

此李、武、韋、楊四大家族最高統治集團之組成實由於婚姻之關係，故不可不先略述南北朝、隋及唐初社會對於婚姻門族之觀念。

新唐書壹玖玖儒學中柳冲傳附柳芳論氏族略云：

〔晉〕過江則爲僑姓，王、謝、袁、蕭爲大。東南則爲吳姓，朱、張、顧、陸爲大。山東則爲郡姓，王、崔、盧、李、鄭爲大。關中亦號郡姓，韋、裴、柳、薛、楊、杜首之。代北則爲虜姓，元、長孫、宇文、于、陸、源、竇首之。山東之人質，故尚婚婭。江左之人文，故尚人物。關中之人雄，故尚冠冕。代北之人武，故尚貴戚。及其弊，則尚婚婭者，先外族，後本宗。尚人物者，進庶孽，退嫡長。尚冠冕者，略伉儷，慕榮華。尚貴戚者，狥勢利，亡禮教。

據此，當時社會婚姻觀念之不同蓋由地域區分及門族淵源之互異所致。李唐皇室本出於宇文泰之胡漢六鎮關隴集團（詳見拙著唐代政治史述論稿上篇），實具關中、代北兩系統之性質。觀唐太宗制定貞觀氏族志之意旨及唐初皇室婚姻締搆之實況即可證知。茲引史料，略加解釋於下：

唐會要叁陸氏族門顯慶四年九月五日詔改〔貞觀〕氏族志爲姓〔氏〕錄條云：

初，貞觀氏族志稱爲詳練，至是，許敬宗以其書不敍明皇后武氏本望，李義府又恥其家無名，乃奏改之。

新唐書玖伍高儉傳略云：

〔太宗〕又詔後魏隴西李寶，太原王瓊，滎陽鄭溫，范陽盧子遷、（今本唐會要捌叁嫁娶門作盧子選，據魏書肆叁北史叁拾盧玄傳，玄子度世字子遷，然則今本會要選字誤也。通鑑貳佰唐高宗顯慶四年十月條亦作盧子遷。）盧澤（唐會要捌叁嫁娶門顯慶四年十月條均作盧渾）、盧輔，淸河崔宗伯，崔元孫，前燕博陵崔懿，晉趙郡李楷，凡七姓十家，不得自爲昏，納幣悉爲歸裝，夫氏禁受陪門財。先是，後魏太和中，定四海望族，以寶等爲冠，其後矜尚門地，故氏族志一切降之。王妃、主壻皆取當世勳貴名臣家，未嘗尚山東舊族。後房玄齡、魏徵、李勣復與昏，故望不減。然每姓第其房望，雖一姓中，高下縣隔。李義府爲子求昏不得，始奏禁焉。其後天下衰宗落譜，昭穆所不齒者，皆稱禁昏家，益自貴，凡男女皆潛相聘娶，天子不能禁，世以爲敝云。

舊唐書柒捌張行成傳云：

太宗嘗言及山東、關中人，意有同異。行成正侍宴，跪而奏曰：臣聞天子以四海爲家，不當以東西爲限，若如是，則示人以隘陋。太宗善其言。

新唐書捌拾太宗諸子傳云：

曹王明母本巢王（即元吉）妃，帝寵之，欲立爲后，魏徵諫曰：陛下不可以辰嬴自累。乃止。

冊府元龜捌陸陸總錄部貴盛門略云：

楊恭仁爲雒州都督，從姪女爲巢剌王妃。

新唐書捌拾鬱林王恪傳云：

其母隋煬帝女，地親望高，中外所向。帝（太宗）初以晉王（高宗）爲太子，又欲立恪，長孫無忌固爭，帝曰：公豈以非己甥邪？且兒英果類我，若保護舅氏，未可知。無忌曰：晉王仁厚，守文之良主，且舉棋不定則敗，況儲位乎？帝乃止。故無忌常惡之。永徽中，房遺愛謀反，因遂誅恪，以絕天下望。

寅恪案，太宗深惡山東士族，故施行壓抑七姓十家之政策。張行成傳所謂「山東人」乃指山東之士族階級，非其他不屬於高等門族之文人及一般庶民，至若山東武人，如隋末唐初間所謂「山東豪傑」者，則尤爲太宗所特別籠絡之集團，固不當於宴集朝臣時公然有所軒輊也。元吉之妃楊氏，楊隋宗室之女。鬱林王恪以母爲隋煬帝女之故，太宗竟欲使其承繼皇位，則重視楊氏可知，蓋太宗之婚姻觀念不僅同於關中人之尙冠冕，兼具代北人之尙貴戚矣。若更由此推論，曹王明之母必不止以色見寵，當與鬱林王恪母同出一源，否則無作皇后之資格。世之讀史者頗怪陳、隋覆滅以後，其子孫猶能貴顯於新朝，不以亡國之餘而見廢棄者，則未解隋、唐皇室同爲關隴胡漢之集團，其婚姻觀念自應同具代北之特性也。房玄齡、魏徵、徐世勣三人其社會階級雖不相同，然皆是山東人，故違反太宗之政策，而與山東士族爲婚，此則地域分別與婚姻觀念其關係密切如此，可以推見。而李唐皇室初期婚姻之觀念及其婚姻締構之實況必帶有深重之地域色彩，卽關中地方性，又可證明矣。

高儉傳言「王妃、主壻皆取當世勳貴名臣家，未嘗尙山東舊族」。今王妃氏族不易詳考，但取高祖、太宗、高宗、中宗諸女之夫壻姓名觀之，可以知唐皇室之婚姻觀念實自武曌後而一變也。所謂變者，卽自武后以山東寒族加入李唐皇室系統後，李唐皇室之婚姻關係經武氏之牽混組織，遂成爲一牢固集團，宰制世局，逵百餘年之久。茲爲簡便計，僅擇錄高宗及中宗諸女夫壻姓名之有關者於後，亦可窺見其變遷之一斑也。

唐會要陸公主門略云：

高宗女鎭國太平降薛紹，後降武攸曁。中宗女新都降武延暉。定安降王同皎，後降韋濯，三降崔銑。長寧降楊愼交，後降蘇彥伯。永壽降韋鐬。永泰降武延基。安樂降武崇訓，後降武延秀。成安降韋捷。

武曌之家族其淵源不易考知，但就新唐書柒肆上宰相世系表武氏條所載，其族人數不多，可推知其非山東之大族。又據僞託柳宗元著龍城錄所記武后先世武居常事（武居常有身後名條），復可推知其非山東之高門，蓋龍城錄雖非子厚之作，其所記武氏事當亦源出唐代民間舊傳也。至武曌父士彠之事跡實亦難確考，誠如舊唐書伍捌武士彠傳論所云：

武士彠首參起義，例封功臣，無戡難之勞，有因人之迹，載窺他傳，過爲褒詞，慮當武后之朝，佞出敬宗之筆，凡涉虛美，削而不書。

者也。據太平廣記壹叁柒徵應類武士彠條所云：

唐武士彠，太原文水縣人。微時，與邑人許文寶以鬻材爲事，常聚材木數萬莖，一旦化爲叢林，森茂，因致大富。士彠與文寶讀書林下，自稱爲厚材，文寶自稱枯木，私言必當大貴。及高祖起義兵，以鎧冑從入關，故鄉人云：士彠以鬻材之故，果逢構夏之秋。及士彠貴達，文寶依之，位終刺史（出太原事跡）。

則知士彠本一商販寒人，以投機致富，其非高門，尤爲明證。廣記此條源出武氏鄉里所傳，其中神話部分固不可信，但士彠本來面目實是如此，要自不誣也。更就史傳考之，益知武氏非山東士族。據新唐書貳零陸外戚傳武士彠傳（參舊唐書伍捌武士彠傳及同書壹捌叁外戚傳武承嗣傳）略云：

武士彠字信，世殖貲，喜交結。高祖嘗領屯汾晉，休其家，因被顧接。後留守太原，引爲行軍司鎧參軍。兵起，士彠不與謀也。以大將軍府鎧曹參軍從平京師。自言嘗夢帝騎而上天，帝笑曰：爾故王威黨也，以能罷繫劉弘基等，其意可錄，且嘗禮我，故酬汝以官。今胡迂妄媚我邪？

始士彠娶相里氏，生子元慶元爽，又娶楊氏，生三女，元女妻賀蘭氏，早寡，季女妻郭氏，不顯。士彠卒後，諸子事楊不盡禮，銜之。〔武〕后立，封楊代國夫人，進爲榮國，后姊韓國夫人。韓國有女在宫中，帝(高宗)尤愛幸。后欲并殺之，卽導帝幸其母所，〔后兄子〕惟良等上食，后寘堇焉，賀蘭食之，暴死。后歸罪惟良等，誅之，諷有司改姓蝮氏，絶屬籍，元爽緣坐死，家屬投嶺外。后取賀蘭敏之爲士彠後，賜氏武，襲封。敏之韶秀自喜，烝於榮國，挾所愛，佻橫多過失。榮國卒，后出珍幣，建佛廬徼福，敏之乾匿自用。司衛少卿楊思儉女選爲太子妃，告婚期矣，敏之聞其美，彊私焉。楊喪未畢，褫衰纚，奏音樂。太平公主往來外家，宫人從者，敏之悉逼亂之。后疊數怒，至此暴其惡，流雷州，表復故姓，道中自經死。乃還元爽之子承嗣，奉士彠後，宗屬悉原。

寅恪案，武氏一家所爲如此，其非夙重閨門禮法之山東士族，不待詳論。頗可笑者，武后以賀蘭敏之爲士彠後，與晉賈充之以外孫韓謐爲後者(見晉書肆拾賈充傳)事極相類。賈氏之先嘗爲市魁(見晉書伍拾庚純傳)，而武士彠亦是投機之木材商，豈所謂淵源氣類相似，其家庭所爲復更相同耶？士彠一生事蹟至不足道，唯有一點殊可注意，卽娶楊氏女爲繼妻一事。

據新唐書壹佰楊執柔傳略云：

武后母，卽恭仁叔父達之女。及臨朝，武承嗣、攸寧相繼用事。后曰：要欲我家及外氏常一人爲宰相。乃以執柔同中書門下三品。又以武后外家尊寵，凡尙主者三人，女爲王妃五人。

冊府元龜捌伍叁總錄部姻好門云：

武士彠武德中簡較右廂宿衛，既喪妻，高祖謂士彠曰：有納言楊達英才冠絕，奕葉親賢，今有女，志行賢明，可以輔德，遂令桂楊公主與楊家作婚，主降勑結親，庶事官給。

然則武曌母乃隋觀王雄之姪女（見新唐書宰相世系表楊氏觀王房條），楊雄雖非隋皇室直系，但位望甚重。武士彠在隋世乃一富商，必無與觀王雄家聯姻之資格。其娶楊氏在隋亡以後，蓋士彠以新朝貴顯娶舊日宗室，藉之增高其社會地位，此當時風俗所使然，無足怪也。史言太宗聞武曌之美乃召入宮（見新唐書肆則天順聖武皇后紀及通鑑壹玖伍貞觀十一年武士彠女年十四入宮條），鄙意則天之美固不待論，然以太宗重視楊氏之心理推之，恐不得不與榮國夫人爲楊雄姪女有關也。武曌既非出自山東士族，其家又不屬關隴集團，但以母爲隋楊宗室之故，遂亦可備宮闈下陳之選，至若逕立爲皇后，則尚無此資格。當高宗廢王皇后立武昭儀之時，朝臣贊否不一，然詳察兩派之主張，則知此事非僅宮闈后妃之爭，實爲政治上社會上關隴集團與山東集團決勝負之一大關鍵，今取有關史料，略加詮釋，亦足證明鄙說也。

舊唐書伍壹后妃上高宗廢皇后王氏傳略云：

高宗廢后王氏，并州祁人也。父仁祐，貞觀中羅山令。同安長公主卽后之從祖母也，公主以后有美色，言於太宗，遂納爲晉王妃。永徽初，立爲皇后。母柳氏求巫祝厭勝，事發，帝大怒，斷柳氏不許入宮中，后舅中書令柳奭罷知政事，并將廢后，長孫無忌、褚遂良等固諫，乃止。俄又納李義府之策，永徽六年十月，廢后及蕭良娣皆爲庶人。武后令人杖庶人及蕭氏各一百，截去手足，投於酒甕中，數日而卒。後則天頻見王、蕭二庶人披髮瀝血，如死時狀，武后惡之，禱以巫祝，又移居蓬萊宮，復見，故多在東都。

新唐書捌壹燕王忠傳略云：

帝（高宗）始爲太子而忠生。永徽初，拜雍州牧。王皇后無子，后舅柳奭說后，以忠母（後宮劉氏）微，立之必親己，后然之，請於帝，又奭與褚遂良、韓瑗、長孫無忌、于志寧等繼請，遂立爲皇太子。后廢，武后子弘甫三歲，許敬宗希后旨，建言：國有正嫡，太子宜同漢劉彊故事。帝召敬宗曰：立嫡若何？對曰：東宮所出微，今知有正嫡，不自安，竊位而不自安，非社稷計。於是降封梁王，（後）廢爲庶人，囚黔州承乾故宅。麟德初，宦者王伏勝得罪於武后，敬宗乃誣忠及上官儀與伏勝謀反，賜死。

寅恪案，王皇后本唐皇室舊姻，且其外家柳氏亦是關中郡姓，故爲關隴集團所支持，欲藉以更鞏固其政治之勢力也。燕王忠之爲太子亦爲關隴集團政治上之策略，高宗廢黜王皇后並燕王忠之儲位，而改立山東寒族之武氏及立其子爲太子，此爲關隴集團所萬不能容忍者，長孫無忌等之力爭實以關係重大之故，非止皇室之家事已也。至褚遂良、許敬宗等忠姦不同，然俱屬來自南朝之系統。此系統之人物不論其先世在晉過江前或後爲何地域之人，但北朝平滅南朝以後，此等人乃屬俘虜家臣性質，絕無獨立資格，非若山東士族北齊亡後仍保有地方勢力者可比，是以遂良可視爲關隴集團之附屬品，而敬宗則又以姦諂之故，傾向於出身山東地域之武氏也。明乎此，則詳悉分析贊成與反對立武氏爲后兩方出身之籍貫，於當時政治社會及地域集團之競爭，其關鍵所在更可以瞭然矣。

茲先迻錄反對方面之記載於下：

冊府元龜叁貳柒宰輔部諫諍門（參舊唐書捌拾，新唐書壹零伍褚遂良傳）略云：

唐高宗永徽六年，高宗將廢王皇后，帝退朝後，於別殿召太尉長孫無忌、司空李勣、左僕射于志寧及〔褚〕遂良，勣稱疾不至。無忌等將入，遂良曰：今者多議中宮事，遂良欲諫何如？無忌曰：公但極言，無忌請繼焉。及入，高宗難發於言，再三顧謂無忌曰：莫大之罪無過絕嗣，皇后無子，今當廢，立武士彠女如何？遂良進曰：皇后是先帝爲陛下所娶，伏奉先帝，無愆婦德。先帝不豫，親執陛下手，以語臣曰：我好兒好新婦今以付卿。陛下親承德音，言猶在耳，皇后自此未聞有愆失，恐不可廢。帝不悅而罷。翌日，又言之，遂良曰：陛下必欲易皇后，伏請妙擇天下令族，何必要在武氏？且武昭儀經事先帝，衆所共知，陛下豈可蔽天下耳目，伏願再三思審。帝大怒，命引出之。昭儀在簾中大言曰：何不撲殺之。

舊唐書捌拾韓瑗傳略云：

韓瑗，雍州三原人也。永徽四年，與來濟皆同中書門下三品。六年，遷侍中。時高宗欲廢王皇后，瑗涕泣諫，帝不納。尚書左僕射褚遂良以忤旨左授潭州都督，瑗復上疏理之，帝竟不納。顯慶二年，許敬宗、李義府希皇后之旨，誣奏瑗與褚遂良潛謀不軌，左授瑗振州刺史，四年，卒於官。

同書同卷來濟傳略云：

來濟，揚州江都人。永徽二年，拜中書侍郎。四年，同中書門下三品。六年，遷中書令、檢校吏部尚書。時高宗欲立昭儀武氏爲宸妃，濟密表諫。武皇后既立，濟等懼不自安，后乃抗表稱濟忠公，請加賞慰，而心實惡之。顯慶二年，許敬宗等奏濟與褚遂良朋黨搆扇，左授台州刺史。五年，徙庭州刺史。龍朔二年，突厥入寇，濟總兵拒之，謂其衆曰：吾嘗挂刑網，蒙赦性命，當以身塞責。遂不釋甲胄赴賊，沒於陣。

同書同卷上官儀傳略云：

上官儀，本陝州陝人也。父弘，隋江都宮副監，因家於江都。龍朔二年，爲西臺侍郎、同東西臺三品。麟德元年，宦者王伏勝與梁王忠抵罪，許敬宗乃搆儀與忠通謀，遂下獄而死。

寅恪案，高宗將立武曌爲皇后時，所與決策之四大臣中，長孫無忌、于志寧、褚遂良三人屬於關隴集團，故爲反對派，徐世勣一人則爲山東地域之代表（見拙著嶺南學報壹貳卷第壹期論隋末唐初所謂「山東豪傑」），故爲贊成派，至韓瑗、來濟、上官儀等之爲反對派者，亦由屬於關隴集團之故，一考諸人出身籍貫即可證明，不待詳論也。

茲復迻錄贊成方面之記載於下：

册府元龜叁叁陸宰輔部依違門云：

唐李勣爲太尉，高宗欲廢王皇后，立武昭儀，韓瑗、來濟諫，皆不納。勣密奏曰：此是陛下家事，何須問外人。意乃定。

舊唐書柒柒崔義玄傳略云：

崔義玄，貝州武城人也。高宗之立皇后武氏，義玄協贊其謀。

同書捌貳許敬宗傳略云：

許敬宗，杭州新城人，隋禮部侍郎善心子也。高宗將廢皇后王氏而立武昭儀，敬宗特贊成其計。

同書同卷李義府傳略云：

李義府，瀛州饒陽人也。其祖爲梓州射洪縣丞，因家於永泰。高宗將立武昭儀爲皇后，義府嘗密申協贊。

寅恪案，崔、許、李等雖贊成立武曌爲皇后，然其位望決非徐世勣之比，故武氏之得立，其主要原因實在世勣之贊助，其對高宗之言舊史以爲「依違」，其實乃積極之贊成也。蓋當時無人不知高宗之欲立武氏爲后，但此事不能不取決於四大臣，世勣不施用否決權，而取棄權之方略，則與積極贊成何異？世勣在當時爲軍事力量之代表，高宗既得此助，自可不顧元舅無忌等關隴集團之反對，悍然行之。然則武曌之得立爲皇后乃決定於世勣之一言，而世勣所以不附和關隴集團者，則以武氏與己身同屬山東系統，自可不必反對也。

舊唐書陸則天皇后紀云：

則天皇后武氏諱曌，幷州文水人也。父士彠，隋大業末爲鷹揚府隊正，高祖行軍於汾晉，每休止其家。義旗初起，從平京城。貞觀中，累遷工部尙書、荆州都督，封應國公。初，則天年十四，時太宗聞其美容止，召入宮，立爲才人。及太宗崩，遂爲尼，居感業寺。大帝於寺見之，復召入宮，拜昭儀。時皇后王氏、良娣蕭氏頻與武昭儀爭寵，互讒毁之，帝皆不納，進號宸妃。永徽六年，廢王皇后而立武宸妃爲皇后，高宗稱天皇，武后亦稱天后。后素多智計，兼涉文史。帝自顯慶已後，多苦風疾，百司表奏皆委天后詳決，自此内輔國政數十年，威勢與帝無異，當時稱爲二聖。

通鑑貳佰唐高宗永徽六年冬十月乙卯條云：

百官上表請立中宮，乃下詔曰：武氏門著勳庸，地華纓黻，往以才行選入後庭。朕昔在儲貳，特荷先慈，常得侍從，弗離朝夕，宮壼之內，恆自飭躬，嬪嫱之間，未嘗迕目，聖情鑒悉，每垂賞嘆，遂以武氏賜朕，事同政君。可立爲皇后。

寅恪案，高宗此詔以武曌比於西漢「配元生成」之王政君，姦佞詞臣之文筆固不可謂不妙，然欲蓋彌彰，事極可笑，此文所不欲詳及者也。此文所欲喚起讀史者注意之一點，即此詔之發布在吾國中古史上爲一轉捩點，蓋西魏宇文泰所創立之系統至此而改易，宇文氏當日之狹隘局面已不適應唐代大帝國之情勢，太宗以不世出之英傑，猶不免牽制於傳統之範圍，而有所拘忌。武曌則以關隴集團外之山東寒族，一旦攫取政權，久居洛陽，轉移全國重心於山東，重進士詞科之選舉，拔取人材，遂破壞南北朝之貴族階級，運輸東南之財賦，以充實國防之力量諸端，（可參拙著唐代政治史述論稿及隋唐制度淵源略論稿有關諸章。）皆吾國社會經濟史上重大之措施，而開啓後數百年以至千年後之世局者也。然此諸端軼出本文範圍，可置不論，但就世人所喜言之武曌男寵私德一事略論之，以祛迷惑而資譚助於下：

李義山文集肆紀宜都內人事云：

武后篡既久，頗放縱，耽內習，不敬宗廟，四方日有叛逆，防豫不暇。宜都內人以唾壺進，思有以諫。后坐帷下，倚檀机，與語。問四方事，宜都內人曰：大家知古女卑於男耶？后曰：知。內人曰：古有女媧，亦不正是天子，佐伏羲理九州耳。後世孃姥有越出房閤斷天下事者，皆不得其正，多是輔昏主，不然，抱小兒。獨大家革天姓，改去釵釧，襲服冠冕，符瑞日至，大臣不敢動，眞天子也。（中略）大家始今日能屏去男妾，獨立天下，則陽之剛亢明烈可有矣。如是過萬萬世，男子益削，女子益專，妾之願在此。后雖不能盡用，然卽日下令誅作明堂者（寅恪案，此指薛懷義）。

舊唐書柒捌張行成傳附易之傳云：

天后令選美少年爲左右奉宸供奉。右補闕朱敬則諫曰：臣聞志不可滿，樂不可極。嗜慾之情，愚智皆同，賢者能節之，不使過度，則前聖格言也。陛下內寵，已有薛懷義、張易之、昌宗，固應足矣。近聞尚舍奉御柳謨自言子良賓潔白美鬚眉，左監門衛長史侯詳云：陽道壯偉，過於薛懷義，專欲自進，堪奉宸內供奉。無禮無儀，溢於朝聽。臣愚職在諫諍，不敢不奏。則天勞之曰：非卿直言，朕不知此。賜綵百段。

據此，讀史者須知武曌乃皇帝或女主，而非太后，既非太后，而是皇帝，則皇帝應具備之禮制，武曌亦當備有之，區區易之、昌宗、懷義等男寵，較之唐代之皇帝後宮人數猶爲寡少也。否則朱敬則何以能昌言無忌諱，而武曌又何以公加賞慰，不自愧恥耶？世人又有疑武曌年事已高，何必畜此輩者，乃以史言爲過甚，殊不知賀蘭敏之亦且上烝其外祖母，亦卽其祖母榮國夫人楊氏，計當時榮國之年齡必已五六十歲。榮國爲武后之生母，以此例之，則武后所爲何容置疑？且朱敬則疏中明言陽道壯偉是其確證，此事頗涉猥褻，不宜多及，然世之通達古今風俗變遷者，自可捐棄其拘墟之見也。

武后掌握政權，固不少重大過失，然在歷史上實有進步之意義，蓋北朝之局勢由此而一變也。今以本文之限制，不能涉及其社會經濟上之重大措施，止就武曌於政治方面最重要者，如混合李、武兩家及維持其政治勢力甚久之故兩端論之如下：

舊唐書陸則天皇后紀云：

聖曆二年七月，上以春秋高，慮皇太子、相王與梁王武三思、定王武攸寧等不協，令立誓文於明堂。

大唐新語壹匡贊篇略云：

〔吉〕項曰：水土各一盆，有競乎？則天曰：無。項曰：和之爲泥，有競乎？則天曰：無。項曰：分泥爲佛，爲天尊，有競乎？則天曰：有。項曰：臣亦以爲有。竊以皇族外戚各有區分，豈不兩安全耶？今陛下貴賤是非於其間，則居必競之地。今皇太子萬福，而三思等久已封建，陛下何以和之？臣知兩不安矣。項與張昌宗同供奉控鶴府，昌宗以貴寵，懼不全，計於項。項曰：天下思唐德久矣，主上春秋高，武氏諸王殊非所屬意，公何不從容請復相王廬陵，以慰生人之望？昌宗乃乘間屢言之。幾一歲，則天意乃易，既知項之謀，乃召項問。項對曰：廬陵相王皆陛下子，高宗初顧託於陛下，當有所注意。乃迎中宗。其興復唐室，項有力焉。睿宗登極，下詔曰：曩時王命中圮，人謀未輯，首陳反正之議，克創祈天之業，永懷忠烈，寧忘厥勳，可贈御史大夫。

寅恪案，武曌以己身所生之李氏子孫與武氏近親混合爲一體，觀前所引唐會要公主門所載，亦是一例，此吉項所謂水土和爲泥者也。明乎此，則知神龍之復辟不能徹底，亦不必徹底，雖以狄仁傑之忠義，止可採用溫和手段，張柬之等亦止能誣指張易之、昌宗爲謀逆，挾持中宗以成事，而中宗後覺其有貪功迫母之嫌，柬之等遂初爲功臣後作罪人也。據新唐書壹壹伍狄仁傑傳(參舊唐書捌玖狄仁傑傳、新唐書壹貳零張柬之傳)略云：

張易之嘗從容問自安計，仁傑曰：惟勸迎廬陵王可以免禍。會后欲以武三思爲太子，以問宰相，衆莫敢對。仁傑曰：臣觀天人，未厭唐德。今欲繼統，非廬陵王莫可。后怒，罷議。久之，召謂曰：朕數夢雙陸不勝，何也？於是，仁傑與王方慶俱在，二人同辭對曰：雙陸不勝，無子也。天其意者以儌陛下乎？且太子，天下本，本一摇，天下危矣。文皇帝身蹈鋒鏑，勤勞而有天下，傳之子孫。先帝寢疾，詔陛下監國。陛下掩神器而取之，十有餘年，又欲以三思爲後。且姑姪與母子孰親？陛下立廬陵王，則千秋萬歲後常享宗廟，三思立，廟不祔姑。后感悟，卽日遣徐彦伯迎廬陵王於房州。王至，后匿王帳中，召見仁傑，語廬陵事。仁傑敷請切至，涕下不能止。后乃使王出曰：還爾太子。仁傑降拜頓首曰：太子歸，未有知者，人言紛紛，何所信？后然之，更令太子舍龍門，具禮迎還，中外大悦。初，吉頊、李昭德數請還太子，而后意不回，唯仁傑每以母子天性爲言，后雖忮忍，不能無感，故卒復唐嗣。仁傑所薦進，若張柬之、桓彦範、敬暉、姚崇等，皆爲中興名臣。

舊唐書玖壹桓彦範傳（新唐書壹貳拾桓彦範傳同，並參舊唐書壹捌柒上，新唐書壹玖壹忠義傳王同晈傳）略云：

〔張〕柬之遽引彦範及〔敬〕暉並爲左右羽林將軍，委以禁兵，共圖其事。時皇太子每於北門起居，彦範與暉因得謁見，密陳其計，太子從之。神龍元年正月，彦範與敬暉及左羽林將軍李湛、李多祚、右羽林將軍楊元琰、左威衛將軍薛思行等，率左右羽林兵及千騎五百餘人，討〔張〕易之、昌宗於宫中，令李湛、李多祚就東宫迎皇太子，兵至玄武門，彦範等奉太子斬關而入。時則天在迎仙宫之集仙殿。斬易之、昌宗於廊下。明日，太子卽位。

舊唐書壹零玖李多祚傳（新唐書壹壹零李多祚傳同）略云：

李多祚，代爲靺鞨酋長。少以軍功歷位右羽林軍大將軍，前後掌禁兵，北門宿衞二十餘年。神龍初，張柬之將誅張易之兄弟，引多祚籌其事，謂曰：將軍在北門幾年？曰：三十年矣。柬之曰：將軍位極武臣，豈非大帝之恩乎？曰：然。又曰：既感大帝殊澤，能有報乎？大帝之子見在東宮，逆豎張易之兄弟擅權，朝夕危逼。誠能報恩，正屬今日。多祚曰：苟緣王室，唯相公所使。遂與柬之等定謀誅易之兄弟。

舊唐書壹捌陸上酷吏傳吉頊傳略云：

初，中宗未立爲皇太子時，〔張〕易之、昌宗嘗密問頊自安之策。頊云：公兄弟承恩既深，非有大功於天下，則不全矣。今天下士庶咸思李家，廬陵既在房州，相王又在幽閉，主上春秋既高，須有付託。武氏諸王，殊非屬意。明公若能從容請建立廬陵及相王，以副生人之望，豈止轉禍爲福，必長享茅土之重矣。易之然其言，遂承間奏請。則天知頊首謀，召而問之。頊曰：廬陵王及相王，皆陛下之子，先帝顧託於陛下，當有主意，唯陛下裁之。則天意乃定。頊既得罪，時無知者。睿宗卽位，左右發明其事，乃下制贈左御史臺大夫。

通鑑貳壹陸玄宗天寶九載十月條（參新唐書壹零肆張行成傳附易之傳）云：

楊釗，張易之之甥也，奏乞昭雪易之兄弟。庚辰，制引易之兄弟迎中宗於房陵之功，復其官爵，仍賜一子官。釗以圖讖有金刀，請更名。上賜名國忠。

通鑑貳零捌唐中宗神龍元年五月以侍中敬暉爲平陽王條考異云：

統紀曰：太后善自粉飾，雖子孫在側，不覺其衰老。及在上陽宫，不復櫛頮，形容羸悴。上入見，大驚。太后泣曰：我自房陵迎汝來，固以天下授汝矣，而五賊貪功，驚我至此。上悲泣不自勝，伏地拜謝死罪。由是三思等得入其謀。按，中宗頑鄙不仁，太后雖毁容涕泣，未必能感動移其志，其所以疏忌五王，自用韋后、三思之言耳。今不取。

寅恪案，中宗之復辟實由張易之之力，睿、玄兩朝制詔可爲明證，五王貪功之譏恐難自解，故武后一言，而中宗頓悟，温公作史，轉不置信，殊失是非之公，不可從也。至李多祚本爲武人，出自外族，忠而無識，易於受欺，可爲嘆息。總之，在李、武集團混合已成之後，當時謀復唐室者舍用狄仁傑解鈴者即繫鈴者之策略外，别無他途，而最有資格進言於武后之人亦舍張易之等外，更别無他輩，此當日事勢所必致，然讀史者多忽視之，故特爲標出如此。

兹請續論武后政治勢力所以久而不衰之故，蓋混合李、武兩家爲一體，已令忠於李者亦甚難不忠於武矣。又拔取人才，使甚感激，爲之効力，當日中國舍此輩才智之士外，别無其他可用之人，此輩才智之士得用於世，則感其知賞之殊遇，而武氏之政治勢力亦因得以延長也。

李相國論事集陸上言須惜官條（參新唐書壹伍貳李絳傳）云：

天后朝命官猥多，當時有車載斗量之語，及開元中，致朝廷赫赫有名望事績者，多是天后所進之人。

舊唐書壹叁玖陸贄傳（參陸宣公奏議）略云：

贄論奏曰：往者則天太后踐祚臨朝，欲收人心，尤務拔擢，弘委任之意，開汲引之門，進用不疑，求訪無倦，非但人得薦士，亦許自舉其才。所薦必行，所舉輒試，其於選士之道，豈不傷於容易哉！而課責既嚴，進退皆速，不肖者旋黜，才能者驟昇，是以當代謂知人之明，累朝賴多士之用。此乃近於求才貴廣，考課貴精之効也。

新唐書壹貳肆姚崇傳（參舊唐書玖陸姚崇傳）略云：

張易之私有請於崇，崇不納，易之譖於（武）后，降司僕卿，猶同鳳閣鸞臺三品。出爲靈武道大總管。張柬之等謀誅二張（易之、昌宗），崇適自屯所還，遂參計議。以功封梁縣侯。后遷上陽宮，中宗率百官起居，王公更相慶，崇獨流涕。柬之等曰：今豈涕泣時邪？恐公禍由此始。崇曰：比與討逆，不足以語功。然事天后久，違舊主而泣，人臣終節也，由此獲罪，甘心焉。俄爲亳州刺史。後五王被害，而崇獨免。張說以素憾，諷趙彥昭劾崇，及當國，說懼，潛詣岐王（範）申款。崇它日朝，衆趨出，崇曳踵爲有疾狀。帝（玄宗）召問之，對曰：臣損足。曰：無甚痛乎？曰：臣心有憂，痛不在足。問以故，曰：岐王陛下愛弟，張說輔臣，而密乘車出入王家，恐爲所誤，故憂之。於是出說相州。

據此，武氏之政治勢力至玄宗朝而不稍衰歇，姚崇、張說雖爲政敵，然皆武氏之黨，不過有派別之分耳，李絳、陸贄之言殊可信也。

武曌所組織之統治集團內既有派別，則自中宗神龍初至玄宗先天末，其間唐代中央數次政變之情勢可以瞭然。韋后、安樂公主等一派與太平公主、玄宗等一派相爭，前派敗而後派勝，此固武曌組織之大集團內派別之爭也。即太平公主等與玄宗等之爭，則此一派中又分爲兩派，自相競爭，而有勝敗也。其分别雖多，要爲此大集團内之競爭。至若重俊之舉兵，乃以局外之孤軍，而與此大集團決鬥，强弱懸殊，宜其失敗也。

兹引有關史料於下：

舊唐書伍壹后妃傳上中宗韋庶人傳（新唐書柒陸后妃傳上韋皇后傳同，並參考舊唐書壹捌叁、新唐書貳零陸外戚傳韋溫傳）略云：

時侍中敬暉謀去諸武，武三思患之，乃結上官氏以爲援，因得幸於后，潛入宫中謀議。於是三思驕横用事，敬暉、王同晈相次夷滅，天下咸歸咎於后。帝（中宗）遇毒暴崩，后懼，秘不發喪，定策立溫王重茂爲皇太子，召諸府兵五萬人屯京城，分爲左右營，然後發喪。少帝即位，尊后爲皇太后，臨朝攝政，韋溫總知内外兵馬，守援宫掖，駙馬韋捷、韋濯分掌左右屯營，武延秀及溫從子播、族弟璿、外甥高嵩共典左右羽林軍及飛騎、萬騎。播、璿欲先樹威嚴，拜官日先鞭萬騎數人，衆皆怨，不爲之用。臨淄王（玄宗）率薛崇簡、鍾紹京、劉幽求領萬騎入自玄武門，至左羽林軍，斬將軍韋璿、韋播及中郎將高嵩於寢帳，遂斬關而入，至太極殿。后惶駭遁入殿前飛騎營，爲亂兵所殺。

同書捌陸節愍太子重俊傳（新唐書捌壹節愍太子重俊傳同）略云：

時武三思得幸中宮，深忌重俊。三思子崇訓尚安樂公主，常教公主凌忽重俊，以其非韋氏所生，常呼之爲奴。或勸公主請廢重俊爲王，自立爲皇太女，重俊不勝忿恨。〔神龍〕三年七月，〔重俊〕率左羽林大將軍李多祚等矯制發左右羽林兵及千騎三百餘人，殺〔武〕三思及〔武〕崇訓於其第。又令左金吾大將軍成王千里分兵守宮城諸門，自率兵趨肅章門，斬關而入，求韋庶人及安樂公主所在。韋庶人及安樂公主遽擁帝（中宗）馳赴玄武門樓，召左羽林將軍劉景仁等，令率留軍飛騎及百餘人於樓下列守。俄而多祚等兵至，欲突玄武門樓，宿衛者拒之，不得進。帝據檻呼多祚等所將千騎，謂曰：汝等並是我爪牙，何故作逆？若能歸順，斬多祚等，與汝富貴。於是千騎王歡喜等倒戈，斬多祚等於樓下，餘黨遂潰散。

新唐書捌叁諸公主傳略云：

安樂公主，（中宗）最幼女。〔韋后所生，〕后尤愛之。下嫁武崇訓。帝（中宗）復位，光艷動天下，侯王柄臣多出其門。請爲皇太女，左僕射魏元忠諫不可。主曰：元忠，山東木強，烏足論國事？「阿武子」尚爲天子，天子女有不可乎？崇訓死。主素與武延秀亂，卽嫁之。臨淄王（玄宗）誅〔韋〕庶人，主方覽鏡作眉，聞亂，走至右延明門，兵及，斬其首。

又略云：

太平公主，則天皇后所生。帝（高宗）擇薛紹尚之。紹死，更嫁武承嗣，會承嗣小疾，罷婚，后殺武攸曁妻，以配主。韋后、上官昭容用事，自以謀出主下遠甚，憚之。玄宗將誅韋氏，主與秘計，遣子崇簡從。事定，將立相王，未有以發其端者。主乃入見（溫）王曰：天下事歸相王（睿宗），此非兒所坐。乃掖王下，取乘輿服進睿宗。睿宗卽位，主權由此震天下。玄宗以太子監國，使宋王（憲）、岐王（範）總禁兵。主恚權分，乘輦至光範門，召宰相，白廢太子。時宰相七人，五出主門下。又左羽林大將軍常元楷、知羽林軍李慈皆私謁主。主內忌太子明，又宰相皆其黨，乃有逆謀。太子得其姦，前一日，率高力士叩虔化門，梟元楷、慈於北闕下，執（宰相岑）羲、（蕭）至忠至朝堂，斬之。主聞變，亡入南山，三日乃出，賜死於第。

舊唐書捌玄宗紀上（新唐書伍玄宗紀及通鑑貳零玖景雲元年六月條同）略云：

（唐隆元年六月）庚子夜，（上）率（劉）幽求等數十人自苑南入，總監鍾紹京又率丁匠百餘以從。分遣萬騎往玄武門，殺羽林將軍韋播、高嵩，持首而至，衆歡叫大集。攻白獸、玄德等門，斬關而進，左萬騎自左入，右萬騎自右入，合於淩煙殿前。時太極殿前有宿衞梓宮萬騎，聞譟聲，皆披甲應之。韋庶人惶惑走入飛騎營，爲亂兵所害。

同書壹零陸王毛仲傳（新唐書壹貳壹王毛仲傳同）云：

（景龍）四年六月，中宗遇弒，韋后稱制，令韋播、高嵩爲羽林將軍，令押千騎營（寅恪案，通鑑「千」作「萬」，是，蓋中宗已改千騎爲萬騎矣，溫公之精密有如是者），榜箠以取威。其營長葛福順、陳玄禮等相與見玄宗訴寃，會玄宗已與劉幽求、麻嗣宗、薛崇簡等謀舉大計，相顧益歡，令幽求諷之，皆願決死從命。及二十日夜，玄宗入苑中。乙夜，福順等至，玄宗曰：與公等除大逆，安社稷，各取富貴，在於俄頃，何以取信？福順等請號而行，斯須斬韋播、韋璿、高嵩等頭來，玄宗舉火視之。又召鍾紹京領總監丁匠刀鋸百人至，因斬關而入，后及安樂公主等皆爲亂兵所殺。

寅恪案，韋氏在此集團內競爭之失敗，其主因自在韋后、安樂公主等之無能力所致，蓋武曌拔取之人才皆不爲之用故也。韋氏敗後，當時此等人才及其他非武曌所拔取，而以趨附勢利，成爲武氏之黨者，又分屬於太平公主及玄宗兩派，玄宗派如姚崇、宋璟等較太平公主派如岑羲、蕭至忠等才略爲優，故玄宗勝而太平公主敗。然此兩派亦皆與武曌有直接或間接之關係者。其中有最可注意之人，卽是高力士，此人潛身宮禁，實爲武氏政治勢力之維持者，蓋與玄宗一生之政治生活發生密切關係，殆有過於專任之宰臣或鎮將者，因文武大臣之任用止限於外朝及邊境，且任用期間亦不及力士之長久也。

玄宗政權自來分爲開元、天寶兩時期，以先天時期甚短，且此時期玄宗尙未能完全行使其政權之故。開元時如姚崇、宋璟、張說、張九齡等先後任將相，此諸人皆爲武曌所拔用，故亦皆是武氏之黨，固不待論。卽天寶時最有實權之宰相，先爲李林甫，後爲楊國忠，此二人之任用實與力士有直接或間接之關係，故亦不可謂不與武氏有關係也。此武氏政治勢力自高宗初年至玄宗末年雖經神龍之復辟，而歷久不衰之主因，力士在玄宗朝其地位重要亦可以推知矣。玆引舊史及其他有關材料，略論之於下：

舊唐書壹捌肆宦官傳高力士傳略云：

內官高延福收爲假子，延福出自武三思家，力士遂往來三思第。則天召入禁中。

同書壹零陸李林甫傳略云：

武惠妃愛傾後宮，二子壽王、盛王以母愛特見寵異，太子瑛益疏薄。林甫多與中貴人善，乃因中官干惠妃云：願保護壽王。惠妃德之。初，侍中裴光庭妻武三思女，詭譎有才略，與林甫私。中官高力士本出三思家，及光庭卒，武氏銜哀，祈於力士，請林甫代其夫位，力士未敢言。玄宗使中書令蕭嵩擇相，嵩久之以右丞韓休對，玄宗然之，乃令草詔。力士遽漏於武氏，乃令林甫白休。休既入相，甚德林甫，與嵩不和，乃薦林甫堪爲宰相，惠妃陰助之，因拜黃門侍郎。（開元二十三年）爲禮部尚書、同中書門下三品。

唐會要叁皇后門（參通鑑貳壹叁開元十四年上欲以武惠妃爲皇后條考異）略云：

（玄宗貞順）皇后武氏，恆安王攸止女。攸止卒後，后尚幼，隨例入宮。及王皇后廢，賜號惠妃，宮中禮秩一同皇后。初，（開元）十四年四月，侍御史潘好禮聞上欲以惠妃爲皇后，進疏諫曰：臣聞禮記曰：父母之讎不可共戴天。公羊傳曰：子不復父讎，不子也。陛下豈得欲以武氏爲國母，當何以見天下之人乎？不亦取笑於天下乎？又，惠妃再從叔三思、再從父延秀等，並干亂朝綱，遞窺神器，豺狼同穴，梟獍同林。至如惡木垂陰，志士不息，盜泉飛溢，正夫莫飮，良有旨哉。伏願陛下愼擇華族之女，必在禮義之家。且惠妃本是左右執巾櫛者也，不當參立之。又見人間盛言，尙書左丞相張說自被停知政事之後，每諂附惠妃，誘盪上心，欲取立后之功，更圖入相之計。且太子本非惠妃所生，惠妃復自有子，若惠妃一登宸極，則儲位實恐不安。臣職參憲府，感激懷憤，陛下留神省察。（蘇冕駁曰：此表非潘好禮所作。且好禮，先天元年爲侍御史，開元十二年爲溫州刺史致仕。表是十四年獻，而云「職參憲府」，若題年恐錯，即武惠妃先天元年始年十四，王皇后有寵未衰，張說又未爲右丞相，竟未知此表是誰獻之。）

寅恪案，李林甫爲天寶前期政治之中心人物，其所以能致是者，則由於高力士、武惠妃之助力，此亦玄宗用人行政深受武氏影響之明證，而武氏政治勢力至是猶未衰歇，可以想見也。

復次，肅宗之得立爲太子當亦與武氏之黨有關。不過與當日武氏政治勢力之中心未能發生特別關係，所以皇位繼承權亦不甚穩固，後來靈武內禪之舉恐亦非得已也。據舊唐書伍貳后妃傳下玄宗元獻皇后傳（參次柳氏舊聞中第一事）略云：

玄宗元獻皇后楊氏，弘農華陰人。曾祖士達，天授中，以則天母族，追封士達爲鄭王。后景雲元年八月，選入太子宮。時太平公主用事，尤忌東宮。宮中左右持兩端，而潛附太平者必陰伺察，事雖纖芥，皆聞於上，太子心不自安。后時方娠，太子密謂張說曰：用事者不欲吾多息胤，恐禍及此婦人，其如之何？密令說懷去胎藥而入。太子於曲室躬自煮藥，醺然似寐，夢神人覆鼎。既寤如夢，如是者三。太子異之，告說。說曰：天命也，無宜他慮。既而太平誅，后果生肅宗。開元中，肅宗爲忠王，后爲妃，又生寧親公主。張說以舊恩特承寵異，說亦奇忠王儀表，必知運曆所鍾，故寧親公主降說子埱。開元十七年后薨。

可知肅宗母爲武曌外家，張說復爲武氏之黨，此其所以終能立爲太子，而又因其關係不及武惠妃諸子與武氏關係之深切，所以雖在儲位，常危疑不安也。天寶後期中央之政權在楊國忠之手，而國忠之進用全由於楊貴妃之專寵，此爲不待考辨之事。今所欲論者，止貴妃何以入宮之問題而已。略錄有關史料於下：

新唐書柒陸后妃傳上楊貴妃傳(參舊唐書伍壹后妃傳上玄宗楊貴妃傳)略云：

玄宗貴妃楊氏，隋梁郡通守汪四世孫。徙籍蒲州，遂爲永樂人。始爲壽王妃。開元二十四(寅恪案，四應作五，詳見拙著元白詩箋證稿長恨歌章。)年，武惠妃薨，後廷無當帝意者。或言妃資質天挺，宜充掖庭，遂召內禁中，異之，卽爲自出妃意者，丐籍女官，號「太眞」，更爲壽王聘韋昭訓女，而太眞得幸，遂專房宴，宮中號「娘子」，儀體與皇后等。天寶初，進册貴妃。

白氏長慶集壹貳長恨歌傳略云：

玄宗在位歲久，倦于旰食宵衣，政無小大始委於右丞相(李林甫)，深居遊宴，以聲色自娛。先是，元獻皇后、武淑妃(卽武惠妃)皆有寵，相次卽世，宮中雖良家子千數，無可悅目者，上心忽忽不樂。(中略)詔高力士潛搜外宮，得弘農楊玄琰女於壽邸。

楊太眞外傳上(參拙著元白詩箋證稿長恨歌章)云：

開元二十二年十一月(楊妃)歸於壽邸。二十八年十月玄宗幸溫泉宮，使高力士取楊氏女於壽邸，度爲女道士，號「太眞」，住內太眞宮。天寶四載七月，册左衛中郎將韋昭訓女配壽邸。是月於鳳凰園册太眞宮女道士楊氏爲貴妃。

據此，楊貴妃爲武惠妃之代替人，所謂「娘子」者，卽今世俗「太太」之稱，蓋以皇后視之。若貴妃死於安祿山亂前，玄宗必追贈爲皇后，如武惠妃之例也。又貴妃之入宮，乃由高力士之搜拔，觀前引后妃公主諸史料，知唐皇室之婚姻與此集團有密切關係，此集團爲武曌所組成，高力士爲武氏死黨，其所搜拔自不出於此集團之外，可以無疑。據新唐書柒壹下宰相世系表楊氏條云：

太尉震，子奉，八世孫結，二子：珍，繼，至順，徙居河中永樂。

楊貴妃卽出此房，此房雖非武曌外家近屬，然就貴妃曾選爲壽王妃一點觀之，知其亦屬於此大集團，不過爲距核心較遠之外圍人物耳。世人往往以貴妃之色藝爲當時大唐帝國數千萬女性之冠，鄙意尚有疑問，但其爲此集團中色藝無雙之人，則可斷言，蓋力士搜拔之範圍原有限制，而玄宗亦爲武黨所包圍蒙蔽故也。

綜括言之，此一集團武曌創組於大帝之初，楊玉環結束於明皇之末者也。唐代自高宗至玄宗爲文治武功極盛之世，卽此集團居最高統治地位之時，安祿山亂起，李唐中央政府已失統治全國之能力，而此集團之勢力亦衰竭矣。故研究唐之盛世者不可不研究此集團，特爲論述其組成及變遷之概略，以供治吾國中古史者之參考。

（原刊歷史研究一九五四年第一期）

論唐代之蕃將與府兵

唐代武功自開國至玄宗爲最盛時代。此時期之兵力可分爲蕃將及府兵兩類。其關於府兵者，寅恪已於拙著隋唐制度淵源略論稿兵制章述其概要，然止限於府兵創設及初期與後期不同諸點，其他未遑多及。至於蕃將，則世之讀史者，僅知蕃將與唐代武功有密切重要關係，而不知其前期之蕃將與後期之蕃將亦大有分別在也。今請先論李唐開國之初至玄宗時代之蕃將。玄宗後之蕃將問題，則本文姑不涉及。次論李唐開國之初至玄宗時代之府兵，而專就太宗、武后、玄宗三人關於此兩種武力組織之政策，略加論辨，或可供治唐史者之參考歟？

唐之開國，其兵力本兼府兵蕃將兩類，世人習見唐承西魏、北周、隋代之後，太宗之武功又照耀千古，遂誤認太宗之用兵其主力所在，實爲府兵，此大謬不然者也。茲舉一例，證成鄙說於下：

貞觀政要貳納諫篇略云：

右僕射封德彝等，幷欲中男十八以上，簡點入軍。敕三四出，〔魏〕徵執奏，以爲不可。德彝重奏：今見簡點者云，次男內大有壯者。太宗怒，乃出敕：中男以上，雖未十八，身形壯大，亦取。徵又不從，不肯署敕。徵曰：「且比年國家衞士，不堪攻戰。豈爲其少？但爲禮遇失所，遂使人無鬬心。」

通鑑壹玖貳武德九年十二月上遣使點兵條胡注云：

唐制，民年十六爲中男，十八始成丁，二十一爲丁，充力役。

寅恪案，魏徵所謂「國家衞士」卽指府兵而言。蓋府兵之制，更番宿衞。故稱之爲「衞士」也。由此可知武德之世，卽李唐開國之時代，其府兵實「不堪攻戰」也。然則此時期太宗頻年用兵，內安外攘。高宗繼之，武功之盛，照耀史乘。其所用之兵，主力部分必非「不堪攻戰」之府兵。既非府兵，其主力果爲何種兵耶？治史者習知唐代之蕃將關係重要，故新唐書特爲蕃將立一專傳。茲擇其最有關者節錄之，幷略附舊唐書西戎傳有關之文如下：

新唐書壹壹拾諸夷蕃將傳略云：

史大奈，本西突厥特勒(勤)也。與處羅可汗入隋，事煬帝，從伐遼。後分其部於樓煩。高祖興太原，大奈提其衆隸麾下。桑顯和戰飲馬泉，諸軍却。大奈以勁騎數百，背擊顯和，破之。軍遂振。從平長安，賜姓史。從秦王平薛舉、王世充、竇建德、劉黑闥。

阿史那社爾，突厥處羅可汗之次子。(貞觀)十四年，以交河道行軍總管平高昌，封畢國公。從征遼東，所部奮厲，皆有功。二十一年，以崑丘道行軍大總管與契苾何力、郭孝恪、楊弘禮、李海岸等五將軍發鐵勒十三部及突厥騎十萬討龜兹。

執失思力，突厥酋長也。及討遼東，詔思力屯金山道，領突厥扞薛延陀。復從江夏王道宗破延陀餘衆。與平吐谷渾。

契苾何力，鐵勒哥論易勿施莫賀可汗之孫。〔貞觀〕九年，與李大亮、薛萬徹、萬均討吐谷渾於赤水川。十四年，爲葱山道副大總管，與討高昌，平之。永徽中，西突厥阿史那賀魯叛。詔何力爲弓月道大總管，率左武衛大將軍梁建方，統秦、成、岐、雍及燕然都護迴紇兵八萬討之。

黑齒常之，百濟西部人。儀鳳三年，從李敬玄，劉審禮擊吐蕃。調露中，吐蕃使贊婆等入寇，屯良非川。常之引精騎三千夜襲其軍，即拜河源道經略大使。凡涖軍七年，吐蕃憺畏，不敢盜邊。垂拱中，突厥復犯塞，常之率兵追擊，至兩井。賊夜遁。久之，爲燕然道大總管，與李多祚、王元言等擊突厥骨咄祿、元珍於黄花堆，破之。

李謹行，靺鞨人。父突地稽，部酋長也。隋末，率其屬千餘內附，居營州。劉黑闥叛，突地稽身到定州，上書秦王，請節度。以戰功封耆國公。徙部居昌平。高開道以突厥兵攻幽州，突地稽邀擊，敗之。貞觀初，賜氏李。

舊唐書壹玖捌吐谷渾傳略云：

貞觀九年，詔特進李靖爲西海道行軍大總管，幷突厥、契苾之衆以擊之。

同書同卷高昌傳略云：

〔貞觀十四年〕太宗乃命吏部尙書侯君集爲交河道大總管，率左屯衛大將軍薛萬均及突厥、契苾之衆，步騎數萬衆以擊之。

寅恪案，觀上引史料，固知太宗以府兵「不堪攻戰」，而以蕃將爲其武力之主要部分矣。但詳繹史文，則貞觀四年破滅突厥頡利可汗之前，其蕃將如史大奈、突地稽等以外，亦未見太宗有何重用蕃將之事。然則貞觀四年以前，太宗對内對外諸戰爭，究用何種兵力，以補救其「不堪攻戰」之府兵耶？寅恪嘗擬此問題之答案，卽太宗未大用蕃將以前，其主要兵力實寄託於所謂「山東豪傑」集團。至「山東豪傑」與唐代初期之重要關係，寅恪已於拙著隋末唐初所謂「山東豪傑」一文詳言之，故不贅論。讀者可取參閱也。

治唐史者習知唐之用蕃將矣。然似未能辨唐代初期卽太宗、高宗之用蕃將，與後來玄宗之用蕃將有重要之區别。蓋此兩期爲唐代武功最盛時代，而蕃將又多建戰功。若籠統含混，視爲同一，則於史事之眞相及太宗、玄宗之用心，皆不能了知。請舉一例以證明之。

舊唐書壹佰陸李林甫傳云：

國家武德、貞觀以來，蕃將如阿史那社爾、契苾何力，忠孝有才略，亦不專委大將之任，多以重臣領使以制之。開元中，張嘉貞、王晙、張說、蕭嵩、杜暹皆以節度使入知政事。林甫固位，志欲杜出將入相之源。嘗奏曰：文士爲將，怯當矢石，不如用寒族、蕃人。蕃人善戰有勇。寒族卽無黨援。帝以爲然，乃用〔安〕思順代林甫領〔朔方節度〕使。自是高仙芝、哥舒翰皆專任大將。林甫利其不識文字，無入相由。然而祿山竟爲亂階，由專得大將之任故也。

據此，可知太宗所任之蕃將爲部落酋長，而玄宗所任之蕃將乃寒族胡人。太宗起兵太原，與突厥酋長結「香火盟」，誼同骨肉。若自突厥方面觀之，則太宗亦是與突厥同一部之酋長，所謂「特勤」之類也。此點寅恪於拙著論唐高祖稱臣於突厥事一文中詳證之。茲不贅論。太宗旣任部落之酋長爲將帥，則此部落之酋長必率領其部下之胡人，同爲太宗効力。功業成後，則此酋長及其部落亦造成一種特殊勢力。如唐代中世以後藩鎭之比。至若東突厥敗亡後而又復興，至默啜遂併吞東西兩突厥之領土，而建立一大帝國，爲中國大患。歷數十年，至玄宗初期，以失政內亂，遂自崩潰。此貞觀以來任用胡族部落酋長爲將領之覆轍，宜玄宗以之爲殷鑒者也。職此之故，玄宗之重用安祿山，其主因實以其爲雜種賤胡。（詳見拙著唐代政治史述論稿上篇。）哥舒翰則其先世雖爲突厥部落酋長，然至翰之身，已不統領部落，失其酋長之資格，不異於寒族之蕃人。是以玄宗亦視之與安祿山相等，而不慮其變叛，如前此復興東突厥諸酋長之所爲也。由是言之，太宗之用蕃將，乃用此蕃將及其所統之同一部落。玄宗之用蕃將，乃用此蕃將及其統領之諸種不同之部落也。太宗、玄宗任用蕃將之類別雖不同，而有任用蕃將之必要則相等。蕃將之所以被視爲重要者，在其部落之組織及騎射之技術。茲請先言其騎射之技術如下：

新唐書伍拾兵志略云：

唐之初起，得突厥馬二千匹，又得隋馬三千於赤岸澤，徙之隴右，監牧之制始於此。初，用太僕少卿張萬歲領羣牧。自貞觀至麟德四十年間，馬七十萬六千。方其時，天下以一縑易一馬。萬歲掌馬久，恩信行於隴右。自萬歲失職，馬政頗廢。永隆中，夏州牧馬之死失者十八萬四千九百九十。開元初，國馬益耗。太常少卿姜誨乃請以空名告身市馬於六胡州，率三十匹讎一游擊將軍。命王毛仲領內外閑廐。毛仲既領閑廐，馬稍稍復，始二十四萬。至十三年，乃四十三萬。其後突厥款塞，玄宗厚撫之。歲許朔方軍西受降城爲互市，以金帛市馬，於河東、朔方、隴右牧之。既雜胡種，馬乃益壯。議謂秦、漢以來，唐馬最盛。〔天寶〕十三載，隴右羣牧都使奏，馬三十二萬五千七百。安祿山以內外閑廐都使兼知樓煩監，陰選勝甲馬歸范陽，故其兵力傾天下。

寅恪案，騎馬之技術本由胡人發明。其在軍隊中有偵察敵情及衝陷敵陣兩種最大功用。實兼今日飛機、坦克二者之効力，不僅騎兵運動迅速靈便，遠勝於部卒也。中國馬種不如胡馬優良。漢武帝之求良馬，史乘記載甚詳，後世論之者亦多，茲不贅述。即就上引史料觀之，則唐代之武功亦與胡地出生之馬及漢地雜有胡種之馬有密切關係，自無待言。至弓矢之用，若不與騎馬配合，則僅能防守，而不能進攻，只可處於被動之地位，而無以發揮主動進攻之效用。故言射而不言騎，則止得軍事技術之一面。若騎射并論，自必師法胡人，改畜胡種之馬，且任胡人血統之人主持牧政。此必然之理，必致之勢。今所存唐代馬政之史料雖衆，要不出此範圍也。

至軍隊組織，則胡人小單位部落中，其酋長即父兄，任將領。其部衆即子弟，任兵卒。即本爲血胤之結合，故情誼相通，利害與共。遠較一般漢人以將領空名，而統率素不親切之士卒者爲優勝。此點以寅恪之淺陋，唯見宋呂頤浩所論，最得其要領（四庫珍本忠穆集壹上邊禦十策）。讀者可於呂文詳究之也。

玄宗所用蕃將爲寒族胡人，如安祿山等。與太宗所用蕃將爲部落酋長，如阿史那社爾等。兩者旣大不相同矣。或疑寒族胡人以非酋長之故，無與之相同血胤部卒可統率，其所領士兵，亦將同於漢將所領者不異，則蕃將雖長於騎射之技，而部隊却失去組織嚴整之效，何以玄宗必用蕃人爲大將耶？應之曰，玄宗所用蕃將，其本身雖非酋長，無直接之部屬，但其人則可統率其他諸不同胡族之部落。質言之，卽是一諸不同胡族部落之最高統帥。蓋玄宗時默啜帝國崩潰後，諸不同胡族之小部落紛雜散居於中國邊境，或漸入內地。安祿山以雜種胡人之故，善於撫綏諸胡種，且其武力實以同一血統之部落爲單位，如併吞阿布思之同羅部落及畜義子爲「曳落河」，卽收養諸雜類勇壯之人，編成軍隊，而視爲同一血統之部落。職此之故，其人數必非寡少。通鑑貳壹陸玄宗天寶十載述安祿山收養「曳落河」八千餘人事。司馬君實於其所著考異中以養子必無八千之數，而疑姚汝能之說爲不合，則殊未解胡人部落之制也。此種方法後來安史餘黨胡化漢人田承嗣輩亦遵依之，遂創啓唐末五代之「衙兵」，或唐人小說紅綫故事中所謂「外宅男」者是也（詳見姚汝能安祿山事迹上新唐書貳貳伍上安祿山傳及拙著唐代政治史述論稿上篇）。上述安祿山及其餘黨所爲皆足爲例證。故玄宗之用蕃將，除用其騎射之技外，更兼取其部落組織嚴整之長。此點實與太宗用蕃將之心理未嘗有別也。

太宗之時，府兵雖「不堪攻戰」，但亦未致全部廢弛之階段。太宗一方面權用蕃將，以補府兵之缺點，一方面仍竭力增加及整頓府兵，以期恢復府兵盛時之原狀。故太宗時之武功，固以蕃將部落爲主力，然太宗貞觀以後，至於玄宗之世，府兵於逐漸衰廢之過程中，仍有傑出之人才，幷收攻戰之效用。觀後引史傳，可以證知也。惟唐代河北設置府兵問題爲治唐史者所亟待解决者，近時頗有不同之論，兹略述鄙見於下：

玉海壹叁捌兵制門唐府兵條引唐會要云：

關內置府二百六十一，精兵士二十六萬，舉關中之衆以臨四方。又置折衝府二百八十（此是貞觀十年事），通計舊府六百三十三。河東道府額亞於關中。河北之地人多壯勇，故不置府。其諸道亦置。

玉海壹叁捌兵制門引鄴侯家傳云：

玄宗時，奚、契丹兩蕃強盛，數寇河北諸州，不置府兵番上，以備兩蕃。

寅恪案，鄴侯家傳無傳世完本，惟可據通鑑及玉海諸書引述者，加以論釋。雖其中頗多誤失，如言唐玄宗時禁軍已有六軍之類，寅恪亦嘗徵引前人舊說及鄙意辨正之矣（見拙著元白詩箋證稿長恨歌章）。但關於河北初不置折衝府事，則鄙意以爲甚得當時情勢之實，雖有時代差錯，而無文字之譌誤也。近日谷霽光君於其所著唐折衝府考校補（在二十五史補編）論鄴侯家傳紀此事文字有誤，其言云：

上引一段事實，多不可通解。如「不置府兵，以備兩蕃。」一句，語意不相屬，既謂之不置府兵，何云「番上」，更何云「備蕃」。此其一。兩蕃入寇，與不置府兵文義亦自相違。此其二。末又指出兵府總數，不記年代，易於混亂。此其三。綜觀全傳，不應致此。余疑「不」字乃「又」字之誤。如將「不置府兵」易爲「又置府兵」，則文義連屬，於史實亦不背謬。

寅恪案，若上引史料中「不」字果爲「又」字之誤，則新唐書叁玖地理志河北道幽州大都督府條云：

有府十四，曰呂平、涿城、德聞、潞城、樂上、清化、洪源、良鄉、開福、政和、停驂、柘河、良杜、咸寧。

是此等河北道之折衝府皆非玄宗以前所設置者。但據陸增祥八瓊室金石補正肆陸本願寺僧慶善等造幢題名（第伍面下載長安三年乞留檢校令裴琳記在獲鹿本願寺）云：

應天神龍皇帝（中宗）順天翊聖皇后（韋后）幢主昭武校尉右屯衛前檀州密雲府左果毅都尉上柱國孫義元。

楊盈川集陸後周明威將軍梁公神道碑云：

天授元年九月十六日加威武將軍，守左玉鈐衛翊善府折衝都尉。

羅振玉唐折衝府考補云：

河北道懷州翊善（勞補）。

唐書經籍誌：「授懷州翊善府別將。」玉案，勞氏據楊炯撰梁待賓神道碑補此府，不知何屬？據誌，知屬懷州。

則知武則天、中宗之時河北道實已設置折衝府矣。唐高祖以劉黑闥重反之故，竟欲盡殺河北丁壯，以空其地（詳見拙著論隋末唐初所謂「山東豪傑」）。蓋河北之人以豪強著稱，實爲關隴集團之李唐皇室所最忌憚。故太宗雖增置兵府，而不於河北之地設置折衝府者，卽因於此。此玉海引唐會要所謂「河北之地，人多壯勇，故不置府。其諸道亦置。」者也。至武則天以山東寒族攫取政權之後，轉移全國之重心於洛陽，卽舊唐書陸則天皇后紀所云：

（載初二年）七月，徙關內雍、同等七州戶數十萬以實洛陽。

者是也。蓋武后以前，唐承西魏、北周、楊隋之遺業，以關隴爲本位，聚全國之武力於此西北一隅之地，藉之宰制全國，卽玉海引唐會要所謂「舉關中之衆，以臨四方」者。又據唐會要捌肆移戶門云：

貞觀元年朝廷議，戶殷之處聽徙寬鄉。陝州刺史崔善爲上表曰：畿內之地是爲殷戶。丁壯之民悉入軍府。若聽移轉，便出關外。此則虛近實遠，非經通之義。其事遂止。

寅恪案，崔善爲言「畿內之地是爲殷戶。丁壯之民悉入軍府。」實深得唐初府兵設置分配之用意，故不容許移徙畿內之民戶，東出關外也。今武后徙雍、同等州之民戶，以實洛陽，卽是將全國武力之重心自關中而移於山東。河北之地卽在山東區域之內。若非武后之世，決不能有此違反唐高祖太宗以來傳統之政策。故今日所存之史料中，河北道兵府之設置，其時代在玄宗以前，武后以後，實與唐代當日之情勢相符應也。國內情勢旣改，而東突厥復興，國外情勢又因之大變，此兩大原因乃促成河北自武則天後始置兵府之眞相。特鄴侯家傳以之下屬玄宗之世，時代未免差錯。至其文中「不」字是否「又」字之譌誤，或字句有脫漏，恐須更待考證也。

太宗雖增加及整頓府兵，冀能一掃前此「不堪攻戰」之弊，而可不必倚賴蕃將。然在其生存之日，蓋未及收府兵之效用也。及太宗崩殂之後，府兵之效始漸表現。觀下引史料，亦足證知武后至玄宗朝，其漢人名將實與府兵有關，卽可推見太宗增加及整頓府兵之心力，亦非虛捐矣。至郭子儀父子皆與折衝府有關，而子儀復由武舉出身。武舉本由武曌創設(見新唐書伍拾兵志)。此則武后用詞科進士拔選文士之外，又別設置武舉，拔選武人。其各方面搜羅人材之方策，可謂不遺餘力。斯亦治史者所不容忽視之點也。

舊唐書壹佰叁郭知運傳略云：

　郭知運，瓜州常樂人。初爲秦州三度府果毅。

同書同卷張守珪傳略云：

　張守珪，陝州河北人也。初以戰功授平樂府別將，再轉幽州良社府果毅。

金石萃編玖貳郭氏家廟碑云：

　敬之府君(郭子儀父)始自涪州錄事參軍，轉瓜州司倉，雍北府右果毅，加游擊將軍，申王府典軍，金石府折衝。

　碑陰：男。昭武校尉守絳州萬泉府折衝都尉上柱國琇，子儀武舉及第，左衞長上，改河南府城□府別將，又改同州興德府右果毅，又改汝州魯陽府折衝。

府兵之制雖漸廢弛，有關史料頗亦不少，茲無詳引之必要，止取下引史文觀之，當能得其蛻變之概要也。

舊唐書玖叁張仁愿傳云：

時突厥默啜盡衆西擊突厥施娑葛，仁愿請乘虛奪取漢（應作漠）南之地，於河北築三受降城，首尾相應，以絕其南寇之路。仁愿表留年滿鎮兵以助其功。時咸陽兵二百餘人逃歸，仁愿盡擒之。

是中宗時府兵番上之制尚存舊規，可以推見。又據唐大詔令集柒叁開元二十六年正月敕親祀東郊德音略云：

朕每念黎甿，弊於征戍。所以別遣召募，以實邊軍。錫其厚賞，使令長住。今諸軍所召，人數尚足。在於中夏，自能罷兵。自今已後，諸軍兵健幷宜停遣。其見鎮兵，幷一切放還。

則知玄宗開元中府兵番上之制已爲長徵召募之制所代替。至玄宗天寶中如新唐書伍拾兵志所云：

〔天寶〕八載，折衝諸府至無兵可交，李林甫遂請停上下魚書。其後徒有兵額、官吏，而戎器、馱馬、鍋幕、糗粮幷廢矣。

則知宇文泰、楊堅、李世民、武曌四主所創建增置遷移整頓之制度遂於此而告結束矣。

自是之後，唐平安史之亂，其主力爲朔方軍，而朔方軍實一以胡人部落蕃將爲其主要成分者。其後平淮蔡，則賴李光顏之武力。李氏之軍隊亦爲胡兵。至若龐勛之役及黃巢之大會戰，無不與沙陀部落有絕大關係，此皆胡兵蕃將之問題。然此等均在玄宗以後，不在本文範圍，故不一一具論。讀者可取拙著唐代政治史述論稿下篇參之也。

綜括論之，以唐代之武功言，府兵雖至重要，然其重要性殊有時間限制，終不及蕃將一端，其關係至深且鉅，與李唐一代三百年相終始者，所可相比也。至若「河北之地，人多壯勇」，頗疑此集團實出自北魏冀、定、瀛、相諸州營戶屯兵之系統，而此種人實亦北方塞外胡族之子孫（詳見拙著論隋末唐初所謂「山東豪傑」）。李唐出身關隴集團，故最忌憚此等人羣。太宗因亦不於其所居之地設置兵府，武曌改移政權以後，情勢大變，雖於河北置折衝府，然府兵之效用歷時不久，至玄宗之世，遂全部廢止矣。玄宗後半期以蕃將代府兵，爲其武力之中堅，而安史以蕃將之資格，根據河北之地，施行胡化政策（詳見拙著唐代政治史述論稿上篇）。恢復軍隊部落制，即「外宅男」或義兒制。故唐代藩鎮如薛嵩、田承嗣之徒，雖是漢人，實同蕃將。其軍隊不論是何種族，實亦同胡人部落也。延及五代，「衙兵」尚是此「外宅男」之遺留。讀史者綜觀前後演變之迹象，自可了然矣。寅恪嘗謂歐陽永叔深受北宋當時「濮議」之刺激，於其所著五代史記特標義兒傳一目，以發其感憤。然所論者僅限於天性、人倫、情誼、禮法之範圍，而未知五代義兒之制，如後唐義兒軍之類，實源出於胡人部落之俗。蓋與唐代之蕃將同一淵源者。若專就道德觀點立言，而不涉及史事，似猶不免未達一間也。茲以此端非本文所宜辨證，故止略陳鄙見，附記於篇末，更俟他日詳論之，以求教於當世通識君子。

（原刊中山大學學報一九五七年第一期）

李太白氏族之疑問

李陽冰草堂集序云：

李白，字太白，隴西成紀人。涼武昭王暠九世孫，蟬聯珪組。世爲顯著，中葉非罪謫居條支。易姓與（與字繆本作爲）名。然自窮蟬至舜，累世不大曜。亦可歎焉。神龍之始，逃歸於蜀。復指李樹而生伯陽。驚姜之夕，長庚入夢。故生而名白，以太白字之。

范傳正唐左拾遺翰林學士李公新墓碑云：

公名白，字太白，其先隴西成紀人。絕嗣之家，難求譜牒。公之孫女搜於箱篋中，得公之亡子伯禽手疏十數行，紙壞字缺。不能詳備。約而計之，涼武昭王九代孫也。隋末多難，一房被竄於碎葉，流離散落，隱易姓名。故自國朝已來漏於屬籍。神龍初，潛還廣漢。因僑爲郡人。父客以逋其邑，遂以客爲名。高臥雲林，不求祿仕。公之生也，先府君指天枝以復姓。先夫人夢長庚而告祥，名之與字咸所取象。

寅恪案，新唐書肆拾地理志云：

安西大都護府，初治西州。顯慶二年平賀魯，析其地，置濛池、崑陵二都護府，分種落，列置州縣，西盡波斯國，皆隸安西，又徙治高昌故地。三年，徙治龜茲都督府，而故府復爲西州。（有保大軍，屯碎葉城。)

又肆叁下云：

焉耆都督府。(貞觀十八年滅焉耆置。有碎葉城。)

(中略)

西域府十六，州七十二。

(中略)

條支都督府，領州九。

(中略)

右隸安西都護府。

是碎葉、條支在唐太宗貞觀十八年卽西曆六四四年平焉耆，高宗顯慶二年卽西曆六五七年平賀魯，隸屬中國政治勢力範圍之後，始可成爲竄謫罪人之地。若太白先人於楊隋末世卽竄謫如斯之遠地，斷非當日情勢所能有之事實。其爲依託，不待詳辨。至所以詭稱隋末者，殆以文飾其既爲涼武昭王後裔，又何以不編入屬籍，如鎮遠將軍房、平涼房、姑臧房、敦煌房、僕射房、絳郡房、武陵房等之比故耳(參閱新唐書柒拾上宗室世系表與聖皇帝十子條及柒貳下宰相世系表隴西李氏條)。

又考太白集貳陸爲宋中丞自薦表云：

臣伏見前翰林供奉李白，年五十有七。

寅恪案，太白爲宋若思作此表時在唐肅宗至德二載，卽西曆七五七年。據以上推其誕生之歲，應爲武后大足元年，卽西曆七〇一年。此年下距中宗神龍元年，卽西曆七〇五年，尙有四年之隔。然則太白由西域遷居蜀漢之時，其年至少已五歲矣。是太白生於西域，不生於中國也。又考李序「神龍之始逃歸於蜀，復指李樹而生伯陽」，及范碑「公之生也，先府君指天枝以復姓」之語，則是太白至中國後方改姓李也。其父之所以名客者，殆由西域之人其名字不通於華夏，因以胡客呼之，遂取以爲名，其實非自稱之本名也。夫以一元非漢姓之家，忽來從西域，自稱其先世於隋末由中國謫居於西突厥舊疆之內，實爲一必不可能之事。則其人之本爲西域胡人，絕無疑義矣。

又續高僧傳叁肆感通篇上隋道仙傳云：

釋道仙，本康居國人。以遊賈爲業，梁、周之際往來吳、蜀，行賈達於梓州。

又同書叁伍感通篇中唐慧岸傳云：

釋慧岸者，未詳何人。面鼻似胡，言同蜀漢。

又杜甫在夔州作解悶十二首之二云：

賈胡離別下揚州，憶上西陵故驛樓。爲問淮南米貴賤，老夫乘興欲東遊。

據此，可知六朝、隋唐時代蜀漢亦爲西胡行賈區域。其地之有西胡人種往來僑寓，自無足怪也。

太白旣詭託隴西李氏，又稱李陽冰爲從叔（見獻從叔當塗宰陽冰五言詩）。陽冰爲趙郡李氏（見唐文粹柒柒舒元輿玉筯篆志及宣和書譜貳等）。故太白之同時人及後來之人亦以山東人稱太白（杜甫蘇端薛復筵簡薛華醉歌及元稹唐檢校工部員外杜君墓誌）。蓋謂其出於趙郡李氏也。舊唐書壹玖拾下文苑傳李白傳既載不可徵信之「父爲任城尉，因家焉」之語，又稱白爲「山東人」。不知山東非唐代州縣之名。若依當時稱郡望之慣例，固應作「趙郡人」，卽使以家住地爲籍貫，亦當云「兗州或魯郡任城人」。舊史於此誠可謂進退兩無所據者矣（參錢大昕二十二史攷異壹捌）。

（原刊清華學報第十卷第一期）

書唐才子傳康洽傳後

唐才子傳肆康洽傳略云：

洽，酒泉人，黄鬚美丈夫也。盛時攜琴劍來長安，謁當道，氣度豪爽。工樂府詩篇，宮女梨園，皆寫於聲律。玄宗亦知名，嘗嘆美之。

寅恪案，文房作此傳，大抵從李端贈康洽詩取材（見全唐詩第壹壹函李端壹），以洽之姓氏容貌生地年代及事蹟觀之，蓋爲西胡族類之深於漢化者。亦李謫仙一流人也。寅恪嘗論太白詭稱西涼李暠之後，其先人會以罪於隋末流放西域，實則本爲西胡人之寓居中國者也（見李太白氏族之疑問一文）。世人於鄙論或信或否，近有持太白實涼武昭王之裔，武則天翦除李唐宗室時其家乃遷謫西域之論者，此説寅恪不敢苟同，蓋憲宗元和中范傳正所撰太白新墓碑已明言：

自國朝已來，漏於屬籍。

是太白之家雖自稱西涼後裔，而本未嘗著於屬籍，按諸當時法制，實不得以唐之宗室目其家也。或有疑范氏此語爲不可信者。鄙意范碑卽使不可信，而論者之説亦必不可從。兹請以唐代規制及武后時情勢兩點證之如下：

一、唐大詔令集陸肆大臣類附屬籍門許涼武昭王孫絳郡姑臧等四房子孫隸入宗正屬籍敕（全唐文叁壹玄宗壹貳作命李彥允等入宗正籍詔)云：

敕，古之宗盟，異姓爲後。王者設教，莫遺其親，殿中侍御史李彥允等奏稱，與朕同承涼武昭王後請甄敍者。源流實同，譜系猶著。雖子孫千億，各散於一方，而本枝百代，何殊於近屬，況有陳請，所宜敦敍，自今後涼武昭王孫寶已下絳郡、姑臧、敦煌、武陵等四房子孫（唐會要陸伍宗正寺門引此文作四公子孫）。並宜隸入宗正，編諸屬籍，以明尊本之道，用廣親親之化。

又新唐書柒拾上宗室世系表南陽公房條略云：

太祖景皇帝虎八子，長曰延伯，武德四年追封南陽伯，附屬籍，貞觀初罷之。與姑臧、絳郡、武陵公三房號四公子房。至開元二十三年復附屬籍。

寅恪案，許李彥允等四房附屬籍之敕文唐大詔令集及全唐文俱不載年月。但據唐會要陸伍宗正寺門，知此敕文乃玄宗天寶元年七月二十三日所下，而唐大詔令集傳寫脫去，全唐文編輯時館臣亦遂因之耳。依此而言，即與唐皇室有直接血統關係之李虎子延伯後裔在貞觀初至開元二十三年之間尚不得視爲宗室，何論李唐所攀附之祖宗西涼李暠子孫耶？李唐皇室本出趙郡，（見北史叁壹李靈傳附顯甫傳及拙著唐代政治史述論稿上篇。）西涼後裔之得稱唐宗室實自天寶時始。武則天爲玄宗之祖母，其翦除李唐宗室時，太白先人若果爲西涼後裔，在當時亦非唐代宗室，何故因此得罪，而遠流西域乎？至唐大詔令集作「四房子孫」，而唐會要作「四公子孫」，今以新唐書宗室世系表參之，其原文疑本作「四公子房子孫」，俟考。

二、舊唐書柒陸恆山王承乾傳（參新唐書捌拾常山王承乾傳及舊唐書玖玖新唐書壹叁壹李適之傳）略云：

恆山王承乾太宗長子也（文德皇后長孫氏所生）。太宗卽位，爲皇太子。貞觀十七年廢爲庶人。二子：象，厥。象官至懷州別駕，厥至鄂州別駕。象子適之別有傳。

又同書同卷吳王恪傳（參新唐書捌拾鬱林王恪傳）略云：

吳王恪，太宗第三子也。恪母隋煬帝女也。恪又有文武才，太宗常稱其類己。既名望素高，甚爲物情所向。長孫無忌既輔立高宗，深所忌嫉。永徽中會房遺愛謀反，遂因事誅恪，以絕衆望，海內寃之。有子四人：仁，瑋，琨，璄，並流於嶺表。〔後〕封仁爲鬱林縣侯。〔仁〕後改名千里，天授後，歷唐廬許衞蒲五州刺史。時皇室諸王有德望者，必見誅戮，惟千里褊躁無才，復數進獻符瑞事，故則天朝竟免禍。

寅恪案，武則天誅夷李唐宗室，蓋就其能與己爭皇位者，因翦除之，以絕人望之故耳。其不在此限者，則雖太宗諸子中，如承乾之生爲嫡長，正位儲君，恪之爲隋煬外孫，有文武才，爲當時衆望所歸。然俱以得罪廢黜之故，其子孫遂得蒙寬免。千里之在武后朝，得獨免禍者，其主因實以無與武后競爭皇位之資格，不僅以其才望低下，進獻符瑞而已也。太白之先人縱使在武后時，得號爲李唐宗室。則亦是西涼後裔，於皇室爲遠支，又無名位之可稱述，必非武后之所忌惡，何嫌何疑，乃致得罪，遠竄西域耶？

由是言之，太白之先人既不能於隋末得罪，謫遷西域（見拙著李太白氏族之疑問一文中），又不能如論者所言，在武后時爲唐代宗室，則其不能因是而被迫害，可以斷言。故謂其氏族所出，與康洽不異，自非誣妄之説也。偶讀康洽傳，遂論及之，以補寅恪昔論太白氏族之文所未備，而求教於當世治文學史之君子。

（原刊周叔弢先生六十歲紀念論文集）

論韓愈

古今論韓愈者衆矣，譽之者固多，而譏之者亦不少。譏之者之言則昌黎所謂「蚍蜉撼大樹，可笑不自量」者（昌黎集伍調張籍詩），不待贅辯，即譽之者亦未中肯綮。今出新意，仿僧徒詮釋佛經之體，分爲六門，以證明昌黎在唐代文化史上之特殊地位。至昌黎之詩文爲世所習誦，故略舉一二，藉以見例，無取詳備也。

一曰：建立道統證明傳授之淵源。

華夏學術最重傳授淵源，蓋非此不足以徵信於人，觀兩漢經學傳授之記載，即可知也。南北朝之舊禪學已採用阿育王經傳等書，僞作付法藏因緣傳，已證明其學說之傳授。至唐代之新禪宗，特標敎外別傳之旨，以自矜異，故尤不得不建立一新道統，證明其淵源之所從來，以壓倒同時之舊學派，此點關係吾國之佛敎史，人所共知，又其事不在本文範圍，是以亦可不必涉及，唯就退之有關者略言之。

昌黎集壹壹原道略云：

曰：斯道也，何道也？曰：斯吾所謂道也，非向所謂老與佛之道也。堯以是傳之舜，舜以是傳之禹，禹以是傳之湯，湯以是傳之文武周公，文武周公傳之孔子，孔子傳之孟軻，軻之死，不得其傳焉。

退之自述其道統傳授淵源固由孟子卒章所啓發，亦從新禪宗所自稱者摹襲得來也。

新唐書壹柒陸韓愈傳略云：

愈生三歲而孤，隨伯兄會貶官嶺表。

昌黎集壹復志賦略云：

當歲行之未復兮，從伯氏以南遷。凌大江之驚波兮，過洞庭之漫漫。至曲江而乃息兮，逾南紀之連山。嗟日月其幾何兮，攜孤嫠而北旋。值中原之有事兮，將就食於江之南。

同書貳叁祭十二郎文略云：

嗚呼！吾少孤，及長，不省所怙，惟兄嫂是依。中年，兄歿南方，吾與汝俱幼，從嫂歸葬河陽。既又與汝就食江南。零丁孤苦，未嘗一日相離也。

李漢昌黎先生集序略云：

先生生於大曆戊申，幼孤，隨兄播遷韶嶺。

寅恪案，退之從其兄會謫居韶州，雖年頗幼小，又歷時不甚久，然其所居之處爲新禪宗之發祥地，復值此新學說宣傳極盛之時，以退之之幼年穎悟，斷不能於此新禪宗學說濃厚之環境氣氛中無所接受感發，然則退之道統之說表面上雖由孟子卒章之言所啓發，實際上乃因禪宗教外別傳之說所造成，禪學於退之之影響亦大矣哉！宋儒僅執退之後來與大顛之關係，以爲破獲贓據，欲奪取其道統者，似於退之一生經歷與其學說之原委猶未達一間也。

二曰：直指人倫，掃除章句之繁瑣。

唐太宗崇尚儒學，以統治華夏，然其所謂儒學，亦不過承繼南北朝以來正義義疏繁瑣之章句學耳。又高宗、武則天以後，偏重進士詞科之選，明經一目僅爲中材以下進取之途徑，蓋其所謂明經者，止限於記誦章句，絕無意義之發明，故明經之科在退之時代，已全失去政治社會上之地位矣（詳見拙著唐代政治史述論稿上篇）。南北朝後期及隋唐之僧徒亦漸染儒生之習，詮釋內典，襲用儒家正義義疏之體裁，與天竺詁解佛經之方法殊異（見拙著楊樹達論語義證序），如禪學及禪宗最有關之三論宗大師吉藏天台宗大師智顗等之著述與賈公彥、孔穎達諸儒之書其體製適相冥會，新禪宗特提出直指人心見性成佛之旨，一掃僧徒繁瑣章句之學，摧陷廓清，發聾振聵，固吾國佛教史上一大事也。退之生値其時，又居其地，睹儒家之積弊，效禪侶之先河，直指華夏之特性，掃除賈、孔之繁文，原道一篇中心旨意實在於此，故其言曰：

傳曰：古之欲明明德於天下者，先治其國；欲治其國者，先齊其家；欲齊其家者，先修其身；欲修其身者，先正其心；欲正其心者，先誠其意。然則古之所謂正心而誠意者，將以有爲也。今也欲治其心，而外天下國家，滅其天常，子焉而不父其父，臣焉而不君其君，民焉而不事其事。

同書伍寄盧仝詩云：

春秋三傳束高閣，獨抱遺經究終始。

寅恪案，原道此節爲吾國文化史中最有關係之文字，蓋天竺佛教傳入中國時，而吾國文化史已達甚高之程度，故必須改造，以蘄適合吾民族、政治、社會傳統之特性，六朝僧徒「格義」之學（詳見拙著支愍度學說攷），卽是此種努力之表現，儒家書中具有系統易被利用者，則爲小戴記之中庸，梁武帝已作嘗試矣。（隋書叁貳經籍志經部有梁武帝撰中庸講疏一卷，又私記制旨中庸義五卷。）然中庸一篇雖可利用，以溝通儒釋心性抽象之差異，而於政治社會具體上華夏、天竺兩種學說之衝突，尚不能求得一調和貫徹，自成體系之論點。退之首先發見小戴記中大學一篇，闡明其說，抽象之心性與具體之政治社會組織可以融會無礙，卽盡量談心說性，兼能濟世安民，雖相反而實相成，天竺爲體，華夏爲用，退之於此以奠定後來宋代新儒學之基礎，退之固是不世出之人傑，若不受新禪宗之影響，恐亦不克臻此。又觀退之寄盧仝詩，則知此種研究經學之方法亦由退之所稱獎之同輩中人發其端，與前此經詩著述大意，而開啓宋代新儒學家治經之途徑者也。

三曰：排斥佛老，匡救政俗之弊害。

昌黎集壹壹原道略云：

古之爲民者四，今之爲民者六。古之敎者處其一，今之敎者處其三。農之家一，而食粟之家六。工之家一，而用器之家六。賈之家一，而資焉之家六。奈之何民不窮且盜也。是故君者，出令者也。臣者，行君之令而致之民者也。民者，出粟米麻絲，作器皿，通貨財，以事其上者也。君不出令，則失其所以爲君。臣不行君之令而致之民，則失其所以爲臣。民不出粟米麻絲，作器皿，通貨財，以事其上，則誅。

人其人，火其書，廬其居，明先王之道以道之，鰥寡孤獨廢疾者有養也，其亦庶乎其可也。

同書貳送靈師詩略云：

佛法入中國，爾來六百年。齊民逃賦役，高士著幽禪。官吏不之制，紛紛聽其然。耕桑日失隸，朝署時遺賢。

同書壹謝自然詩略云：

人生有常理，男女各有倫。寒衣及飢食，在紡績耕耘。下以保子孫，上以奉君親。苟異於此道，皆為棄其身。噫乎彼寒女，永託異物羣。感傷遂成詩，昧者宜書紳。

寅恪案，上引退之詩文，其所持排斥佛教之論點，此前已有之，實不足認為退之之創見，特退之所言更較精闢，勝於前人耳。原道之文微有語病，不必以辭害意可也。謝自然詩乃斥道教者，以其所持論點與斥佛教者同，故亦附錄於此。今所宜注意者，乃為退之所論實具有特別時代性，即當退之時佛教徒衆多，於國家財政及社會經濟皆有甚大影響，觀下引彭偃之言可知也。

唐會要肆柒議釋教上（參舊唐書壹貳柒彭偃傳）略云：

大曆十三年四月，劍南東川觀察使李叔明奏請澄汰佛道二教，下尚書省集議。都官員外郎彭偃獻議曰：王者之政，變人心為上，因人心次之，不變不因，循常守故者為下，故非有獨見之明，不能行非常之事。今陛下以維新之政，為萬代法，若不革舊風，令歸正道者，非也。當今道士，有名無實，時俗鮮重，亂政猶輕，惟有僧尼，頗為穢雜。自西方之教，被於中國，去聖日遠，空門不行五濁，比邱但行麁法，爰自後漢，至於陳隋，僧之教滅，其亦數四，或至坑殺，殆無遺餘，前代帝王，豈惡僧道之善，如此之深耶？蓋其亂人亦已甚矣。且佛之立教，清淨無爲，若以色見，即是邪法，開示悟入，惟有一門，所以三乘之人，比之外道，況今出家者，皆是無識下劣之流，縱其戒行高潔，在於王者，已無用矣。今叔明之心甚善，然臣恐其奸吏詆欺，而去者未必非，留者不必是，無益於國，不能息奸，既不變人心，亦不因人心，強制力持，難致遠耳。臣聞天生蒸民，必將有職，遊行浮食，王制所禁。故有才者受爵祿，不肖者出租稅，此古之常道也。今天下僧道不耕而食，不織而衣，廣作危言險語，以惑愚者。一僧衣食，歲計約三萬有餘，五丁所出，不能致此。舉一僧以計天下，其費可知。陛下日旰憂勤，將去人害，此而不救，奚其爲政？臣伏請僧道未滿五十者，每年輸絹四疋，尼及女道士未滿五十者，輸絹二疋。其雜色役，與百姓同。有才智者，令入仕。請還俗爲平人者聽，但令就役輸課，爲僧何傷？臣竊料其所出，不下今之租賦三分之一，然則陛下之國富矣，蒼生之害除矣。其年過五十者，請皆免之。夫子曰：五十而知天命。列子曰：不斑白，不知道。人年五十歲，嗜慾已衰，縱不出家，心已近道，況戒律檢其性情哉？臣以爲此令既行，僧尼規避還俗者，固已大半，其年老精修者，必盡爲人師，則道釋二教益重明矣。上深嘉之。

寅恪案，彭偃爲退之同時人，其所言如此，則退之之論自非剿襲前人空言，爲無病之呻吟，實匡世正俗之良策。蓋唐代人民擔負國家直接稅及勞役者爲「課丁」，其得享有免除此種賦役之特權者爲「不課丁」。「不課丁」爲當日統治階級及僧尼道士女冠等宗教徒，而宗教徒之中佛教徒最佔多數，其有害國家財政、社會經濟之處在諸宗教中尤爲特著，退之排斥之亦最力，要非無因也。

至道教則唐皇室以姓李之故，道教徒因緣傅會。自唐初以降，卽逐漸取得政治社會上之地位，至玄宗時而極盛，如以道士女冠隸屬宗正寺（見唐會要陸伍宗正寺崇玄署條），尊崇老子以帝號，爲之立廟，祀以祖宗之禮。除老子爲道德經外，更名莊、文、列、庚桑諸子爲南華、通玄、沖虛、洞靈等經，設崇玄學，以課生徒，同於國子監。道士女冠有犯，准道格處分諸端（以上均見唐會要伍拾尊崇道教門），皆是其例。尤可笑者，乃至提漢書古今人表中之老子，自三等而升爲一等（見唐會要伍拾尊崇道教門），號老子妻爲先天太后。作孔子像，侍老子之側（以上二事見唐會要伍拾尊崇道教雜記門）。荒謬幼稚之舉措，類此尚多，無取詳述。退之排斥道教之論點除與其排斥佛教相同者外，尚有二端，所應注意：一爲老子乃唐皇室所攀認之祖宗，退之以臣民之資格，痛斥力詆，不稍諱避，其膽識已自超其儕輩矣。二爲道教乃退之稍前或同時之君主宰相所特提倡者，蠹政傷俗，實是當時切要問題。

據新唐書壹佰玖王嶼傳（參舊唐書壹叁拾王嶼傳）略云：

玄宗在位久，推崇老子道，好神仙事，廣修祠祭，靡神不祈。嶼上言，請築壇東郊，祀青帝，天子入其言，擢太常博士、侍御史，爲祠祭使。嶼專以祠解中帝意，有所禳祓，大抵類巫覡。漢以來葬喪皆有瘞錢，後世里俗稍以紙寓錢，爲鬼事，至是嶼乃用之。肅宗立，累遷太常卿，又以祠禱見寵。乾元三年，拜蒲、同、絳等州節度使，俄以中書侍郎同中書門下平章事。時大兵後，天下願治，嶼望輕，無它才，不爲士議諧可，既驟得政，中外悵駭。乃奏置太一壇，勸帝身見九宫祠。帝由是專意，它議不能奪。帝嘗不豫，太卜建言，祟在山川。嶼遣女巫乘傳，分禱天下名山大川，巫皆盛服，中人護領，所至干託州縣，賂遺狼藉。時有一巫美而蠱，以惡少年數十自隨，尤憸狡不法，馳入黄州。刺史左震晨至館請事，門鐍不啓。震怒，破鐍入，取巫斬廷下，悉誅所從少年，籍其贓，得十餘萬，因遣還中人。既以聞，嶼不能詰，帝亦不加罪。明年，罷嶼爲刑部尚書，又出爲淮南節度使，猶兼祠祭使。始，嶼託鬼神致位將相，當時以左道進者紛紛出焉。

舊唐書壹叁拾李泌傳略云：

泌頗有讜直之風，而談神仙詭道，或云嘗與赤松子、王喬、安期、羨門遊處，故爲代所輕，雖詭道求容，不爲時君所重。德宗初即位，尤惡巫祝怪誕之士。初，肅宗重陰陽祠祝之説，用妖人王嶼爲宰相，或命巫媼乘驛行郡縣以爲厭勝。凡有所興造功役，動牽禁忌。而黎幹用左道，位至尹京，嘗内集衆工，編刺珠繡爲御衣，既成而焚之，以爲禳襘，且無虚月。德宗在東宫頗知其事，即位之後，罷集僧於内道場，除巫祝之祀。有司言，宣政内廊壞，請修繕，而太卜云，孟冬爲魁岡，不利穿築，請卜他月。帝曰：春秋之義，啓塞從時，何魁岡之有？卒命修之。又代宗山陵靈駕發引，上號送於承天門，見轀輬不當道，稍指午未間。問其故，有司對曰：陛下本命在午，故不敢當道。上號泣曰：安有枉靈駕而謀身利？卒命直午而行。及建中末，寇戎内梗，桑道茂有城奉天之説，上稍以時日禁忌爲意，而雅聞泌長於鬼道，故自外徵還，以至大用，時論不以爲愜。

及國史補上李泌任虛誕條(參太平廣記貳捌玖祆妄類李泌條)云：

李相泌以虛誕自任。嘗對客曰：令家人速灑掃，今夜洪崖先生來宿。有人遺美酒一榼，會有客至，乃曰：麻姑送酒來，與君同傾。傾之未畢，閽者云：某侍郎取榼子。泌命倒還之，略無怍色。

則知退之當時君相沉迷於妖妄之宗教，民間受害，不言可知。退之之力詆道教，其隱痛或有更甚於詆佛教者，特未昌言之耳。後人昧於時代性，故不知退之言有物意有指，遂不加深察，等閒以崇正闢邪之空文視之，故特爲標出如此。

四曰：呵詆釋迦，申明夷夏之大防。

昌黎集叁玖論佛骨表略云：

臣某言，伏以佛者，夷狄之一法耳。自後漢時流入中國，上古未嘗有也。假如其身至今尚在，奉其國命，來朝京師，陛下容而接之，不過宣政一見，禮賓一設，賜衣一襲，衞而出之於境，不令惑衆也。

全唐詩壹貳函韓愈拾贈譯經僧詩云：

萬里休言道路賒，有誰教汝度流沙。只今中國方多事，不用無端更亂華。

寅恪案：退之以諫迎佛骨得罪，當時後世莫不重其品節，此不待論者也。今所欲論者，卽唐代古文運動一事，實由安史之亂及藩鎮割據之局所引起。安史爲西胡雜種，藩鎮又是胡族或胡化之漢人(詳見拙著唐代政治史述論稿上篇)，故當時特出之文士自覺或不自覺，其意識中無不具有遠則周之四夷交侵，近則晉之五胡亂華之印象，「尊王攘夷」所以爲古文運動中心之思想也。在退之稍先之古文家如蕭穎士、李華、獨孤及、梁肅等，與退之同輩之古文家如柳宗元、劉禹錫、元稹、白居易等，雖同有此種潛意識，然均不免認識未清晰，主張不徹底，是以不敢亦不能因釋迦爲夷狄之人，佛敎爲夷狄之法，抉其本根，力排痛斥，若退之之所言所行也。退之之所以得爲唐代古文運動領袖者，其原因即在於是，此意已見拙著元白詩箋證稿新樂府章法曲篇末，茲不備論。

五曰：改進文體，廣收宣傳之效用。

關於退之之文，寅恪嘗詳論之矣（見拙著元白詩箋證稿長恨歌章）。其大旨以爲退之之古文乃用先秦、兩漢之文體，改作唐代當時民間流行之小說，欲藉之一掃腐化僵化不適用於人生之駢體文，作此嘗試而能成功者，故名雖復古，實則通今，在當時爲最便宣傳，甚合實際之文體也。至於退之之詩，古今論者亦多矣，茲僅舉一點，以供治吾國文學史者之參考。

陳師道後山居士詩話云：

退之以文爲詩，子瞻以詩爲詞，如敎坊雷大使（娘？）之舞，雖極天下之工，要非本色。今代詞手唯秦七、黃九爾，唐諸人不迨也。

寅恪案：退之以文爲詩，誠是確論，然此爲退之文學上之成功，亦吾國文學史上有趣之公案也。據高僧傳貳譯經中鳩摩羅什傳略云：

初，沙門慧叡才識高明，常隨什傳寫。什每爲叡論西方辭體，商略同異，云：天竺國俗甚重文製，其宮商體韻以入絃爲善。凡覲國王，必有讚德，見佛之儀以歌歎爲貴，經中偈頌皆其式也，但改梵爲秦，失其藻蔚，雖得大意，殊隔文體，有似嚼飯與人，非徒失味，乃令嘔噦也。什嘗作頌贈沙門法和云：「心山育明德，流薰萬由延。哀鸞孤桐上，淸音徹九天。」凡爲十偈，辭喻皆爾。

蓋佛經大抵兼備「長行」，卽散文及偈頌卽詩歌兩種體裁。而兩體辭意又往往相符應。考「長行」之由來，多是改詩爲文而成者，故「長行」乃以詩爲文，而偈頌亦可視爲以文爲詩也。天竺偈頌音綴之多少，聲調之高下，皆有一定規律，唯獨不必叶韻。六朝初期四聲尙未發明，與羅什共譯佛經諸僧徒雖爲當時才學絕倫之人，而改竺爲華，以文爲詩，實未能成功。惟仿偈頌音綴之有定數，勉強譯爲當時流行之五言詩，其他不遑顧及，故字數雖有一定，而平仄不調，音韻不叶，生吞活剝，似詩非詩，似文非文，讀之作嘔，此羅什所以嘆恨也。如馬鳴所撰佛所行讚，爲梵文佛敎文學中第一作品。寅恪昔年與鋼和泰君共讀此詩，取中文二譯本及藏文譯本比較硏究，中譯似尙遜於藏譯，當時亦引爲憾事，而無可如何者也。自東漢至退之以前，此種以文爲詩之困難問題迄未有能解決者。退之雖不譯經偈，但獨運其天才，以文爲詩，若持較華譯佛偈，則退之之詩詞旨聲韻無不諧當，旣有詩之優美，復具文之流暢，韻散同體，詩文合一，不僅空前，恐亦絕後，決非效颦之輩所能企及者矣。後來蘇東坡、辛稼軒之詞亦是以文爲之，此則效法退之而能成功者也。

六曰：奬掖後進，期望學說之流傳。

唐代古文家多爲才學卓越之士，其作品如唐文粹所選者足爲例證，退之一人獨名高後世，遠出餘子之上者，必非偶然。據舊唐書壹陸拾韓愈傳云：

大曆、貞元之間，文字多尚古學，效楊雄、董仲舒之述作，而獨孤及、梁肅最稱淵奧，儒林推重。愈從其徒遊，銳意鑽仰，欲自振於一代。

及新唐書壹柒陸韓愈傳云：

愈成就後進士，往往知名。經愈指授，皆稱「韓門弟子」。

則知退之在當時古文運動諸健者中，特具承先啓後作一大運動領袖之氣魄與人格，爲其他文士所不能及。退之同輩勝流如元微之、白樂天，其著作傳播之廣，在當日尚過於退之。退之官又低於元，壽復短於白，而身殁之後，繼續其文其學者不絕於世，元白之遺風雖或尚流傳，不至斷絕，若與退之相較，誠不可同年而語矣。退之所以得致此者，蓋亦由其平生獎掖後進，開啓來學，爲其他諸古文運動家所不爲，或偶爲之而不甚專意者，故「韓門」遂因此而建立，韓學亦更緣此而流傳也。世傳隋末王通講學河汾，卒開唐代貞觀之治，此固未必可信，然退之發起光大唐代古文運動，卒開後來趙宋新儒學新古文之文化運動，史證明確，則不容置疑者也。

綜括言之，唐代之史可分前後兩期，前期結束南北朝相承之舊局面，後期開啓趙宋以降之新局面，關於政治社會經濟者如此，關於文化學術者亦莫不如此。退之者，唐代文化學術史上承先啓後轉舊爲新關捩點之人物也。其地位價值若是重要，而千年以來論退之者似尚未能窺其蘊奧，故不揣愚昧，特發新意，取證史籍，草成此文，以求當世論文治史者之教正。

（原刊歷史研究一九五四年第二期）

讀東城老父傳

太平廣記肆捌伍雜傳記類東城老父傳題陳鴻撰。然傳文中作者自稱其名凡四處。

一曰：

元和中，穎川陳鴻祖攜友人出春明門。

二曰：

宿鴻祖於齋舍。

三曰：

鴻祖問開元之理亂。

四曰：

鴻祖默不敢應而去。

是此傳作者之名爲鴻祖，絕無疑義，而廣記所以題陳鴻之故，殆由傳寫者習知長恨歌傳撰人卽太和時（新唐書伍玖藝文志子部小說類「元和」誤作「貞元」。）主客郎中字大亮之陳鴻姓名，遂致譌耳。全唐文陸壹貳收陳鴻文共三篇，而長恨歌傳館臣以其言近猥瑣妄誕，故不見錄。其卷柒貳拾復別收陳鴻祖文，止一篇，卽此傳是也。近日學人有考證此傳者，亦襲舊誤，混陳鴻與陳鴻祖爲一人。（寅恪案，陳鴻爲貞元二十一年乙酉進士，見徐松登科記考壹伍。陳鴻大統紀序自言「貞元丁酉歲登太常第。」其丁酉乃乙酉之譌寫，非丁卯丁丑之誤文也。徐氏考訂甚精，兹不具述。）且云：

清修全唐文，錄鴻文三篇，而此二篇（指此傳及長恨歌傳）不收。蓋偶爾失檢，未足爲病也。至鴻祖始末，全唐文小傳僅言其爲潁川人，亦卽出於此傳「元和中潁川陳鴻祖攜友人出春明門」之語，然則其他無考，從可知矣。兹於傳文不欲多所論證，惟略詮釋其中三事如下：

（一）傳文云：

老人歲時伏臘得歸休。行都市間，見有賣白衫白疊布，行鄰比鄽間，有人禳病，法用皂布一匹，持重價不克致，竟以幞頭羅代之。近者老人扶杖出門，閱街衢中，東西南北視之，見白衫者不滿百，豈天下之人皆執兵乎？

寅恪案，老人意謂昔時兵少，而今日兵多。蓋平民衣白，而兵士衣皂故也。據舊唐書肆伍輿服志（參舊唐書壹貳禮樂志、新唐書貳肆車服志）云：

〔隋大業〕六年，復詔從駕涉遠者，文武官等皆戎衣。貴賤異等，雜用五色。五品以上，通著紫袍，六品以下，兼用緋綠。胥吏以青，庶人以白，屠商以皂，士卒以黃。武德初，因隋舊制。

是唐初庶人衣白，士卒衣黃也。然通典壹陸玖刑典守正條載潘好禮纂徐有功事跡中丘神鼎案有

黑襖子卽是武夫之衣。

等語，其下文「黑襖」亦作「皂襖」或「皂衣」，是武則天時士卒已衣皂矣。唐會要柒貳軍雜錄云：

廣德二年三月，禁王公百吏家及百姓著皂衫及壓耳帽子，異諸軍官健也。

開成元年正月勅：坊市百姓，甚多著緋皂開後襖子，假託軍司。自今已後，宜令禁斷。

斯又唐中葉後士卒衣皂之明證也。又唐語林柒補遺云：

唐末士人之衣尚黑，故有紫綠，有黑紫。迨兵起，士庶之衣具皂。此其讖也。

王讜此條所錄屬於唐末範圍，雖與東城老父之時代先後不同，然其以皂色爲兵起之讖，固兵卒衣皂之一旁證也。

至唐玄宗末及憲宗初之兵額，則據舊唐書壹肆憲宗紀上元和二年十二月己卯史官李吉甫撰元和國計簿條（參新唐書伍貳食貨志末及通鑑貳叁柒元和二年末條）云：

比量天寶供稅之戶，則四分有一。天下兵戎仰給縣官者八十三萬。然人比量天寶士馬，則三分加一。率以兩戶資一兵。

又據舊唐書壹柒下文宗紀開成二年正月庚寅戶部侍郎判度支王彥威進所撰供軍圖略序（參舊唐書壹伍柒、新唐書壹陸肆王彥威傳）曰：

至德、乾元之後，迄於貞元、元和之際，天下有觀察者十，節度二十有九，防禦者四，經略者三。掎角之師，犬牙相制，大都通邑，無不有兵。約計中外兵額至八十餘萬。長慶戶口凡三百三十五萬，而兵額又約九十九萬。通計三戶資奉一兵。

此李趙公王靖公所舉統計之數，可與老人之言參證者也。

（二）傳文又云：

開元十二年，詔三省侍郎有缺，先求曾任刺史者。郎官缺，先求曾任縣令者。及老人見四十三省郎吏，有理刑才名，大者出刺郡，小者鎮縣。自老人居大道旁，往往有郡太守休馬於此，皆慘然，不樂朝廷沙汰使治郡。

寅恪案，「三省」謂尚書門下省及中書省也。此爲唐代官制，人所習知，無待釋證。所可注意者，爲「四十三省郎吏」一辭。夫唐代之無四十三省，固不必論。考玉臺新詠壹古樂府詩六首之一「日出東南隅行」一作「陌上桑」云：

三十侍中郎，四十專城居。

古樂府詩所云「專城」，卽任地方長吏之義，亦卽老人所言「大者出刺郡」及「郡太守」之謂。此爲唐人文中習慣用語，如孫光憲北夢瑣言玖李氏女條引劉山甫金溪閑談略云：

唐廣明中，黃巢犯闕，大駕幸蜀。有西班李將軍女，奔波隨人，迤邐達興元。骨肉分散，無所依託。適值鳳翔奏將軍董司馬者，乃誨其門閥，以身託之，得至於蜀。尋訪親眷，知在行朝。始謂董生曰：人各有偶，難爲偕老，請自此辭。董生驚愕，遂下其山矣。

此所謂「下山」，乃用玉臺新詠壹古詩八首之一，「上山采蘼蕪，下山逢故夫。」之句。故「下山」謂「逢故夫」也。唐人作品中，其例頗多，不暇詳舉。凡屬此類，皆用人所共知之詩句或成語，留取其前部分，而省略其後部分。唐人所謂歇後詩體，頗疑實與此有關。檢新唐書壹捌叁鄭綮傳（參舊唐書壹柒玖鄭綮傳，通鑑貳伍玖唐紀昭宗乾寧元年二月條及考異。幷北夢瑣言柒鄭綮相詩條及唐詩紀事鄭綮條。）云：

大順後，王政微。綮每以詩謠託諷。中人有誦之天子前者。昭宗意其有所蘊未盡，因有司上班簿，遂署其側曰：可禮部侍郎、同中書門下平章事。綮本善詩，其語多俳諧，故使落調，世共號鄭五歇後體。至是，省史走其家上謁。綮笑曰：諸君誤矣。人皆不識字，宰相亦不及我。史言不妄。俄聞制詔下，歎曰：萬一然，笑殺天下人。既視事，宗戚詣慶。搔首曰：歇後鄭五作宰相，事可知矣。

寅恪案，鄭五作「歇後體」詩，「故使落調」（舊唐書作「故落格調」）。胡三省注通鑑，釋「歇後」之意云：「歇後者，敍所以爲詩，而歇後語不發。」故梅磵之意，謂所歇落者乃語辭，與兩唐書稱所歇落者爲「格調」有異也。全唐詩第貳貳函載鄭綮詩三首，皆爲通常詩體。諧謔類貳復載綮詩兩題，一出舊唐書，一出北夢瑣言。雖是俳詞，然亦未能確切證明「落調」之說。今姑以意揣之，無論所歇落者爲格調，抑或語辭，但必是與上文高低相反，或密切聯繫，前者乃兩唐書格調之說，後者乃通鑑胡注語辭之釋。學者當兩存之，以待詳考。茲有可注意者，卽此歇後詩體流行以前，社會一般文字中，必有僅舉語辭之上半，而待讀者解悟其未發之下半者。若此說不謬，東城老父傳之「四十」，北夢瑣言之「下其山」，皆其例證也。然則「四十三省郎吏」一詞，實後來歇後體之先驅。蘊武因得利用當日文字固有之習慣以託諷，而昭宗亦據以疑其有所蘊蓄未盡也。寅恪昔歲讀鄭傳，未能通解。今以暇日補證舊稿，遂附錄子京之文并著鄙說於此。以求通人之教正。一時臆度所及，殊不敢自信。慚老學之無成，憶宿疑之猶在，殘年廢疾，益深燭武師丹之感矣。

（三）傳文末結語云：

〔老人〕復言曰：上皇北臣穹廬，東臣雞林，南臣滇池，西臣昆夷。三歲一來會，朝覲之禮容，臨照之恩澤，衣之錦絮，飼之酒食，使展事而去。都中無留外國賓。今北胡與京師雜處，娶妻生子，長安中少年有胡心矣。吾子視首飾韡服之制，不與向同，得非物妖乎？鴻祖默不敢應而去。

寅恪案，新唐書壹柒拾王鍔傳云：

德宗擢爲鴻臚少卿。先是，天寶末，西域朝貢酋長及安西、北庭校吏歲集京師者數千人，隴右既陷，不得歸，皆仰稟鴻臚禮賓，月四萬緡，凡四十年，名田養子孫如編民。至是，鍔悉藉名王以下無慮四千人，畜馬二千，奏皆停給。宰相李泌盡以隸左右神策軍，以酋長署牙將，歲省五十萬緡。帝嘉其公，擢容管經略使。

通鑑貳叁貳貞元三年七月條云：

初，河、隴既沒於吐蕃，自天寶以來，安西、北庭奏事及西域使人在長安者，歸路既絕，人馬皆仰給於鴻臚禮賓。委府縣供之，於度支受直。度支不時付直，長安市肆不勝其弊。李泌知胡客留長安久者，或四十餘年，皆有妻子，買田宅，舉質取利，安居不欲歸。命檢括胡客有田宅者，停其給。凡得四千人，將停其給。胡客皆詣政府訴之，泌曰：此皆從來宰相之過，豈有外國朝貢使者留京師數十年，不聽歸乎？今當假道於迴紇，或自海道，各遣歸國。有不願歸，當於鴻臚自陳，授以職位，給俸祿，爲唐臣。人生當乘時展用，豈可終身客死邪？於是胡客無一人願歸者。泌皆分隸神策兩軍，王子、使者爲散兵馬使或押牙，餘皆爲卒，禁旅益壯。鴻臚所給胡客纔十餘人，歲省度支錢五十萬緡。市人皆喜。

寅恪案，通鑑此條取自李繁鄴侯家傳，與新唐書王鍔傳所紀實爲一事，共出一源。不過歸美泌鍔二書各有不同而已。

又白氏長慶集肆新樂府西涼伎前段云：

西涼伎，假面胡人假師子。刻木爲頭絲作尾，金鍍眼睛銀帖齒。奮迅毛衣擺雙耳，如從流沙來萬里。紫髯深目兩胡兒，鼓舞跳粱前致辭。應似涼州未陷日，安西都護進來時。須臾云得新消息，安西路絕歸不得。泣向師子涕雙垂，涼州陷沒知不知。師子迴頭向西望，哀吼一聲觀者悲。貞元邊將愛此曲，醉坐笑看看不足。享賓犒士宴監軍，師子胡兒長在目。

寅恪案，當日西北胡人路絕思歸之悲苦，形於伎樂，盛行一時既如此，則西北胡人留滯不得歸者，其爲數之衆可以推知也。故貞元、元和之時長安胡服之流行，必與胡人僑寓者之衆多有關。若白氏長慶集肆新樂府時世妝所云「斜紅不暈赭面狀」及「元和妝梳君記取，髻椎面赭非華風」之赭面，則疑受吐蕃影響（參舊唐書壹玖陸上、新唐書貳壹陸上吐蕃傳、唐會要玖柒吐蕃條。敦煌寫本于闐國記亦目吐蕃爲赤面國，俱可證也。）而與西域胡人無關也。至老人所謂北胡，名義雖指迴紇言，實際則爲西域胡人。蓋迴紇盛時中亞賈胡往往藉其名義，以牟利於中國，如舊唐書壹貳柒張光晟傳（參通鑑貳貳陸建中元年八月條）云：

大曆末，遷單于都護、兼御史中丞、振武軍使。代宗密謂之曰：北蕃縱橫日久，當思所禦之計。光晟既受命，至鎮，威令甚行。建中元年，迴紇突董梅祿領衆幷雜種胡等自京師還國，與載金帛，相屬於道。光晟訝其裝橐頗多，潛令驛吏以長錐刺之，則皆輦歸所誘致京師婦人也。

新唐書貳壹柒上回鶻傳云：

始，回鶻至中國，常參以九姓胡，往往留京師，至千人，居貲殖產甚厚。

據舊唐書張光晟傳，代宗謂迴紇爲北蕃，北蕃卽老人所謂北胡也。據新唐書回鶻傳，回鶻至中國，常參以九姓胡，殖產甚厚。其所謂九姓胡，卽唐會要玖玖康國條（新唐書貳貳壹下西域傳康國傳卽采用會要之文，而誤會其意，至改匈奴爲突厥，甚可笑。讀者可比較兩書觀之，兹不備引。）所云：

康國，本康居之苗裔也。其人土著，役屬於突厥。先居祁連之北昭武城，爲匈奴所破。南依葱嶺，遂有其地。其王本姓溫氏。支庶強盛，分王鄰國，皆以昭武爲姓氏，不忘本也。

及新唐書貳貳壹下西域傳康國傳所云：

枝庶分王，曰安，曰曹，曰石，曰米，曰何，曰火尋，曰戊地，曰史，世謂九姓，皆氏昭武。

之昭武九姓胡，其人本以善賈著稱。既得依籍迴紇之蔭護，僑居長安，殖產業而長子孫。故於長安風俗服裝之漸染胡化，實大有關係也。又傳文老人所言其他史事俱不甚難解，故僅取此三事略爲釋證之如此。

（原刊中央研究院歷史語言研究所集刊第十本）

劉復愚遺文中年月及其不祀祖問題

此篇分上下二章，上章之範圍限於文泉子集中年月一端，妄附於文史考證之業，雖未敢謂悉能徵實，或尚不大謬。至於下章，則僅因復愚累世皆不祀祖及籍貫紛歧之故，遂提出一問題，以供談中古異族華化史者之參證。所言多出揣測，不過為一可能之解釋而已，仍有待於專家之論定也。是故兩章名義雖同繫於復愚一人，而其實所討論者乃各不相涉，今世折文史之獄者儻能分別去取，不以下章臆說之罪牽引連坐及於上章，則著者之大幸矣！特為聲明於篇首。

上章

茲取今傳世之復愚遺文中，（陳第世善堂書目編於明萬曆丙辰，其書下卷載有劉蛻詩一卷，文泉子十卷，然則復愚詩文據陳氏所藏，萬曆間尚存較完之本，其殘佚蓋猶在此後矣。）參閱曾釗面城樓文鈔貳劉蛻集跋，其年月確可考定者逐篇討論。其文句異同大抵依據通行本文苑英華涵芬樓景嘉靖本唐文粹，而參以南京國學圖書館藏崇禎庚辰本文津閣四庫全書本別下齋本全唐文本，又楊守敬氏觀海堂舊藏崇禎癸未閩中黃燁然刊本，今藏故宮博物院（見故宮博物院所藏觀海堂書目肆）。據楊氏跋語，亦知源出天啓吳本，與他文泉子集刊本相同，雖以故未得一校，諒無特異之處也。（凡此諸本之校勘鈔寄等瑣務皆承何澄一、謝國楨、劉節諸先生及俞大綱表弟之厚助，謹附注於此，以表感謝之意。）

（一）文泉子集自序

今通行本四庫全書總目壹伍壹集部別集類肆文泉子集一卷提要云：

是集前有自序曰：自褐衣以後，辛卯以來，辛丑以前，收其微詞屬意古今上下之間者爲內外篇。復收其怨抑頌記嬰於仁義者，雜爲諸篇焉。物不可以終雜，故離爲十卷。離則名之不絕，故授之以爲文泉。

寅恪案，今通行本四庫提要所引文泉子集自序關於年月日數語，與上列諸本文句俱不相同，未知何所依據，初讀之，不能解，頗以爲疑。後檢文溯閣文津閣四庫提要原文，則知兩閣本提要所引文泉子集自序與上列諸本所載者蓋無甚出入，而與今通行本四庫提要所引者則大不相同，故斷定今通行本四庫提要所引者乃鈔寫譌誤，並非別有依據，可不成爲問題矣。然此自序關於年月日之語除去通行本四庫提要所誤引者外，實仍有甚不易解而成爲問題者在焉。茲先節錄文苑英華柒佰柒所載文泉子集自序於下，然後加以討論。

於西華主之降也，其三月辛卯夜未半，野水入廬，漬壞簡策，既明日燎其書，有不可玩其辭者。噫，當初不敢自明其書十五年矣！今水之來寇余，命也已矣！故自褐衣以來，辛卯以前，收其微詞屬意古今上下之間者爲外內篇焉。復收其怨抑頌記嬰於仁義者，雜爲諸篇焉。物不可以終雜，故離爲十卷。離則名之不絕，故授之以爲文泉。自辛卯迄甲午覆研於襄陽之野。

寅恪案，此文「於西華主之降也」一語，蓋摹擬古人以事紀時之例也。高彥休闕史上裴丞相古器條略云：

丞相河東公（裴休）尙古好奇，掌綸誥日有親表調授宰守曲阜者，耕人墾田，得古鐵器曰盎，有古篆九字帶盎之腰。曲阜令不能辨。兗州有書生姓魯，善八體書，曰：此大篆也，是九字曰：「齊桓公會於葵丘歲鑄。」邑宰大奇其說，乃輦致於河東公之門，公以爲麟經時物，得以爲古矣。公後以小宗伯掌文學柄，得士之後，設食會門生，器出於庭，則離立環觀，迭詞以贊，獨劉舍人蛻以爲非當時之物，乃近世矯作也。公不悅曰：果有說乎？紫薇曰：某幼專丘明之書，齊侯小白謚曰桓公，取威定霸，葵丘之會是第八盟，實在生前，不得以謚稱之。裴公恍然始悟，立命擊碎。

據此，復愚自言幼專丘明之書，則其爲文當亦喜摹擬左傳所載古人以事紀時之例：如襄公九年之公送晉侯。晉侯以公宴於河上，問公年，季武子對曰：會於沙隨之歲，寡君以生。

及襄公三十年之

師曠曰：魯叔仲惠伯會郤成子於承匡之歲也。

諸例皆是也。然則所謂「西華主之降」，果爲何事及在何時乎？考舊唐書壹捌上武宗紀略云：

會昌元年八月，迴紇烏介可汗遣使告難，言本國爲黠戛斯所攻，故可汗死，今部人推爲可汗。緣本國破散，今奉太和公主南投大國。十一月，太和公主遣使入朝，言烏介自稱可汗，乞行策命，緣初至漠南，乞降使宣慰。從之。二年三月，遣使冊迴紇烏介可汗。

通鑑貳肆陸唐紀云：

會昌元年十一月，（太和）公主遣使上表，言（烏介）可汗已立，求冊命。

二年三月，遣將作少監苗縝冊命烏介可汗，使徐行，駐於河東，俟可汗位定，然後進。既而可汗屢侵擾邊境，縝竟不行。

通鑑考異貳壹武宗會昌元年二月迴紇立烏希特勒（勤）爲烏介可汗條引後唐獻祖紀年錄曰：

王子烏希特勒（勤）者，曷薩之弟，胡特勒（勤）之叔，爲黠戛斯所迫，帥衆來歸，至錯子山，乃自立爲可汗。（會昌）二年七月，冊爲烏介可汗。

寅恪案，烏介可汗之冊立，自當依舊唐書武宗紀及溫公之考定，在會昌二年三月，而非七月。後唐獻祖紀年錄所載之不足據，不待詳辨也。

唐廷正式受烏介可汗之降及遣使冊命實爲當時一大事，復愚自宜以此大事紀年，其所謂「西華主之降」卽烏介可汗之降也。「西華」疑本作「西蕃」，蕃華二字以形近致譌，據李德裕會昌一品集伍賜嗢沒斯特勒（勤）等詔書云：

彼蕃自忠義毗伽可汗以來代爲親鄰。

又同集同卷賜迴紇嗢沒斯詔略云：

況迴紇代雄朔漠，威服諸蕃，今已破傷，足堪悲憤。深慮從此之後爲諸蕃所輕，與卿等爲謀，須務遠大，莫若自相率勵，同奉可汗，興復本蕃，再圖強盛。卿等表請器甲，朕君臨萬國，非止一蕃，祖宗舊章不敢逾越，國家未曾賜諸蕃器甲，卿等亦合備知。

又同集泆停歸義軍勅書云：

勑李思忠（卽嗢沒斯所賜之姓名）首率蕃兵，歸誠向闕。

此皆迴紇可以稱蕃之證也。又據會昌一品集陸與紇扢斯可汗書云：

貞觀四年，西北蕃君長詣闕頓顙，請上尊號爲天可汗，是後降璽書西北蕃君長皆稱。皇帝爲「天可汗」，臨統四夷實自茲始。（與此條同類及有關之史料及問題頗多，茲僅引此，他不旁及。）

李光獨異志下云：

契苾何力西蕃酋種，太宗授右驍衛將軍。

迴紇者西北蕃之一種，其稱爲西蕃亦猶李冘獨異志下之稱鐵勒種契苾何力爲西蕃也。蓋同爲唐人習俗渻稱之詞耳，然則華爲蕃之譌，而唐廷正式受西蕃主之降遣使册命之時卽會昌二年三月無疑矣。復次，假使華字非蕃字之譌，則西華二字亦有其解釋，如芒洛冢墓遺文肆編叁安師誌略云：

君諱師，字文則，河南洛陽人也。十六代祖西華國君東漢永平中遣子仰入侍，求爲屬國，乃以仰爲并州刺史，因家洛陽焉。以顯慶二年正月十日搆疾，歿於洛陽之嘉善里第。夫人康氏，以龍朔三年八月廿一日歿於洛陽之嘉善里第。龍朔三年歲次癸亥九月辛亥朔廿日庚午制。

又康達誌略云：

君諱達，自(字)文則，河南伊闕人也。

□以□

因家河□焉。

以總章二年六月廿□日搆疾終於河南思順里之第。

雲笈七籤壹壹肆載杜光庭墉城集仙錄西王母傳略云：

西王母者，九靈太廟龜山金母也。乃西華之至妙，洞陰之極尊，先以東華至眞之氣，化而生木公焉。又以西華至妙之氣，化而生金母焉。

據此，可知唐人習以西華爲西北蕃胡之雅號，而與東華爲對文。復愚蓋用當時俗稱回紇烏介可汗爲西華主歟？此假說未敢確信，姑記於此，以俟詳考。

據杜牧樊川集柒唐故太子少師奇章郡開國公贈太尉牛公(僧孺)墓誌銘略云：

明年(開成四年)，檢校司空、平章事、襄州節度使。會昌元年秋七月，漢水溢堤入郭，自漢陽王張柬之一百五十歲後，水爲最大。李太尉德裕挾維州事，曰修利不至，罷爲太子少師。

舊唐書壹捌上武宗紀云：

會昌元年七月，襄郢江左大水。

又同書叁柒五行志云：

會昌元年七月，襄州漢水暴溢，壞州郭，均州亦然。

新唐書捌武宗紀云：

會昌元年七月，壬辰漢水溢。

又同書叁陸五行志云：

會昌元年七月，江南大水，漢水壞襄、均等州民居甚衆。

又同書壹柒肆牛僧孺傳云：

會昌元年，漢水溢壞城郭，坐不謹防，下遷太子少保，進少師。

通鑑貳肆陸唐紀云：

會昌元年九月，以前山南東道節度使、同平章事牛僧孺爲太子太（當作少）師。先是漢水溢，壞襄州民居。故李德裕以爲僧孺罪而廢之。

依上引諸條觀之，會昌元年七月壬辰襄州實有漢水暴漲之事，復愚所謂「其三月辛卯夜未半埜水入廬者」若是指會昌元年三月言，則元年三月壬申朔，（以下長曆推算悉依陳垣先生二十史朔閏表，不復一一注明。）雖得有辛卯日，而烏介可汗於元年八月以後始請降及求册命，復愚豈能於元年三月即能作「西蕃主之降」之預言？姑無論元年漢水之溢實在七月，與三月之時間不合也。若是指會昌二年三月言，則二年三月丙申朔，不能有辛卯日。然則果是何年何月何日耶？寅恪以爲復愚之所謂其三月者，非會昌某年之三月，而是正式受西蕃主之降及遣使册命一大事之三月，遂在「西蕃主之降也」之語上特著一「於」字，卽從會昌二年三月此大事之後順數第三個月，卽會昌二年六月是也。據長曆，會昌二年六月甲子朔，是辛卯爲此月之二十八日，故「於西蕃主之降也其三月辛卯」一語可作會昌二年六月二十八日解也。

又會昌元年七月壬辰漢水溢堤，入襄州郭，壞民居。檢長曆，是年七月己巳朔，壬辰爲七月二十四日，相當西曆八四一年八月十三日。而會昌二年六月辛卯卽二十八日，相當西曆八四二年八月九日，前後兩年襄州漢水漲溢之期其間距隔不過三數日，蓋以天時及地勢言之，襄州郭外之漢水必於每歲約略相同之時期有漲溢之事，新舊唐書帝紀及五行志屢記李唐一代夏秋之時襄州漢水漲溢，可爲例證。會昌元年與會昌二年襄州漢水俱約於陽曆八月初旬前後漲溢，而會昌元年溢堤入郭，其爲災害更甚於他歲，故史籍特著其事。文泉子集自序言「埜水入廬及覆硯於襄陽之野」，則是復愚所居不在襄州城郭之內。會昌二年漢水之漲其高度不及其前一歲，故未入襄州郭內，史氏因略而不書，此又可以推知者也。

據此，可證文泉子集自序作於會昌二年，又此文中尙有可以證明者，卽「當初不能自明其書十五年矣」一語。據文苑英華陸柒壹復愚上禮部裴侍郎書略云：

今者欲三十歲矣。嗚呼！蛻也材不良，命甚奇，時來而功不成，事修而名不副，將三十年矣。

此書乃復愚上知貢舉裴休者。據王定保唐摭言貳海述解送條及徐松登科記考等，知復愚爲大中四年（西曆八五十年）進士。故此書之作必在其前一年，卽大中三年（西曆八四九年），此年復愚年二十九歲，此爲無可疑者。若據此逆推，則會昌二年（西曆八四二年）復愚當爲二十二歲。又據文苑英華陸柒壹與韋員外書云：

蜕爲人子二十二（原注：集二作六。）年，唯初七年持瓦石爲俎豆戲。

此書二十二或二十六兩者孰是，兹姑不論，但七年之七既無二讀，可決其無誤。文泉子集自序謂「當初不能自明其書十五年矣」，則在此十五年之前必是與韋員外書所謂「持瓦石爲俎豆戲」之時間，此時間既是七年，則十五年加七年共爲二十二年，卽二十二歲。故復愚作文泉子集自序必在會昌二年，此又可證明無疑者也。（又文苑英華柒玖拾復愚梓州兜率寺文冢銘有「嗚呼！十五年矣，實得一千七百八十紙。」之語，亦可參證。）

（二）與韋員外書

文苑英華陸柒壹與韋員外書云：

蜕爲人子二十二（原注：集作六。）年，唯初七年持瓦石爲俎豆戲。

寅恪案，上已考定復愚上禮部裴侍郎書爲大中三年，其年復愚年二十九歲，則其二十二歲乃會昌二年，是此書作於會昌二年也。至二十六乃二十二之誤，前亦已說明矣。

（三）獻南海崔尚書書

文苑英華陸玖叁復愚獻南海崔尚書書云：

嗚呼！蛻之生於今二十四年。

據吳廷燮先生唐方鎮年表嶺南崔龜從條考證云：

封敖有前宣歙崔龜從授嶺南制（原注云：在崔元式河東制後，盧商東川制前。）加檢校禮部尚書兼御史大夫，此會昌四年龜從鎮嶺南之證。

寅恪案，前據復愚上禮部裴侍郎書，知大中三年復愚年二十九歲，則其二十四歲時爲會昌四年（西曆八四四年）明矣。此可與吳氏之説互證也。

（四）復崔尚書書

文苑英華陸柒壹復愚復崔尚書書雖無年月可尋，當略在獻南海崔尚書書之後，亦同在會昌四年也。

（五）古漁父四篇篇後序

唐文粹肆肆下古漁父四篇篇後序云：

會昌甲子歲余於西塞巖下見版，洗而得漁父書七篇。

寅恪案，會昌甲子即會昌四年也。

（六） 梓州兜率寺文冢銘并序

文苑英華柒玖拾復愚梓州兜率寺文冢銘序云：

大唐大中之丁卯而戊辰之季秋。

寅恪案，大中丁卯即大中元年（西曆八四七年），大中戊辰即大中二年（西曆八四八年）也。

（七） 上禮部裴侍郎書

文苑英華陸柒壹復愚上禮部裴侍郎書略云：

今者欲三十歲矣。今年冬見乙（原注：集作丁。）酉詔書，用閣下以古道正時文，（原注：一作聞。）以平律校羣士，懷才負藝者踴躍至公，蜕也不度，入春明門，請與八百之列，伏（負）階待試。嗚呼！蜕也材不良，命甚奇，時來而功不成，事修而名不副，將三十年矣。

寅恪案，此書乃上裴休者，前已考定，茲不復贅。此書作於大中三年（西曆八四九年）之冬，此時復愚自謂將三十歲，即二十九歲也。

（八） 與京西幕府書

文苑英華陸柒叁復愚與京西幕府書云：

獨蛻家居甚困，白身三十過於相如者。

寅恪案，依前所考，復愚年三十則應在大中四年。但復愚爲是年進士，而此書言是白身，則當在是年尚未放榜以前所作。或者三十之語不過舉成數而言，仍是大中三年年二十九時所作也。

（九）論令狐滈不宜爲拾遺疏

全唐文柒捌玖載復愚論令狐滈不宜爲拾遺疏，當是從册府元龜伍肆柒諫諍部直諫門劉蛻咸通四年爲左拾遺條轉錄，而曾釗面城樓文鈔貳天啓吳本劉蛻集跋謂全唐文據韓本增入此疏，殊爲失實，蓋曾氏未見四庫全書原本，以意揣測也。又舊唐書壹柒貳令狐楚傳所載復愚上此疏在咸通二年（西曆八六一年），當是傳寫之誤，今傳世史籍除册府元龜外，其他如舊唐書壹玖上懿宗紀云：

咸通四年（西曆八六三年）十一月，長安縣尉、集賢校理令狐滈爲左拾遺。制出，左拾遺劉蛻、起居郎張雲上疏，論滈父綯秉權之日，廣納賂遺，受李琢賄，除安南，致生蠻寇，滈不宜居諫諍之列。時綯在淮南，上表論訴，乃貶雲興元少尹，蛻華陰令，滈改詹事司直。

及通鑑貳伍拾唐紀云：

咸通四年冬十月甲戌，以長安尉、集賢校理令狐滈爲左拾遺。乙亥，左拾遺劉蛻上言：滈專家無子弟之法，布衣行公相之權。起居郎張雲言：滈父綯用李琢爲安南，致南蠻至今爲梗，由滈納賄，陷父於惡。十一月丁酉，雲復上言：滈父綯執政之時，人號白衣宰相。滈亦上表引避，乃改詹事府司直。

等紀事俱以此疏上於咸通四年，故舊唐書令狐楚傳「二」字必是「四」字之譌無疑也。茲以岑建功刊舊唐書校勘記偶未照及，而此事實爲復愚一生大節所關，故備錄史籍之文，爲之校正。

（十）諫遊宴無節疏

此疏上於咸通四年，見通鑑貳伍拾唐紀。

（十一）論以閤門使吳德應爲館驛使疏

此疏上於咸通四年，亦見通鑑貳伍拾唐紀。

（十二）投知己書

文苑英華陸玖叁復愚投知己書一作與大理楊卿書云：

蛻生二十餘年，已過當時之盛，棲遲困辱者，未遇當時之人。

寅恪案：復愚爲大中四年進士，是年年三十歲，據以逆推，會昌元年，年二十一歲，此書之作雖不知在何年，但言二十餘年，則必在會昌元年以後大中四年以前也。以其無確定之年可考，故附載於此。

綜合前所考證者，取其結論，列表於下：

長慶元年(西曆八二一年)，復　愚　生。

會昌二年(西曆八四二年)，二十二歲。文泉子集自序。與韋員外書。

會昌四年(西曆八四四年)，二十四歲。古漁父四篇。獻南海崔尙書書。復崔尙書書。

大中二年(西曆八四八年)，二十八歲。梓州兜率寺文冢銘。

大中三年(西曆八四九年)，二十九歲。上禮部裴侍郎書。與京西幕府書或作於此年。投知己書或與大理楊卿書或作於此年及會昌元年以後。

大中四年(西曆八五〇年)，三　十歲。與京西幕府書或作於此年。

咸通四年(西曆八六三年)，四十三歲。論令狐滈不宜爲左拾遺疏。諫遊宴無節疏。論以閽門使吳德應爲館驛使疏。

下　章

北夢瑣言叁劉蛻舍人不祭先祖條云：

唐劉舍人蛻，桐廬人。早以文學應進士舉，其先德戒之曰：任汝進取，窮之與達，不望於汝。吾若沒後，愼勿祭祀。乃乘扁舟，以漁釣自娛，竟不知其所適。(原注：不審是隱者，爲復是漁師，莫曉其端倪也。)紫微歷登華貫，出典商於，霜露之恩，於是乎止，臨終亦戒其子如先考之命。蜀禮部尙書纂，卽其息也。嘗與同列言之。君子曰：名教之家，重於喪祭，劉氏先德，是何人斯？苟同隱逸之流，何傷菽水之禮？紫微以儒而進，爵比通侯，遵乃父之緒言，紊先王之舊制，以時（一作報本）之敬，能便廢乎？大彭通人，抑有其說，時未喻也。

寅恪案，劉蛻、劉纂父子皆以進士釋褐，蛻仕至中書舍人，纂仕至禮部尚書。所謂「以儒而進」及「名教之家」也。而累世「無菽水之禮」，「闕報本之敬」，揆諸吾國社會習俗，已不可解。又蛻父「乘舟以漁釣自娛，竟不知其所適」，尤爲可怪。據復愚復崔尚書書云：

況蛻近世無九品之官，可以藉聲勢。

及上禮部裴侍郎書云：

四海無強大之親。

則復愚家世姻戚皆非仕宦之族可知。若此兩端已足令人致疑於復愚氏族所出實非華夏族類，而其籍貫問題則與此點亦有關係也。茲先考定其紛歧之籍貫，然後依次推證其所著籍之地俱有賈胡僑寓之蹤跡，庶幾復愚氏族之眞相既得以明瞭，而談唐代異族華化史者又增一新例矣。

四庫全書總目壹伍壹集部別集類文泉子集提要云：

王定保唐摭言載：劉纂者，商州劉蛻之子，亦善爲文。則蛻當爲商州人。又孫光憲北夢瑣言載：劉蛻，桐廬人，官至中書舍人，有從其父命，死不祭祀一事，所敍爵里復不同。或疑爲別一劉蛻，未之詳也。

寅恪案，唐摭言之劉蛻與北夢瑣言之劉蛻自是一人，提要疑爲同名之二人，殊爲不當。但其所引唐摭言之文與太平廣記壹捌肆貢舉類柒劉纂條同，其文云：

劉纂者，商州劉蛻之子也，亦善爲文（此據文友堂景明談愷本）。

此文卽見唐摭言玖惡掇科名條，惟「商州」作「高州」。蔣光煦斠補隅錄依雅雨堂本唐摭言參校諸善本，俱作「高州」，不作「商州」。「高」「商」二字形甚近似，孰爲正是，未易判定。據文苑英華復愚上禮部裴侍郎書云：

家在九江（原注：集作曲。）之南，去長安近四千里。（寅恪案：「江」「曲」二字亦不易定其是非，「九曲」殆指黃河而言乎？近溫廷敬先生廣東通志列傳肆劉蛻傳以「九曲」乃指衡山湘水言，故定復愚爲桂陽人，而以長沙爲郡望。其論證雖頗新確，但寅恪檢水經注叁捌湘水篇漁者歌曰：帆隨湘轉，望衡九面。朱謀瑋箋謂轉面二字叶韻，其說甚是。溫氏讀面爲曲似乖歌韻之理，且與「望衡」二字意義亦自不貫。縱謂隨湘流舟行，既能望見衡山之九面，則湘水亦得言「九曲」，義或可強通，然解釋迂迴，終疑有未洽也。至溫氏以北夢瑣言之桐廬乃桂陽之譌，謂「初譌『桂』爲『桐』，後校者見地名無『桐陽』復臆改爲『桐廬』，其蹤跡猶可尋也。」則屬於假想，可以不論。又元和郡縣圖志貳玖連州西北至上都三千六百六十五里。道州西北至上都三千四百一十五里。溫書以連州至上都爲三千四百一十五里，蓋偶涉筆誤，僅附校正於此。）

則復愚必非商州人，蓋商州去長安不逾三百里，（見通典壹柒伍州郡典，他書俱略同。）又不在九曲或九江之南也。據北夢瑣言「出典商於」之語，是復愚曾任商州刺史之證。（貫休禪月集叁有上劉商州詩，劉商州未知是蛻否？俟考。）然則「商」字若果非誤寫，則唐摭言所謂「商州」者乃爲復愚之官職，而非其籍貫。四庫提要蓋有所誤解也。至高州則雖在九曲或九江之南，但通典壹捌肆州郡典舊唐書肆壹地理志等俱載其去西京或京師六千六百六十二里，是其距離與復愚之所自言者不合。然則「商」之譌「高」其來已久矣。假使「高」字別有依據，非復誤寫，則嶺外海隅本賈胡僑寄之地，復愚又曾至南海上書於崔龜從，是與本篇本章之所欲推證者適合，亦無待贅考。故今仍認「高」字爲「商」字之譌，而高州非復愚繫籍之地，不復加以討論也。若就復愚上禮部裴侍郎書言，則其著籍之地非桐廬莫屬，何以言之？據通典壹捌貳州郡典新定郡睦州條云：

去京三千六百五十九里。

領縣：桐廬。

舊唐書肆拾地理志睦州條云：

在京師東南三千六百五十九里。

桐廬。

元和郡縣圖志貳伍江南道睦州條云：

西北至上都三千七百十五里。

桐廬縣。

桐廬距長安之里數諸書雖微有出入，但均與上禮部裴侍郎書所謂「去長安近四千里」之語相合。且復愚自稱長沙人(見梓州兜率寺文冢銘序),而長沙去長安僅二千五百十九里,(此據通典壹捌叁州郡典舊唐書肆拾地理志潭州條所載, 若元和郡縣圖志貳玖潭州條所列西北至上都里數尙少於此。)與四千里之數相差甚遠,故云若就復愚上禮部裴侍郎書所自言,則其繫籍之地非桐廬莫屬,(溫廷敬先生復愚爲桂陽人之新說雖亦可通,但以證據未充之故,仍不敢遽捨桐廬之舊說也。 說見前注。)孫光憲北夢瑣言謂復愚爲桐廬人,殊可信從也。

復愚梓州兜率寺文冢銘序云:

文冢者,長沙劉蛻復愚爲文不忍棄其草,聚而封之也。

寅恪案, 此復愚自稱長沙人之明證, 故方志載長沙有復愚故宅, 如嘉慶一統志叁伍伍長沙府古跡門載:

劉蛻故宅(在長沙縣城西北湘江邊)。

之例是也。 由是言之,復愚於上禮部裴侍郎書中等自言桐廬人,於梓州兜率寺文冢銘序中明白自稱長沙人,此二者旣是復愚所自言,必無舛誤。 唐人例稱郡望,而此兩者皆非劉氏顯望,故知均是復愚僑寄之地,非其家世祖居之原籍也。 杜甫解悶十二首之一云:

商胡離別下揚州,憶上西陵舊驛樓。 爲問淮南米貴賤,老夫乘興欲東遊。

范攄雲谿友議上夷君誚條云:

登州賈者馬行餘轉海擬取昆山路適桐廬,時遇西風,而吹到新羅國。(此條承何格恩先生舉以見告者，附注於此，以申謝意。）

據此，西陵爲杭越運河之要點，桐廬則轉海乘舟之步頭，皆唐代商胡由海上經錢塘江出入內地之孔道，然則復愚之家僑寄於桐廬，而其父之「扁舟漁釣，莫知所適」，豈無故耶？

袁郊甘澤謠韋騶條略云：

韋騶者遊岳陽，岳陽太守以親知見辟，數月謝病去。弟騋舟行，溺於洞庭湖。騶乃於水濱痛哭，移舟湖神廟下，欲焚其廟，曰：千金估胡安穩獲濟，吾弟窮悴，乃罹此殃，焉用爾廟爲？

寅恪案，藤田豐八教授東西交涉史之研究南海篇壹捌肆頁引此條估胡之語，以證成其胡人往來通商之說。鄙意「估胡」二字於此或是唐人行文習用之詞，不過僅表示富商大賈之意耳。未必涵有種族之義也。故唐代雖必有賈胡行舟洞庭之事，但不敢遽引此爲據，以其解釋不能確定無疑也。惟杜甫在潭州所作清明二首之一（此據涵芬樓景宋分門集注杜工部詩集本叁時序門）云：

朝來新火起新烟，湖色春光淨客船。繡羽銜花他自得，紅顏騎竹我無緣。胡童結束還難有，楚女腰肢亦可憐。不見定王城舊處，長懷賈傅井依然（下略）。

寅恪案，「胡童」二字所見諸善本皆不著異讀，（僅近日坊賈翻刊杜詩錢注本作「夷童」，蓋錢注本原避清代疑忌，故以「胡」字作空闕，翻刊錢本者遂臆補「夷」字，非別有依據也。）自無舛誤，亦必非「湖童」之譌脫，蓋「湖童」一名殊爲不辭故也。據此，「胡童」之「胡」必作「胡人」之「胡」解無疑，不論杜公在潭州所見之胡童爲眞胡種，抑僅是漢兒之喬妝，以點綴節物嬉娛者，要皆足證成潭州當日必有胡族雜居。若不然者，則其地居民未嘗習見胡童之形貌，何能仿效其妝束，以爲遊戲乎？故依杜公此詩，潭州當日之有胡商僑寓，可以決言，然則復愚之自稱長沙劉蛻，卽其寄居潭州之證，又豈無故耶？又近刊廣東通志劉蛻傳以復愚實桂陽人，其自稱長沙不過郡望而已（見前子注）。若其說果確，則據元和郡縣圖志貳玖連州條云：

秦爲長沙郡之南境，漢置桂陽郡。

東至韶州陸路五百里。

西至賀州捷路二百七十里，取道州桂嶺路三百六十里。

西南至封州六百三十里。

東北度嶺至柳州三百九十里。

南至廣州八百九十里。

陽山縣。

本漢舊縣，爲南越置關之邑，故其關在縣西北四十里茂口。史記尉佗移檄陽山關曰：「盜兵且至，急絕道，聚兵自守！」今陽山北當騎山嶺路，秦於此立陽山關，漢破南越以爲縣。

是桂陽亦近値嶺路交通要點，嶺外賈胡往來中州，其於桂陽有旅寄之所，非不可能，特以「九曲」一語之解釋尚有疑問，故未敢遽信，姑存其說於此，以供參證。至若復愚以荆州發解（見唐摭言貳海述解送條及北夢瑣言肆破天荒解條等），故方志有列之爲江陵人者（如輿地紀勝之類），則其不當，自不待贅辨也。

近年桑原隲藏教授蒲壽庚事蹟考及藤田豐八教授南漢劉氏祖先考（見東西交涉史之研究南海篇），皆引朱彧萍洲可談貳所載北宋元祐間廣州蕃坊劉姓人娶宗室女事，以證依斯蘭教徒多姓劉者，其說誠是。但藤田氏以劉爲伊斯蘭教徒習用名字之音譯，固不可信，而桑原氏以廣州通商回教徒之劉氏實南漢之賜姓，今若以復愚之例觀之，其說亦非是。鄙見劉與李俱漢唐兩朝之國姓，外國人之改華姓者，往往喜采用之，復愚及其他伊斯蘭教徒之多以劉爲姓者，殆以此故歟？關於復愚氏族疑非出自華夏一問題，尙可從其文章體製及論說主張諸方面推測，但以此類事證多不甚適切，故悉不置論，讀就其以劉爲氏，而家世無九品之官，四海無強大之親，父子俱以儒學進仕至中書舍人禮部尙書，而不祭祀先祖，及籍貫紛歧，而俱賈胡僑寄之地三端，推證之如此。

（原刊中央研究院歷史語言研究所集刊第八本第一分册）

四聲三問

古今論四聲者多矣。寅恪於考古審音二事皆未嘗致力，故不敢妄說。僅就近日在清華園講授所及，提出三淺顯之問題，試擬三簡單之解答，並擇錄舊籍之有關者，略加詮釋，附於第二解答之後，以資參證。凡所討論，大抵屬於中古文化史常識之範圍，其牽涉音韻學專門性質者，則謹守「不知爲不知」之古訓，概不闌入，藉以藏拙云爾。

初問曰：中國何以成立一四聲之說？卽何以適定爲四聲，而不定爲五聲，或七聲，抑或其他數之聲乎？

答曰：所以適定爲四聲，而不爲其他數之聲者，以除去本易分別，自爲一類之入聲，復分別其餘之聲爲平上去三聲。綜合通計之，適爲四聲也。但其所以分別其餘之聲爲三者，實依據及摹擬中國當日轉讀佛經之三聲。而中國當日轉讀佛經之三聲又出於印度古時聲明論之三聲也。據天竺圍陀之聲明論，其所謂聲 Svara 者，適與中國四聲之所謂聲者相類似。卽指聲之高低言，英語所謂 Pitch accent 者是也。圍陀聲明論依其聲之高低，分別爲三：一曰 Udātta，二曰 Svarita，三曰 Anudātta。佛教輸入中國，其教徒轉讀經典時，此三聲之分別當亦隨之輸入。至當日佛教徒轉讀其經典所分別之三聲，是否卽與中國之平上去三聲切合，今日固難詳知，然二者俱依聲之高下分爲三階則相同無疑也。中國語之入聲皆附有 k,p,t 等輔音之綴尾，可視爲一特殊種類，而最易與其他之聲分別。平上去則其聲響高低相互距離之間雖有分別，但應分別之爲若干數之聲，殊不易定。故中國文士依據及摹擬當日轉讀佛經之聲，分別定爲平上去之三聲。合入聲共計之，適成四聲。於是創爲四聲之說，並撰作聲譜，借轉讀佛經之聲調，應用於中國之美化文。此四聲之說所由成立，及其所以適爲四聲，而不爲其他數聲之故也。

再問曰：四聲說之成立由於中國文士依據及摹擬轉讀佛經之聲，既聞命矣。果如所言，天竺經聲流行中土，歷時甚久，上起魏晉，下迄隋唐，六七百年間審音文士善聲沙門亦已衆矣。然則無論何代何人皆可以發明四聲之說，何以其說之成立不後不先適值南齊永明之世？而創其說者非甲非乙，又適爲周顒、沈約之徒乎？

答曰：南齊武帝永明七年二月二十日，竟陵王子良大集善聲沙門於京邸，造經唄新聲。實爲當時考文審音之一大事。在此略前之時，建康之審音文士及善聲沙門討論研求必已甚衆而且精。永明七年竟陵京邸之結集，不過此新學說研求成績之發表耳。此四聲說之成立所以適值南齊永明之世，而周顒、沈約之徒又適爲此新學說代表人之故也。

上述理由請略徵舊籍，以資說明。但吾人今日可藉以考知六朝經唄之概略者，僅存極少數之資料：如慧皎高僧傳中經師諸傳及日本高野山所藏寫本魚山集等而已。魚山集之聲譜寅恪未能通解，可以不論。茲擇取高僧傳所載與舊史及他書之文互相釋證於下：

高僧傳拾伍支曇籥傳云：

支曇籥本月支人。寓居建康。少出家。憩吳虎丘山。晉孝武初勅請出都。止建初寺，孝武從受五戒，敬以師禮。籥特稟妙聲，善於轉讀。嘗夢天神授其聲法，覺因裁製新聲。

又釋法平傳云：

釋法平姓康，康居人。寓居建康。與弟法等俱出家。止白馬寺。爲曇籥弟子。共傳師業。響韻清雅，韻轉無方。兄弟並以元嘉末卒。

又釋僧饒傳云：

釋僧饒建康人。出家。止白馬寺。偏以音聲著稱，擅名宋孝武之世。響調優游，和雅哀亮，與道綜齊肩。宋大明二年卒。春秋八十六。同寺復有超慧明慧。少俱爲梵唄。長齋時轉讀。亦有名當世。

又釋道慧傳云：

釋道慧姓張。潯陽柴桑人。止廬山寺。特稟自然之聲，偏好轉讀。後出都，止安樂寺。轉讀之名大盛京邑。宋大明二年卒。春秋五十有一。

又釋智宗傳云：

釋智宗姓周。建康人。出家。止謝寺。尤長轉讀。大明三年卒。年三十一。時有慧寶道詮。雖非同時，作法相似。甚豐聲而高調，製用無取焉。宋明忽賞道詮。識者謂逢時也。

又釋曇遷傳云：

釋曇遷姓支，本月支人。寓居建康。巧於轉讀，有無窮聲韻。彭城王義康范曄王曇首並皆遊狎。及范曄被誅，門有十二喪，無敢迸者。遷抽貨衣物，悉營葬送。孝武聞而歎賞，謂徐爰曰：卿著宋書，勿遺此士！齊建元四年卒，年九十九。時有道場寺釋法暢瓦官寺釋道琰並富聲哀婉，雖不兢遷等，抑亦次之。

又釋曇智傳云：

釋曇智姓王，建康人。出家，止東安寺。既有高亮之聲，雅好轉讀。宋孝武蕭思話王僧虔等並深加識重。齊永明五年卒於吳國，年七十九。

又釋僧辯傳云：

釋僧辯姓吳，建康人。出家，止安樂寺。少好讀經，受業於遷暢二師。初雖祖述其風，晚更措意斟酌。哀婉折衷，獨步齊初。聲震天下，遠近知名，後來學者莫不宗事。永明七年二月十九日，司徒竟陵文宣王夢於佛前詠維摩一契，便覺韻聲流好，有工恆日。明旦卽集京師善聲沙門龍光普知新安道與多寶慧忍天保超勝及僧辯等，集第作聲。辯傳古維摩一契，瑞應七言偈一契，最是命家之作。辯以齊永明十一年卒。

又釋曇憑傳云：

釋曇憑姓楊。犍爲南安人。少遊京師，學轉讀。止白馬寺。音調甚工，而時人未之推也。於是專精規矩，更加研習。晚遂出羣，翕然改觀。

又釋慧忍傳云：

釋慧忍姓蕢。建康人。少出家。住北多寶寺。無餘行解，止是愛好音聲。初受業於安樂辯公，備得其法，而哀婉細妙，特欲過之。齊文宣感夢之後，集諸經師。乃共忍斟酌舊聲，詮品新異。製瑞應四十二契。忍所得最爲長妙。於是令慧微僧業僧尚超明僧期超猷慧旭法曇慧滿僧胤慧彖法慈等四十餘人皆就忍受學。遂傳法於今。忍以隆昌元年卒。年四十餘。

釋法隣。釋曇辯。釋曇念。釋曇幹。釋曇進。釋慧超。釋道首。釋曇調。

凡此諸人並齊代知名。其浙左江西荆陝庸蜀亦頗有轉讀。然止是當時詠歌，乃無高韻，故不足而傳也。

論曰：自大教東流，乃譯文者衆，而傳聲者蓋寡。始有魏陳思王曹植，深愛聲律，屬意經音。既通般遮之瑞響，又感魚山之神製。於是刪治瑞應本起，以爲學者之宗。傳聲則三千有餘，在契則四十有二。其後帛橋支籥亦云祖述陳思，而愛好通靈，別感神製，裁變古聲，所存止一千而已。逮宋齊之間有曇遷僧辯太傅文宣王等，並殷勤嗟詠，曲意音律，撰集異同，斟酌科律，存於舊法，正可三百餘聲。天竺方俗，凡是歌詠法言，皆稱爲唄。至於此土，詠經則稱爲轉讀，歌讚則號爲梵唄。原夫梵唄之起，亦肇自陳思，始著太子頌及睒頌等，因爲之製聲，吐納抑揚，並法神授，今之皇皇顧惟蓋其風烈也。

據上所擇要迻錄之僧傳原文，有三事可以注意，卽善聲沙門最衆之地，善聲沙門最盛之時，及曹植魚山製契之傳說最先見於何書是也。請分別言之：

僧傳所載善聲沙門，幾全部爲居住建康之西域胡人，或建康之土著。蓋建康京邑，其地既爲政治之中心，而揚州又屬濱海區域，故本多胡人居住，世說新語政事篇王丞相拜揚州條卽是一例。過江名士所以得知此「彈指」「蘭闍」之胡俗胡語者，或亦由建康胡化之漸染，非必前居洛陽時傳習而來也。夫居住建康之胡人依其本來嫻習之聲調，以轉讀佛經，則建康土著之僧徒受此特殊環境之薰習，其天賦優厚者往往成爲善聲沙門，實與今日中國都邑及商港居民善謳基督教祀天讚主之歌頌者，理無二致。此爲建康所以多善聲沙門之最要主因，而宮廷貴族之提倡尙在其次也。

又據僧傳所記善聲沙門之生卒年歲推之，是建康經唄之盛，實始自宋之中世，而極於齊之初年。若復取舊史及他書以爲參證，則知四聲說之成立，其間因緣會合，蓋有物理之所必致，而非人事之偶然者也。

僧祐出三藏記集拾貳齊竟陵文宣王法集目錄內載：

與何祭酒讚法滋味一卷。贊梵唄偈文一卷。梵唄序一卷。轉讀法並釋滯一卷。

又齊竟陵王世子撫軍巴陵王法集目錄內載：

經聲賦。

南齊書肆拾竟陵文宣王子良傳（南史肆肆同）云：

移居鷄籠山西邸，集學士抄五經、百家，依皇覽例，爲四部要略千卷。招致名僧，講論佛法，造經唄新聲。道俗之盛，江左未有也。

梁書壹武帝紀（南史陸同）云：

竟陵王子良開西邸，招文學，高祖與沈約、謝朓、王融、蕭琛、范雲、任昉、陸倕等並遊焉。號曰八友。（參閱梁書拾叁南史伍柒沈約傳。）

南齊書貳拾文惠太子傳（南史肆肆同）云：

太子與竟陵王子良俱好釋氏。

南齊書肆壹周顒傳云：

顒音辭辯麗，出言不窮。宮商朱紫，發口成句。

南史叁肆周顒傳云：

轉國子博士，兼著作。太學諸生慕其風，爭事華辯。始著四聲切韻行於時。後卒於官。子捨。捨善誦詩書，音韻清辯。

南齊書肆壹周顒傳云：

顒卒官時，會王儉講孝經未畢，舉曇濟自代，學者榮之。官爲給事中。（寅恪案，傳文疑有譌脱。）

南齊書叁武帝紀（南史肆同）云：

永明七年五月乙巳，尙書令開府儀同三司王儉薨。

南齊書貳叁王儉傳（南史貳叁同）云：

（永明）二年，領國子祭酒、丹陽尹，本官如故。三年，領國子祭酒，又領太子少傅。（寅恪案，南齊書九禮志建元四年太祖崩，罷國學。永明三年復立。南齊書王儉傳永明二年下「國子祭酒」四字當依南史刪正。）

梁書拾叁沈約傳（南史伍柒同）云：

又撰四聲譜，以爲在昔詞人，累千載而不寤，而獨得胸衿，窮其妙旨，自謂入神之作，高祖雅不好焉。帝問周捨曰：何謂四聲？捨曰：「天子聖哲」是也。然帝竟不遵用。

南史肆捌陸厥傳（參閱南齊書伍貳陸厥傳）云：

（永明末）盛爲文章，吳興沈約、陳郡謝朓、琅邪王融以氣類相推轂，汝南周顒善識聲韻。約等文皆用宮商，以平上去入四聲，以此制韻，有平頭、上尾、蠭腰、鶴膝。五字之中，音韻悉異，兩句之內，角徵不同，不可增減。世呼爲「永明體」。沈約宋書謝靈運傳後又論其事。厥與約書曰：范詹事自序：性別宮商，識清濁，特能適輕重，濟艱難。古今文人多不全了斯處，縱有會此者，不必從根本中來。尙書亦云：自靈均以來，此祕未覩，或暗與理合，非由思至。張、蔡、曹、王曾無先覺，潘、陸、顏、謝去之彌遠。大旨欲宮商相變，低昂舛節，若前有浮聲，則後須切響，一簡之內，音韻盡殊，兩句之中，輕重悉異。辭既美矣，理又善焉。但觀歷代衆賢，似不都闇此處，而云此祕未覩，近於誣乎？約答曰：宮商之聲有五，文字之別累萬，以累萬之繁，配五聲之約，高下低昂，非思力所學，又非止若斯而已。十字之文，顚倒相配，字不過十，巧歷已不能盡，何況復過於此者乎？靈均以來，未經用之於懷抱，固無從得其髣髴矣。自古辭人豈不知宮羽之殊，商徵之別？雖知五音之異，而其中參差變動，所昧實多，故鄙意所謂此祕未覩者也。以此而推，則知前世文士，便未悟此處。以洛神比陳思他賦，有似異手之作。故知天機啓，則律呂自調，六情滯，則音律頓舛也。時有王斌者，不知何許人。著四聲論，行於時。斌初爲道人，博涉經籍，雅有才辯，善屬文，能唱導。

梁書肆玖庾肩吾傳（南史伍拾同）云：

齊永明中，文士王融、謝朓、沈約文章始用四聲，以爲新變。至是轉拘聲韻，彌尚麗靡，復踰於往時。

鍾嶸詩品云：

昔曹劉殆文章之聖，陸謝爲體貳之才。銳精妍思，千百年中而不聞宮商之辨，四聲之論。或謂前達偶然不見，豈其然乎？三祖之詞，文或不工，而韻入歌唱，此重韻之義也。與世之言宮商者異矣。今既不備管弦，亦何取於聲律耶？齊有王元長者，嘗謂余云：宮商與二儀俱生，自古詞人不知之，惟顏憲子乃云：律呂音調，而其實乃大謬，唯見范曄謝莊頗識之耳，嘗欲造知音論，未就。王元長創其首，謝朓沈約揚其波。三賢或貴公子孫，幼有文辨。於是士流景慕，務爲精密。故使文多拘忌，傷其眞美。余謂文製本須諷讀，不可蹇艾。但令清濁通流，口吻調利，斯爲足矣。至於平上去入則余病未能。蜂腰鶴膝，閭里已具。

建康爲南朝政治文化之中心，故爲善聲沙門及審音文士共同居住之地。二者之間發生相互之影響，實情理之當然也。經聲之盛，始自宋之中世，極於齊之初年。竟陵王子良必於永明七年二月十九日以前卽已嫻習轉讀，故始能於夢中詠誦。然則竟陵王當日之環境可以推知也。雞籠西邸爲審音文士抄撰之學府，亦爲善聲沙門結集之道場。永明新體之詞人既在「八友」之列，則其與經唄新聲制定以前之背景不能不相關涉，自無待言。周顒卒年史不記載，據傳文推之，當在永明七年五月王儉薨逝以前，永明三年王儉領國子祭酒及太子少傅之後。卽使不及見永明七年二月竟陵王經唄新聲之制定，要亦時代相距至近。其與沈約一爲文惠之東宮掾屬，一爲竟陵王之西邸賓僚，皆在佛化文學環境陶冶之中，四聲說之創始於此二人者，誠非偶然也。又顒傳言：「太學諸生慕顒之風，爭事華辯。」其所謂「辯」者，當卽顒「音辭辯麗，出言不窮。宮商朱紫，發口成句。」及其子捨「善誦詩書，音韻清辯」之「辯」。皆四聲轉讀之問題也。梁武帝雖居「竟陵八友」之列，而不遵用四聲者，據隋書拾叁音樂志載「帝既素善鍾律，詳悉舊事，遂自制定禮樂。」而梁書叁武帝紀（南史柒同）又載其「不聽音聲。非宗廟祭祀大會饗宴，及諸法事未嘗作樂。」蓋由於好尙之特異，後來簡文帝之詆娸永明新體之文派者（見梁書肆玖南史伍拾庾肩吾傳簡文與湘東王書），殆亦因其家世興趣之關係歟？沈約宋書壹佰自序云：「永明」五年春，又被勅撰宋書。六年二月畢功，表上之。謝靈運傳論之作正在此時。是其四聲之說實已成立於此時以前。當與周顒不甚相先後，蓋同是一時代之産物，俱受佛經轉讀之影響而已。至范曄自序之所言，觀曇遷一傳，可知其實受當時善聲沙門之薰習，而自來讀史者所未嘗留意也。總之，四聲與經聲之關係，迄今千四百餘年，尚未有人略能言及。故司馬氏資治通鑑壹叁陸於永明二年記竟陵王子良招致名僧，講論佛法事，全襲用南齊書南史舊文，而刪去「造經唄新聲」之語。謝氏小學考貳玖錄南史陸厥傳亦不載王斌附傳。是皆「不了此處」。茲特爲發其覆如此。而今而後，庶幾不致「此祕未覩」乎？

據僧傳後論，轉讀與梵唄有別，竟陵王所造新聲乃轉讀之聲，非梵唄之聲。蓋轉讀之聲即詩品所謂不備管弦，而有聲律者也。梵唄問題非本篇範圍，似可不論。但二者實互有關係，而又俱託始於陳思。故轉讀與陳思之關係，即魚山製契之傳說，則尤不得不先推求其起原之時代，以爲「四聲說史」之「前編」也。考瑞應本起經爲支謙所譯。謙事迹載高僧傳一康僧會傳中。據傳，謙以漢獻帝末避亂於吳。孫權召爲博士，與韋昭諸人輔導太子。從吳黃武元年至建興中先後共譯出四十九經。又據魏志十九陳思王植傳，植以魏明帝太和三年徙封東阿。六年封陳王。發疾薨。魚山在東阿境。植果有魚山製契之事，必在太和三年至六年之間。然當日魏朝之法制，待遇宗藩，備極嚴峻，而於植尤甚。若謂植能越境遠交吳國，刪治支謙之譯本，實情勢所不許。其爲依託之傳說，不俟詳辨。此傳說之記載，寅恪所知者有二：一出劉敬叔之異苑（在今本卷伍中），一出劉義慶之宣驗記。（見唐湛然法華文句記伍所引，但湛然誤以劉義慶爲梁人。）二人皆晉末宋初人。是此傳說東晉之末必已流行無疑。隋費長房歷代三寶記伍載支謙譯瑞應本起經二卷。下注云：

黃武年第二出，與康孟詳譯者（寅恪案，此即第一出。）小異。陳郡謝鏘、吳郡張洗等筆受，魏東阿王植詳定。見始興錄及三藏記。

寅恪案，今僧祐出三藏記集貳載有支謙譯瑞應本起經二卷。並無「魏東阿王植詳定」之語。出三藏記集全襲道安經錄，可知道安經錄中無此語。道安錄成於晉孝武帝寧康二年（見出三藏記集伍引道安經錄自序）。又可知晉孝武以前無曹植刪定瑞應本起經之說也。然則此語必出於始興錄。此錄今不傳。今存之佛藏諸目錄亦皆不言其爲何時何人所作，無從詳考。但歷代三寶記玖載：「晉孝武世沙門聖堅於河南國爲乞伏乾歸譯十四經。其十經見始興錄。始興即南錄。」又檢三寶記所著錄之經目注出始興錄者，計其譯述時代，下至卷十一之

灰河經一卷見始興錄

（南齊）武帝世沙門釋法度出

爲止。故據此可斷定始興錄之作者必爲江左南朝之人。而其生年至早爲南齊武帝之世，或即永明時人，亦未可知。是始興錄中曹植詳定瑞應本起經之語乃受經唄新聲之影響，採用東晉末年之傳說。其書晚出，遠在劉茂叔異苑及劉義慶宣驗記之後也。又考高僧傳載江左善聲沙門始於曇籥。籥於東晉孝武時夢天神授以聲法，覺因裁製新聲。證以成於孝武時之道安經錄未有曹植詳定瑞應本起經之語。可知東晉中晚時代經聲雖已流行，而尚無魚山製契之神話。逮東晉末年，始有此傳

說。此傳說實含有一善聲沙門與審音文士合作之暗示。而此二種人之合作卽四聲之起原。然則「四聲說史」之「前編」謂在典午南遷之季世，縱或不中，亦不甚遠乎？又梵唄亦肇自陳思之說，因認太子頌及睒頌等爲陳思所作之故。太子頌姑不論。睒頌者卽據康僧會譯六度集經五睒菩薩本生而作之頌。考高僧傳壹康僧會傳云：會以赤烏十年始達建業。魏志拾玖陳思王植傳云：（太和）六年發疾薨。吳大帝赤烏十年，卽魏齊王芳正始八年，上距魏明帝太和六年，卽植薨之歲，已十五年之久。陳思何能於其未死之前，預爲未譯之本作頌耶？其說與刪治瑞應本起經事同爲依託，而非事實，固不待詳辨也。

三問曰：讀宋書謝靈運傳論南史陸厥傳所載厥與沈約問答之書及詩品所記王融告鍾嶸之語，竊有疑焉。凡約之所論，及厥之問約，約之答厥，融之語嶸者，皆四聲之問題也。然俱以宮商五聲爲言，而絕不及四聲一語。若四聲與五聲同物，則約仍用五聲之舊說可矣，何必又新創四聲之說，別撰四聲之譜乎？若四聲與五聲不同物，則約論非所論，融語非所語，厥問非所問，約更答非所答矣。然則四聲與五聲之同異究何在耶？

答曰：宮商角徵羽五聲者，中國傳統之理論也。關於聲之本體，卽同光朝士所謂「中學爲體」是也。平上去入四聲者，西域輸入之技術也。關於聲之實用，卽同光朝士所謂「西學爲用」是也。蓋中國自古論聲，皆以宮商角徵羽爲言，此學人論聲理所不能外者也。至平上去入四聲之分別，乃摹擬西域轉經之方法，以供中國行文之用。其「顚倒相配，參差變動」，如「天子聖哲」之例者，純屬於技術之方面，故可得而譜。卽按譜而別聲，選字而作文之謂也。然則五聲說與四聲說乃一中一西，一古一今，兩種截然不同之系統。論理則指本體以立說，舉五聲而爲言；屬文則依實用以遣詞，分四聲而撰譜。苟明乎此，則知約之所論，融之所言，及厥之問約，約之答厥，所以止言五聲，而不及四聲之故矣。

又此第三解答之意旨實啓自段（段玉裁六書音均表古四聲說子注）、王（王國維觀堂集林捌五聲說）。今更借喻同光舊說，重爲引申。至王氏以陰陽平上去入爲三代秦漢閒之五聲，其言之當否，別是一事，可置不論。此解答所竊取者，止段、王同主之一誼，卽「四聲之說專主屬文」而已。斯誼而是也，固不敢掠美於前修；斯誼而非也，則願俟知音之新解。

（原刊清華學報第九卷第二期）

從史實論切韻

陸法言之切韻，古今中外學人論之者衆矣。寅恪於音韻之學，無所通解，故不敢妄說。茲僅就讀史所及，提出其語音系統一問題，以供參考。凡所討論，大抵皆屬於史實之範圍，至關於音韻學之專門性質者，則少涉及。此非唯謹守「不知爲不知」之古訓，亦藉以藏拙云爾。

顏氏家訓音辭篇云：

逮鄭玄注六經，高誘解呂覽淮南，許愼造說文，劉熹製釋名，始有譬況假借，以證音字耳。而古語與今殊別，其間輕重淸濁，猶未可曉；加以內言、外言、急言、徐言、讀若之類，益使人疑。孫叔言創爾雅音義，是漢末人獨知反語。至於魏世，此事大行。高貴鄉公不解反語，以爲怪異。自茲厥後，音韻鋒出，各有土風，遞相非笑，「指馬」之喩，未知孰是。共以帝王都邑，參校方俗，考覈古今，爲之折衷，榷而量之，獨金陵與洛下耳。南方水土和柔，其音淸舉而切詣，失在浮淺，其辭多鄙俗。北方山川深厚，其音沈濁而鈋鈍，得其質直，其辭多古語。然冠冕君子，南方爲優；閭里小人，北方爲愈。易服而與之談，南方士庶，數言可辯。隔垣而聽其語，北方朝野，終日難分。而南染吳越，北雜夷虜，皆有深弊，不可具論。

寅恪案，顏黃門之時，金陵士庶語音，所以有如此鉅異者，恐不得不推源於兩晉之世。蓋自司馬氏平吳以來，中原衆事，頗爲孫吳遺民所崇尙，語音亦其一端，如抱朴子外篇譏惑篇略云：

上國衆事，所以勝江表者多，然亦有可否者。余以爲廢已習之法，更勤苦以學中國之書，尙可不須也。況於乃有轉易其聲音，以效北語，旣不能便良，似可恥可笑。所謂不得邯鄲之步，而有匍匐之嗤者。

卽可爲證也。洎乎永嘉亂起，人士南流，則東晉南朝之士族階級，無分僑舊，悉用北音，自不足怪矣。寅恪昔年嘗草一文，以論其事，題曰東晉南朝之吳語，載中央研究院歷史語言研究所集刊第柒本第壹分，讀者幸取而並觀之。惟此一問題，實爲解決陸法言切韻語音系統關鍵之所在，故不憚重複之譏，仍略爲考辨於此。

宋書捌壹顧琛傳云：

先是，宋世江東貴達者，會稽孔季恭，季恭子靈符，吳興丘淵之，及琛，吳音不變。

寅恪案，晉室南渡之初，僑姓之握政權者，如王導之類，雖往往用吳語延接士庶，以籠絡江東人心（見世說新語排調篇劉眞長始見王丞相時條劉注），然必能保存其固有之北語，要無可疑。而吳中舊姓，雖好自矜尙，如陸玩拒婚王導（見世說新語方正篇，王丞相初在江左欲結援吳人條，及晉書柒柒陸曄傳附弟玩傳，亦可參考世說新語排調篇陸太尉詣王丞相條。）可爲其例。然江表士流，自吳平以後，卽企羨上國衆事，諒其中當亦多有能操北音者。迨東晉司馬氏之政權旣固，南士之地位日漸低落，於是吳語乃不復行用於士族之間矣。史言宋世江東貴達者，唯孔季恭靈符父子，丘淵之，顧琛四人，吳音不變，是其餘江東貴達不操吳音可知。而此種風尙，必承自東晉，固可推見也。又如張敞者，乃東晉末人（參宋書肆陸南史叁貳張邵傳），其著書也，據顏氏家訓書證篇所言：

或問曰：東宮舊事，何以呼「鴟尾」爲「祠尾」？答曰：張敞者，吳人，不甚稽古，隨宜記注，逐鄉俗訛謬，造作書字耳。吳人呼「祠祀」爲「鴟祀」，故以「祠」代「鴟」字。

知其猶未免隨鄉音而訛謬，殆雖操北語而不能盡脫鄉音歟？及其兄之孫張融，（邵兄禕，禕子暢，暢子融，詳南史叁貳張邵傳。）則南齊書肆壹張融傳（南史叁貳張邵傳附融傳同）云：

〔宋孝武世〕出爲封溪令。廣越嶂嶮，獠賊執融，將殺食之。融神色不動，方作洛生詠，賊異之而不害也。

是臨危難而猶能作洛生詠，推究其故，豈不卽以平日熟諳北語邪。然則南士之語音逐漸同化於僑姓高門，斯足爲一例證矣。此後顏黃門論音辭，竟謂「易服而與之談，南方士庶，數言可辨」者，蓋南朝疆域內，士族悉操北音，雖南士亦鮮例外。庶族則操吳語，其寒族北人之久居南士者，亦不免爲所同化，如王敬則本自臨淮射陽南遷，而延接士庶，皆以吳語（見南齊書貳陸南史肆伍王敬則傳），似可爲一例也。

抑更有可論者，永嘉南渡僑寓建鄴之勝流，率皆典午中朝仕居洛下之名士。此類名士，其父若祖，本多爲翊成司馬氏帝業之功臣，其遠祖則又東漢時以經明行修致身通顯之儒士也。洛陽者，東漢、曹魏、西晉三朝政治文化之中心，而東晉、南朝之僑姓高門，又源出此數百年來一脉繇延之仕族，則南方冠冕君子所操之北音，自宜以洛陽及其近傍者爲標準矣。世說新語雅量篇略云：

桓公伏甲設饌，廣延朝士，因此欲誅謝安、王坦之。王甚遽，謝神意不變，相與俱前。王之恐狀，轉見於色。謝之寬容，愈表於貌，望階趨席，方作洛生詠，諷浩浩洪流。桓憚其曠遠，乃趣解兵。

劉孝標注云：

按宋明帝文章志曰：安能作洛下書生詠，而少有鼻疾，語音濁，後名流多斅其詠，弗能及，手掩鼻而吟焉。

同書輕詆篇云：

人問顧長康，何以不作洛生詠？答曰：何至作老婢聲。

劉注云：

洛下書生詠，音重濁，故云老婢聲。

寅恪案，所謂「洛下書生詠」，殆卽東晉以前洛陽之太學生以誦讀經典之雅音（此「音」字指語音而言，非謂音樂也。）諷詠詩什之謂也。此種都邑雅音，較之時傷輕清之吳越方音，固相懸殊，但較之多涉重濁之燕趙方音，實亦有別（說詳下）。而顧長康至以「老婢聲」相譏，其故何邪？據晉書柒玖謝安傳云：

安少有盛名，時多愛慕。鄉人有罷中宿縣者，還詣安。安問其歸資，答曰：有蒲葵扇五萬。安乃取其中者捉之，京師士庶競市，價增數倍。安本能爲洛下書生詠，有鼻疾，故其音濁，名流愛其詠而弗能及，或手掩鼻以斆之。

同書玖貳文苑傳顧愷之傳云：

愷之矜伐過實，少年因相稱譽以爲戲弄。又爲吟詠，自謂得先賢風制。或請其作洛生詠，答曰：何至作老婢聲。義熙初，爲散騎常侍，與謝瞻連省。夜於月下長詠，瞻每遥贊之。愷之彌自力，忘倦。瞻將眠，令人代己，愷之不覺有異，遂申旦而止。

蓋當日之謝安，爲風流之宗主，凡所言行，時多愛慕。蒲葵扇之價增數倍，洛生詠之風靡一時，皆受其影響也。洛陽舊音，本無偏失，而謝安以鼻疾之故，發重濁之音，時流之作洛生詠者，遂奉爲楷模，斆其訛變。顧長康所致譏者，實指此病而言也。又長康自謂得先賢風制，豈卽指謝安以前之舊規歟？至於世說新語排調篇云：

初，謝安在東山居布衣時，兄弟已有富貴者，翕集家門，傾動人物。劉夫人戲謂安曰：「大丈夫不當如此乎！」謝乃捉鼻（晉書柒玖謝安傳作「掩鼻」）曰：「但恐不免耳。」

則謝安既未諷誦詩什，此所謂「捉鼻」或「掩鼻」，殆作戲言時之意態，蓋與洛生詠無所關涉也。復次，東晉南朝之士流於所謂「楚言」，亦頗致不滿，所以然者，各地之方言不能一律，而南方士族所崇尚操用者，則爲洛陽舊音之故也。宋書伍貳庾悅等傳論云：

史臣曰：高祖雖累葉江南，楚言未變。雅道風流，無聞焉爾。

寅恪案，劉宋皇室之先世，本非清顯，而又僑居於北來武裝集團所萃聚之京口，故旣未受建鄴士人卽操洛陽雅音者之沾溉，又不爲吳中庶族卽操吳語者所同化，此所以累葉江南而其舊居彭城卽楚地之鄉音無改也。沈休文以宋高祖「楚言未變，雅道風流無聞」爲言，是南朝士流之鄙視楚音，據此可見矣。又世說新語豪爽篇云：

王大將軍年少時，舊有「田舍」名，語音亦楚。武帝喚時賢共言伎藝事，人皆多有所知，唯王都無所關。

宋書伍壹宗室傳長沙景王道憐傳（南史壹叁宋宗室傳長沙景王道憐傳同）云：

道憐素無才能，言音甚楚，舉止施爲，多諸鄙拙。

寅恪案，王敦之家世與廬江有關（參晉書叁叁王祥傳）。劉道憐先世所居，本爲彭城，此二地雖皆在漢、魏、晉、南北朝所謂「楚」之範圍，然此二條中之楚實爲形容詞（陸雲與兄機書亦有音楚文楚之語），殆卽由地名之「楚」所引申，而與田舍一詞爲連類，用作「都邑」及「文雅」之對文者。固不可徑謂「語音亦楚」及「言音甚楚」爲楚音也。

又北朝之使臣與晚渡之流輩，其語音亦往往爲南方人士所輕笑者，蓋北人多不能操用純正都邑之語音故也。（高歡於天平元年遷洛陽四十萬戶於鄴，見北齊書貳神武紀下，故高齊之都城雖在鄴，而衣冠人物悉承洛陽，其語言宜同於洛下也。）據北齊書叁伍裴讓之傳附弟讞之傳（北史叁捌裴佗傳附子讞之傳同）云：

楊愔每稱歎曰：河東士族，京官不少，唯此家兄弟，（裴讓之、諏之、讞之兄弟也。）全無鄉音。則知河東士族任職京師者，除裴氏兄弟外，均不免雜有其鄉音矣。又北史捌壹儒林傳上李業興傳略云：

李業興，上黨長子人也。祖虯，父玄紀，並以儒學舉孝廉。業興家世農夫，雖學殖，而舊音不改。梁武問其宗門多少，答云：「薩四十家。」使還，孫騰謂曰：「何意爲吳兒所笑。」對曰：「業興猶被笑，試遣公去，當着被駡。」

足徵業興以家世農夫之故，全操鄉音。此蓋亦極端之一例，斯所以見笑於梁人也。他如梁書肆捌儒林傳盧廣傳略云：

盧廣，范陽涿人，自云晉司空從事中郎諶之後也。諶沒死冉閔之亂，晉中原舊族，諶有後焉。廣少明經，有儒術。天監中歸國。時北來人儒學者，有崔靈恩、孫詳、蔣顯，並聚徒講說，而音辭鄙拙，唯廣言論清雅，不類北人。

夫盧廣以北人於天監中入梁，自不應爲吳語。而史稱其言論清雅，不類其他北人之音辭鄙拙者，殆盧廣能操洛陽都邑之語音，亦裴氏兄弟之比，與南方士族所操之北語較爲接近。若崔靈恩、孫詳、蔣顯諸人者，則縱不必如李業興之土音不改，當亦不能如裴氏兄弟之全無鄉音，此所以亦不免於招致「音辭鄙拙」之譏也。至陳書拾周鐵虎傳（南史陸柒周鐵虎傳同）云：

周鐵虎不知何許人也，梁世南渡，語音傖重。

則李業興以儒學著聞，尚自士音不改，周鐵虎本爲北來武夫，其語音傖重，更不足異矣。又梁書肆捌儒林傳沈峻傳(南史柒壹儒林傳沈峻傳同)略云：

沈峻，吳興武康人。家世農夫，至峻好學，與舅太史叔明師事宗人沈驎士門下，積年，晝夜自課。吏部郎陸倕與僕射徐勉書薦峻曰：凡聖賢可講之書，必以周官立義，則周官一書，實爲羣經源本。此學不傳，多歷年世。北人孫詳、蔣顯亦經聽習，而音革楚、夏，(寅恪案，魏書玖壹術藝傳江式傳云：「音讀楚、夏，時有不同」，顏氏家訓音辭篇云：「著述之人，楚、夏各異」，皆以「楚」「夏」對舉，並同此例，其「楚」字，蓋據孟子滕文公篇許行章之古典，以楚爲夷，即「非正統」之意，與本文所論之「楚言」，實不相關涉也。)故學徒不至。惟助教沈峻，特精此書。

沈峻雖爲吳人，而又家世農夫，然學習經典，必操雅音，此其講論周官所以異於晚渡北人如孫詳、蔣顯輩流之音革楚夏，而爲南士陸倕僑人徐勉所推重也。否則吳語最爲南方士流所賤視。觀於顏氏家訓音辭篇「閭里小人，北方爲愈」之論可知。若沈峻不諳洛下舊音，又何由致此邪？

更就顏黄門論金陵洛下士庶語音之優劣觀之，知其必有一衡度之標準，此標準爲何，殆即東漢、曹魏、西晉以來居住洛陽及其近傍之士大夫集團所操之雅音是也。何以言之？據音辭篇中：

易服而與之談，南方士庶，數言可辨。隔垣而聽其語，北方朝野，終日難分。

諸語，則知當日金陵之士庶，各操不同之音辭，而洛陽之朝野，其語音殊無所差別也。更據冠冕君子，南方爲優。閭里小人，北方爲愈。

諸語，又可知顏黃門乃以金陵士族所操之語音爲最上，以洛陽士庶共同操用之語音居其次，而以金陵庶人所操之語音爲最下也。其所以有此評斷者，音辭篇云：

南方水土和柔，其音清舉而切詣，失在浮淺，其辭多鄙俗。北方山川深厚，其音沈濁而鈋鈍，得其質直，其辭多古語。

乃就庶人所操之音辭而比較言之，蓋切韻序云：

吳、楚則時傷輕清。

陸德明經典釋文序錄云：

方言差別，固自不同。河北江南，最爲鉅異，或失在浮清，或滯於沈濁。

是吳音之特點爲輕清，斯卽南方庶人所操用者。此種語音，旣與洛陽舊音大相懸殊，宜顏黃門目之爲最下矣。而世說新語言語篇云：

桓玄問羊孚，何以共重吳聲。羊曰：當以妖而浮。

此所謂吳聲，乃指音樂而言，卽「鄭聲」之比，觀通典壹肆伍樂典歌條所紀：

「梁世」內人王金珠善歌吳聲四曲。

及：

次有韓法秀，又能妙歌吳聲讀曲等，古今獨絕。

可知非吳語之謂也。世說以此條列於言語篇，不過記述羊孚對語之雋妙耳。

音辭篇又云：

> 南染吳、越，北雜夷虜，皆有深弊，不可具論。

乃就士族所操之音辭而比較言之。蓋當時金陵士族操北音，故得云「南染吳、越」也。夫顏黃門比較當日南北士庶之音辭，以南方冠冕君子所操用者爲最優，而又謂其亦有深弊，豈非於心目中本懸有一絕對之標準，此標準亦卽未染吳、越語音時殆卽東晉過江時僑姓士族所操用之洛陽舊音邪？又同篇云：

> 吾家子女，雖在孩稚，便漸督正之，一言訛替，以爲己罪矣。云爲品物，未考書記者，不敢輒名，汝曹所知也。古今言語，時俗不同，著述之人，楚、夏各異。蒼頡訓詁，反稗爲逋賣，反娃爲於乖。戰國策音刎爲免。穆天子傳音諫爲閒。說文音戛爲棘，讀皿爲猛。字林音看爲口甘反，音伸爲辛。韻集以成仍宏登合成兩韻，爲奇益石，分作四章。李登聲類以系音羿。劉昌宗周官音讀乘若承。此例甚廣，必須考校。前世反語，又多不切。徐仙民毛詩音反驟爲在遘。左傳音切椽爲徒緣，不可依信，亦爲衆矣。今之學士，語亦不正，古獨何人，必應隨其訛僻乎。通俗文曰：入室求曰搜，反爲兄侯，然則兄當音所榮反。今北族通行此音，亦古語之不可用者。

然則顏黃門督正子女之音辭，最爲稽古，而於古語之中，亦有所取捨者，其故乃在著述之人，楚、夏各異也。東漢鄭玄以前，不解反語（參顏氏家訓書證篇），輕重清濁，猶未可曉。是西漢及其以前之古語，自不易考。而東漢伊始，以迄於西晉，文化政治之中心均在洛陽，則洛陽及其近傍之舊音，卽顏氏所視爲雅正明晰之古音，固可推見也。至金陵士族與洛下士庶所操之語言，雖同屬古昔洛陽之音系，而一染吳、越，一糅夷虜，其駁雜不純，又極相似，然顏黄門特謂「冠冕君子，南方爲優」者，宜亦有故。考音辭篇又云：

古人云：膏粱難整，以其爲驕奢自足，不能剋勵也。吾見王侯外戚，語多不正，亦由內染賤保傅，外無良師友故耳。梁世有一侯，嘗對元帝飲謔，自陳癡鈍，乃成颸段。元帝答之云：「颸」異涼風，「段」非干木。謂「郢州」爲「永州」。元帝啓報簡文。簡文云：庚辰吳入，遂成司隸，如此之類，舉口皆然。元帝手敎諸子侍讀，以此爲誡。

據此，東晉、南朝時之士庶二階級，其劃分固嚴，其接觸則密。雖貴爲王侯，而猶以吳中庶人爲保傅。且洛陽舊音，爲金陵士族所保存沿用，自東晉歷宋、齊以至顏黄門時，已達二百數十年之久，則沾染吳音，自所難免也。雖然，江左二百餘年來，乃僑人統治之世局，當初僑人以操洛陽正音標異於南人，洛生詠遂得見重於江表；此後北語吳語成爲士庶階級之表徵，洛陽舊音之保守自必因此而愈固矣。若中原舊壤，則迭經大亂，永嘉紛擾，伊、洛丘墟，貴戚重臣，駢頸受戮於胡羯；文儒名士，接踵寄命於江東，衣冠禮樂，流散既多，太學音辭，保存匪易。迨北魏孝文遷洛，禁斷胡語，一從正音，然其時洛陽之音辭，經二百年自然之嬗蛻訛變，當已非永嘉時之舊矣。況六鎮亂後，洛陽又爲秀容契胡所摧殘，復受北鎮鮮卑之統治乎？是知顏黄門以南方士族之語音更勝於北方朝野者，乃以洛陽舊音爲標準而比較言之也。明乎此，然後於陸法言切韻之語音系統，始可得一正確之瞭解。北平故宮博物院影印唐寫本王仁昫刊謬補缺切韻，載陸氏序文略云：

昔開皇初，有劉儀同臻、顏外史之推、盧武陽思道、李常侍若、蕭國子該、辛諮議德源、薛吏部道衡、魏著作彥淵等八人，同詣法言宿，夜永酒闌，論及音韻，古今聲調，既自有別，諸家取捨，亦復不同。吳、楚則時傷輕淺，燕、趙則多涉重濁，秦、隴則去聲爲入，梁、益則平聲似去。又支脂魚虞，共爲不韻。先仙尤侯，俱論是切。欲廣文路，自可清濁皆通；若賞知音，即須輕重有異。呂靜韻集，夏侯該（巴黎國民圖書館藏敦煌寫本伯希和號貳壹貳玖及倫敦博物院藏敦煌寫本斯坦因號貳仟伍伍之切韻殘卷並作「詠」。）韻略，陽休之韻略，李季節音譜，杜臺卿韻略等，各有乖互。江東取韻，與河北復殊。因論南北是非，古今通塞，欲更捃選精切，除削疏緩，顏外史蕭國子多所決定。魏著作謂法言曰：向來論難，疑處悉盡。何爲不隨口記之。我輩數人，定則定矣。法言即燭下握筆，略記綱紀。後博問辯，殆得精華。於是更涉餘學，兼從博宦，十數年間，不遑修集。今返初服，遂取諸家音韻，古今字書，以前所記者，定爲切韻五卷，剖析毫釐，分別黍累，非是小子專輒，乃述羣賢遺意，於時歲次辛酉大隋仁壽元年也。

寅恪案，近世論陸法言切韻之學人，多有謂其爲西元七世紀初之長安方言者，殆即根據序末有「大隋仁壽元年」之紀載，以爲仁壽元年爲西曆六〇一年，而長安又爲隋之京師也。其實若就陸序一加考察，則知此說殊有可疑，今請就消極與積極兩方面述之於下：

自消極方面言，切韻之語音系統，似與七世紀初之長安方言無所關涉，此可以三事證之。

陸法言自述其書之成，乃用開皇初年劉臻等八人論難之紀錄爲準則，以抉擇諸家音韻古今字書之是非而寫定，是此書之語音系統，並非當時某一地行用之方言可知。此可注意者一事也。

陸法言於寫定切韻之時，雖取諸家音韻古今字書以爲參考，然其序中特標出呂靜、夏侯詠、陽休之、李季節、杜臺卿五家之書，而北平故宮博物院影印唐寫本王仁昫刊謬補缺切韻韻目下陸注與諸家分韻之異同，亦唯此五家，足徵此卽陸氏編撰所用之主要資料。（寅恪案，黎庶昌廣韻本所載陸氏序文中又有周思言音韻一書，今所見巴黎國民圖書館藏敦煌寫本伯希和號貳仟壹柒貳壹貳玖，倫敦博物院藏敦煌寫本斯坦因號貳仟伍伍切韻殘卷及北平故宮博物院影印唐寫本王仁昫刊謬補缺切韻中之陸序並無此五字；而王仁昫本韻目下之陸氏原注，亦全未涉及周書，頗疑此爲後人訛增者，又周思言其人，今亦不能確考。）考魏書玖壹術藝傳江式傳（北史叁肆江式傳同）略云：

晉世義陽王典祠令任城呂忱表上字林六卷。忱弟靜，別放故左校令李登聲類之法，作韻集五卷，宮商角徵羽各爲一篇，而文字與兄便是魯、衞，音讀楚、夏，時有不同。

寅恪案，呂靜爲魏晉時人（參姚振宗隋書經籍志考證叁字林條），其本貫爲任城。洛陽爲曹魏、西晉政治文化之中心，任城似卽呂靜及其兄呂忱出生居住之所在，是呂氏兄弟之書，雖聲讀楚、夏，時有不同，要其差異當在任城鄉音與洛陽京畿之音，自與關中之方言無涉也。

隋書叁貳經籍志經部小學類云：

四聲韻略十三卷　夏侯詠撰

同書叁叁史部正史類云：

漢書音二卷　夏侯詠撰

顏氏家訓書證篇云：

易有蜀才注，江南學士，遂不知是何人。王儉四部目錄，不言姓名，題云王弼，後人謝炅夏侯該並讀數千卷書，皆疑是譙周。

舊校本注云：

一本「該」字下注云，和宮傅凝本作「諺」作「詠」，未定。

李涪刊誤（百川學海本）下云：

切韻始於後魏校書令李啓（登）撰聲韻十卷，游（當是梁字之形譌）夏侯詠撰四聲韻略十二卷。

寅恪案，巴黎國民圖書館藏敦煌寫本伯希和號貳壹貳玖及倫敦博物院藏敦煌寫本斯坦因號貳仟伍伍切韻序之夏侯詠，王仁昫本黎庶昌本並作夏侯該，今參校史籍，知「該」字乃「詠」字之形譌。關於夏侯詠之家世里居，頗難詳考。據陸氏序文於敍述五家之書各有乖互下即接「江東取韻與河北復殊」之句，似此五家之書，皆爲河北人士之著作。但據顏氏家訓書證篇及李涪刊誤之語，則詠乃南朝之儒流，惟其里居與關西無涉，實無可致疑者也。（陸氏以河北與江東爲對文，乃指北方與南方而言，但高齊鄴都，居河之北，故當時人所謂河北，實目北齊之疆域，固不能兼括關西也。）

北齊書肆貳陽休之傳（北史肆柒陽尼傳附休之傳同）略云：

陽休之，字子烈，右北平無終人也。父固，魏洛陽令。休之弱冠，擅聲幽州，刺史常景、王延年並召爲州主簿。魏孝昌中，杜洛周破薊城，休之南奔章武，轉至青州。休之請其族叔伯彥等曰：宜潛歸京師。諸人多不能從，休之垂涕別去。〔齊武平〕六年，除正尚書右僕射。未幾，又領中書監。周武帝平齊，與吏部尚書袁聿修等十八人同徵，令隨駕，後赴長安。大象末，除和州刺史。隋開皇二年罷任，終於洛陽，年七十四。

北史叁叁李靈傳附公緒傳略云：

公緒，字穆叔，魏末爲冀州司馬，屢疾去官，絕迹贊皇山，誓心不仕。公緒弟概，字季節，少好學，爲齊文襄大將軍府行參軍，後爲太子舍人，爲副使聘於江南，還，坐事解。後卒於并州功曹參軍。撰戰國春秋及音譜，並行於世。（寅恪案，李季節名概，與法言祖概之名同，法言避家諱，故以字稱之。）

隋書伍捌杜臺卿傳（北齊書貳肆北史伍伍杜弼傳附子臺卿傳略同）略云：

杜臺卿，字少山，博陵曲陽人也。父弼，齊衛尉卿。臺卿少好學，仕齊著作郎、中書黃門侍郎。及周武帝平齊，歸於鄉里。開皇初，被徵入朝。臺卿患聾，不堪吏職，請修國史，上許之。十四年，上表請致仕，敕以本官還第，數載，終於家。

寅恪案，陽、李、杜三人，並爲河北之儒流，且皆於齊世仕宦清顯。陽休之於齊亡之歲，年已六十有九。杜臺卿於隋世被徵，已患聾不堪吏職，是其韻書之撰集，乃在入關以前，可以推見也。至李季節，則卒年無考。而史傳未載其入關事蹟，豈終於齊世邪？然則陸法言編撰切韻所用之主要材料，全無關中人士之著作。此可注意者一事也。

陸序中既標明「遂取諸家音韻古今字書，以前所記者，定之爲切韻五卷」之語，復以「非是小子專輒，乃述羣賢遺意」爲言，則開皇初年論難所作之決定，卽仁壽元年陸氏撰述所奉之準繩，可以無疑也。考隋書伍柒盧思道傳（北史叁拾盧玄傳附玄孫思道傳同）略云：

盧思道，字子行，范陽人也。祖陽烏，魏祕書監。父道亮，隱居不仕。思道聰爽俊辯，左僕射楊遵彥薦之於朝，解褐司空行參軍、長兼員外散騎侍郎，歷主客郎、給事黃門侍郎，待詔文林館。周武帝平齊，授儀同三司，追赴長安。未幾，以母疾還鄉。後除掌教上士。高祖爲丞相，遷武陽太守，非其好也。歲餘，被徵。頃之，遭母憂。未幾，起爲散騎侍郎，奏內史侍郎事。是歲，卒於京師，時年五十二。（寅恪案，張説之文集貳伍盧思道碑云：「隋開皇六年春秋五十有二，終於長安」是周武平齊之歲，思道年四十有三。）

北史肆叁李崇傳（參輔仁學誌第十二卷第一第二合期周祖謨先生顏氏家訓音辭篇注補）略云：

李崇，頓丘人也。崇從弟平。（平孫若。）若聰敏，頗傳家業，風采詞令，有聲鄴下。後兼散騎常侍，善諷誦，數奉旨詠詩，韓長鸞忌惡之，密構其短，坐免官。未幾，詔復本官。隋開皇中，卒於秦王府諮議。（寅恪案，李若事蹟又散見北齊書肆貳陽休之傳，肆伍文苑傳總序，隋書壹高祖紀開皇五年九月條，柒陸文學傳崔儦傳等，可參考羅常培先生切韻集校釋，載中山大學史語所集刊切韻專號。）

隋書伍捌辛德源傳（北史伍拾辛雄傳附德源傳）略云：

辛德源，字孝基，隴西狄道人也。祖穆，魏平原太守。父子馥，尚書右丞。德源沉靜好學，少有重名。齊尚書僕射楊遵彥、殿中尚書辛術，皆一時名士，見德源，並虛襟禮敬，累遷比部郎中，復兼通直散騎常侍。聘於陳，及還，待詔文林館，除尚書考功郎中。及齊滅，仕周爲宣納上士。高祖受禪，不得調者久之，隱於林慮山。德源素與武陽太守盧思道友善，時相往來。蜀王秀聞其名而引之，居數歲，奏以爲掾，後轉諮議參軍，卒官。（寅恪案，辛德源之族人皆仕北齊，隴西乃其郡望，非其里居也。）

隋書伍柒薛道衡傳（北史叁陸薛辯傳附道衡傳同）略云：

薛道衡，字玄卿，河東汾陰人也。祖聰，魏齊州刺史。父孝通，常山太守。道衡專精好學，尚書左僕射弘農楊遵彥，一代偉人，見而嗟賞。授奉朝請。武平詔與諸儒修定五禮，除尚書左外兵郎。與范陽盧思道、安平李德林齊名友善。尋拜中書侍郎。後與斛律孝卿參預政事。及齊亡，周武引爲御史二命士。後歸鄉里，自州主簿入爲司祿上士。高祖受禪，坐事除名。後授內史侍郎。煬帝嗣位，拜司隸大夫，將置之罪。〔後〕帝令自盡，時年七十。（寅恪案，通鑑壹捌壹隋紀煬帝紀繫賜道衡自盡事於大業五年，據此推之，齊亡之歲，道衡年三十有八。）

隋書伍捌魏澹傳（北史伍陸魏季景傳附子澹傳同）略云：

魏澹，字彦深，鉅鹿下曲陽人也。父季景，齊大司農卿，稱爲著姓，世以文學自業。澹與尚書左僕射魏收、吏部尚書陽休之、國子博士熊安生同修五禮。除中書舍人。復與李德林俱修國史。周武帝平齊，授納言中士。及高祖受禪，出爲行臺禮部侍郎。尋爲散騎常侍，聘陳主使。還，除太子舍人。數年，遷著作郎，仍爲太子學士。高祖詔澹别成魏史。未幾，卒，時年六十五。（寅恪案，唐臣避高祖諱，率改「淵」爲「深」，如魏書玖肅宗紀及元湛墓誌之廣陽王淵，北史紀傳則作廣陽王深，魏書捌拾之侯淵，北史肆玖則作「侯深」，皆其例也。或改「淵」爲「泉」，如魏書柒柒羊深傳云：「羊深字文淵。」北史叁玖羊祉傳附子深傳則云：「深字文泉。」是其例也。今考岑仲勉先生元和姓纂四校記八去聲八未魏氏條引舊唐書壹玖叁列女傳宋庭瑜妻魏氏傳云：「隋著作郎彦泉之後也。」明彦深彦泉皆避唐諱所改。可參劉盼遂先生文字音韻學論叢：廣韻敍錄校箋。）

隋書伍捌陸爽傳（北史貳捌陸俟傳同）略云：

陸爽，字開明，魏郡臨漳人也。（寅恪案，據北史陸俟傳，知陸爽本「代人」，即出鮮卑步六孤部。魏孝文遷洛改爲河南洛陽人。此云魏郡臨漳人者，高齊復自洛陽遷都於鄴之故也。）祖順宗，魏南青州刺史。父槩之，齊霍州刺史。爽少聰敏，齊尚書僕射楊遵彦見而異之。年十七，齊司州牧、清河王岳召爲主簿，擢殿中侍御史，俄兼治書，累轉中書侍郎。及齊滅，周武帝聞其名，與陽休之、袁叔德等十餘人俱徵入關。開皇十一年，卒官，時年五十三。子法言，敏學有家風，釋褐承奉郎。

寅恪案，盧思道、李若、辛德源、薛道衡、魏澹諸人，高齊之世，咸以儒學辭藻著聞，又皆歇歷清要。及齊室覆亡，相繼西入，並已及中年矣。陸法言從父爽入關，雖爲後進，然開皇之初，卽已隨附諸賢，握管記錄，是齊亡之時，當非幼小可知，然則此諸人者，雖終於楊隋之世，但其出生成長之地，俱在東方，宜非操用長安之方言者也。

北史捌叁文苑傳顏之推傳（北齊書肆伍文苑傳顏之推傳同）略云：

顏之推，字介，琅邪臨沂人也。祖見遠，父協，並以義烈稱。之推年十二，遇梁湘東王自講莊、老，之推便預門徒。湘東遣世子方諸鎭郢州，以之推爲中撫軍府外兵參軍，掌管記。〔侯〕景平，還江陵。時湘東卽位，以之推爲散騎侍郎，奏舍人事。後爲周軍所破，大將軍李穆重之（時李穆從于槿破江陵），送往弘農，令掌其兄陽平公遠書翰。遇河水暴長，具船將妻子奔齊，文宣見，悅之，卽除奉朝請，引於內館中，後以爲中書舍人，尋除黃門侍郎。齊亡入周。大象末，爲御史上士。隋開皇中，太子召爲文學，深見禮重。尋以疾終。

寅恪案，琅邪顏氏乃江左僑姓高門，據顏氏家訓終制篇云：

先君先夫人，皆未還建鄴舊山。

知其世居建鄴，之推生卒之年，雖史文不載，然錢大昕疑年錄壹（此條羅常培先生切韻序校釋已曾引用）云：

顏之推六十餘介，本傳不書卒年，據家訓序致篇云：年始九歲，便丁荼蓼。以梁書顏協卒年證之，得其生年。又終制篇云：吾已六十餘，則其卒蓋在開皇十一年以後矣。其說甚確，可以爲據。以之推生於中大通三年推之，則江陵陷沒時，卽梁承聖三年，之推年二十有四，惟此時之推雖一度入周，然僅至弘農，且旋卽奔齊，是未嘗到達長安。及周武滅齊，之推西入時，年已四十七矣。

隋書柒陸文學傳劉臻傳（北史捌叁文苑傳劉臻傳同）略云：

劉臻，字宣摯，沛國相人也。父顯，梁尋陽太守。臻年十八，舉秀才。元帝時，遷中書舍人。江陵陷沒，復歸蕭詧，以爲中書侍郎。周冢宰宇文護辟爲中外府記室。（中外府卽都督中外諸軍事府，參通鑑壹陸柒陳紀高祖紀永定元年四月宇文護殺齊軌條胡注。）

寅恪案，劉臻亦是南朝僑人，其父劉顯以博涉知名於梁世，（參梁書肆拾劉顯傳，顏氏家訓書證篇。）且歷居中央清要之職。是臻之幼年必多居於建鄴可知。考宇文泰以西魏恭帝三年卒，宇文護始握兵權，據開皇十八年臻年七十二推之，是年臻應三十歲。次年二月，護爲冢宰，臻年三十一歲，則臻入關之時，固不得早於三十歲也。

隋書柒伍儒林傳何妥傳附蕭該傳略云：

蘭陵蕭該者，梁鄱陽王恢之孫也。少封攸侯。梁荆州陷，與何妥同至長安。開皇初，拜國子博士，奉詔與妥正定經史，該後撰漢書及文選音義，咸爲當時所貴。

寅恪案，蕭該乃梁之宗室，卽梁武帝之從孫（鄱陽王恢爲梁武帝之第九弟），自宜少居於建鄴。又該生卒之年，雖難確考，然史稱其與何妥同至長安，諒入關之時，已著名聲，殆非幼小矣。

據上所引，則知編撰切韻之陸法言，及決定其原則之諸賢，全無世居關、隴之人士，此可注意者三事也。

就積極方面言之，切韻內所列之字音，實以東漢、曹魏、西晉時代洛陽京畿之舊音爲主要因素，此亦可以二事證之。

切韻序云：

　吳、楚則時傷輕淺，燕、趙則多涉重濁，秦、隴則去聲爲入，梁、益則平聲似去。

寅恪案，陸法言序文泝各地方言之失，而獨不及中原一區，則中原卽洛陽及其近傍之語音，乃諸賢所視爲正音者無疑。至其所以有此種評斷者，亦以中原之音爲準，而比較言之者耳，此可注意者一事也。

切韻序云：

　因論南北是非，古今通塞，欲更捃選精切，除削疏緩，顏外史蕭國子多所決定。

寅恪案，北平故宮博物院影印唐寫本王仁昫刊謬補缺切韻之韻目下有陸氏之原注（參唐蘭先生跋語），其注文有一通例，卽於某韻目下注云，甲氏與他一韻同，乙氏別，今依乙氏是也。此一通例，乍視之似陸氏之寫定切韻乃唯取其別而不依其同者，但詳繹之，則知其殊爲不然。何以言之，顏氏家訓音辭篇略云：

韻集以「成」「仍」「宏」「登」合成兩韻，「爲」「奇」「益」「石」分作四章，不可依信。

韻集以成仍宏登合成兩韻，而王仁昫本切韻則成在四十一清，仍在四十九蒸，宏在四十耕，登在五十登，此切韻不從韻集之合者也。韻集以爲奇益石分作四章，而切韻則爲奇同在五支，益石同在十七昔，此切韻不從韻集之分者也。然則切韻於諸家韻書，固非專取其韻部之別者而捨其同者，特陸氏於注文中不載捨其韻部之別者而取其同者耳。夫諸賢之論難，與切韻之寫定，既於南北古今之音或是之或非之，故或取之或捨之，自必有一抉擇之標準。此標準既非爲漫無系統之嚴分，則諸賢心目中乃有一成爲系統之標準音存在無疑也。夫既有標準音矣，而於捃選除削之際，多所取決於顏、蕭，豈不以顏、蕭所操用者較近於此一標準音邪？顏、蕭者，皆永嘉南渡僑人之子孫也。之推八世祖顏含，本是中朝之勝流，及過江以後，遂僑寄於建鄴，自是七世墳塋皆葬幕阜山。（參顏氏家廟碑，晉書捌捌孝友傳顏含傳，元和姓纂上平聲二十七刪琅邪顏氏條。）則之推所操用者，必爲東晉以前之洛陽舊音也。（東晉南朝居住建鄴之文化士族皆操用永嘉南渡以前之洛陽舊音，已詳見前論。）至於蘭陵蕭氏，其初雖非文化高門，但梁武在齊代曾預齊竟陵王子良八友之列（見梁書壹高祖紀），是已染習名士之風流雅道，及昇爲帝王，其子孫遂多以文采卓著矣。蕭該爲梁武之從孫，而以儒學知名，自非顏黃門所謂「膏粱難整」之比，宜其操用雅正之音辭，一同建鄴之士族也。至此乃可於陸氏序文中此節作一解釋曰：諸賢於討論音韻之時，其心目中實以洛陽舊音爲標準者。而南北朝時金陵士族與洛陽朝野所操之語音雖同屬此一系統，然經三百年之變化，均已非古昔之舊觀，故必須討論其是非以決定所取捨。討論之結果，得一折衷一是之意見，卽謂南方士族之音聲較近於此一標準，於是捃選除削，乃多取決於顏、蕭。惟顏、蕭之音聲亦不能盡合於此一標準，序文所以以「蕭、顏多所決定」爲言，卽謂非全由蕭、顏決定者亦職是之故。此可注意者二事也。

更綜括以上論之，陸法言之寫定切韻，其主要取材之韻書，乃關東江左名流之著作。其決定原則之羣賢，乃關東江左儒學文藝之人士。夫高齊鄴都之文物人才，實承自太和遷都以後之洛陽，而東晉、南朝金陵之衣冠禮樂，亦源自永嘉南渡以前之京邑(卽洛陽)，是切韻之語音系統，乃特與洛陽及其附近之地域有關，自易推見矣。又南方士族所操之音聲，最爲接近洛陽之舊音；而切韻一書所遵用之原則，又多所取決於南方士族之顏、蕭。然則自史實言之，切韻所懸之標準音，乃東晉南渡以前，洛陽京畿舊音之系統，而非楊隋開皇、仁壽之世長安都城行用之方言也。

或有疑者曰：若如所論，切韻所懸之標準音，乃是洛陽之系統，然李涪刊誤下論陸氏之切韻云：

> 然吳音乖舛，不亦甚乎。

又云：

> 夫吳民之言，如病瘖風而噤，每啓其口，則語淚(戾？)喎吶，隨筆下聲，竟不自悟。凡中華音切，莫過東都。蓋居天地之中，稟氣特正。予嘗以其音證之，必大哂而異焉。

則切韻音切必異於東都，此說毋乃不能成立邪？

應之曰：古今言語，訛變至多。切韻之語音系統，乃東晉以前之洛陽舊音，李涪所處之時代，約當唐末僖昭之世，（參新唐書貳貳肆叛臣傳下王行瑜傳，舊唐書壹柒貳李石傳附弟福傳，新唐書柒拾上宗室世系表大鄭王房表。）前後相距已約歷六百年之久矣。（東晉元帝建武元年當西曆三一七年，隋文帝仁壽元年當西曆六〇一年，唐昭宗紀年當西曆八八九年至九〇三年。）李涪拘於時代，妄論古人，誤以陸法言爲吳郡之陸氏，（晚唐人多有此誤，時人趙璘已論其非，見因話錄伍。）致於切韻有「吳音乖舛」之譏評。故執此不足以難鄙說也。至唐末吳語，是否較當時之洛陽音更近於古（參北夢瑣言玖），則是別一問題，故可以不辨。

或又疑問曰：如所說東晉、南朝之士族，悉操古昔洛陽之雅音，切韻一書之審音，亦即以此爲標準，則夏侯詠者，與顏、蕭同爲南朝之儒流，何以其韻略之分部頗與切韻不同邪？

應之曰：吾國中古之士族，各有特異之門風，據顏氏家訓音辭篇云：

吾家子女，雖在孩稚，便漸督正之，一言訛替，以爲己罪矣。

則知顏氏之家法，最爲講求切正之音辭。又陸法言切韻之寫定，剖析毫釐，分別黍累，殆爲一極有系統而審音從嚴之韻書，故切韻一書特與南方人士顏、蕭有關。韻略一書，乃南朝人士夏侯詠所撰述，而其分部，頗有差別者，乃是分部原則有寬有嚴，與撰集人之審音有精有疏之問題，而非其語音系統同異之問題也。

或又疑問曰：信如所說切韻寫定之標準，乃用洛陽之舊音，然切韻分部之數竟達一百九十餘之多，似一地之方音，殊不足以賅此，然則亦有說乎？

應之曰：古語難明，非所敢論，惟本文所謂洛陽舊音一辭，實有解釋之必要。大抵吾國士人，其平日談論所用之言語，與誦習經典諷詠詩什所操之音聲，似不能完全符合。易言之，即談論唯用當時之音，而諷誦則常存古昔之讀是也，依此，南方士族，其談論乃用舊日洛陽通行之語言，其諷誦則準舊日洛陽太學之音讀。考東漢之時，太學最盛，且學術文化，亦有綜合凝定之趨勢。頗疑當時太學之音聲，已為一美備之複合體，此複合體即以洛陽京畿之音為主，且綜合諸家師授，兼採納各地方音而成者也。此後洛陽文物人才，雖經漢季喪亂短期之摧殘，然司馬氏漸握曹魏之政權，衣冠禮樂，旋得再盛於中土。及典午篡朝，區宇混一，遂崇獎儒術，臨幸辟雍，又幾於恢復漢世之舊觀矣。迨胡羯亂華，洛京傾覆，人士流於江左，學術移於家族。其東晉、南朝之甲姓高門既多為西晉及其以前名士儒流之子孫，則奕世保存太學之音聲，藉以標異於他族，自無足怪矣。如顏氏一門，可為其例也。故本文「洛陽舊音」一詞，不僅謂昔日洛陽通行之語音，亦兼指謝安以前洛生詠之音讀。特綜集各地方音以成此複合體之新音者，非陸法言及顏、蕭諸賢，而是數百年前之太學博士耳。

（原刊嶺南學報第九卷第二期）